한국의 경제사회 발전과 ICT 산업의 진화

이 도서의 국립중앙도서관 출판예정도서목록(CIP)은 서지정보유통지원시스템 홈페이지(http://seoji.nl.go.kr)와
국가자료공동목록시스템(http://www.nl.go.kr/kolisnet)에서 이용하실 수 있습니다.
CIP제어번호: CIP2017020444(양장), CIP2017020443(반양장)

● ICT 사회 연구 총서 1 ●

한국의 경제사회 발전과 ICT 산업의 진화

김신동, 박준식, 김원동, 신기욱, 최준락, 정동일, 이종선, 김영범, 신경아, 정무권 지음

한울
아카데미

서문 _ ICT 산업과 경제사회 패러다임의 전환

김신동·박준식

산업화 시대 한국의 경제 발전은 서구 산업 선진국들이 걸어온 길 이외에도, 산업화뿐 아니라 높은 수준의 문화적·민주적 사회에 도달하는 다른 방식의 발전이 가능하다는 것을 전 세계에 제시했다는 점에서 많은 나라들에 의미 있는 모델이 되었다. 한국의 기적적인 경제성장에 대한 이야기는 이미 전 세계에 잘 알려져 있다. 50년 전 한국은 가장 가난한 나라 중 하나였지만 오늘날 한국의 산업과 기술은 최고 수준의 선진국들과 어깨를 나란히 할 정도로 놀라운 성장을 이루었다. 한국은 이미 세계경제를 주도하는 경제개발협력기구의 주요 멤버 중 하나이며, 주요 국제경제평가기구들로부터 선진 경제국으로 인정받고 있다. 한국은 선진 경제국들 중 유일하게 공적개발원조(ODA: Official Development Assistance)의 수혜국에서 원조국으로의 대전환에 성공 사례로, 지구촌의 많은 개발도상국들은 한국을 자신들의 모델로 간주하고 있다. 그러나 오늘날 한국은 이처럼 눈부신 성공의 결과 대내외적으로 새로운 경제사회적 도전에 직면했다. 역설적으로 '한국 모델'은 개발도상국들이 한국을 추격하는 지침서가 되었고, 중국을 비롯한 여러 국가가 한국의 성공 모델을 그대로 답습해 한국이 이룩한 경제적 성공의 성과들에 거세게 도전하고 있다.

다른 한편 선진국으로의 진입을 위해 반드시 필요한 주요 핵심 산업 분야에서 한국은 그간 막대한 물량 투자와 정부의 집중적 지원에도 불구하고 국가 주도 산업화 시기만큼 빠른 경제 성장을 이루지 못하고 있다. 21세기 핵심 산업으로 주목받는 정보통신기술(ICT: Information and Communication Technology)의 주요 부문에서도 한국은 반도체와 휴대폰 등 극소수 재벌 기업들이 주도하는 제조 분야에서만 두각을 나타낼 뿐 여타의 광범위한 첨단 기술과 지식, 창조적 혁신 산업의 새로운 주도 영역을 확보하지 못하고 있다.

오늘날 한국이 직면한 경제사회적 위기와 한계의 징후는 사회 내부적으로 더 심각한 양상을 드러낸다. 한국 경제를 이끌어온 일련의 주요 주력 산업들이 명백한 쇠퇴의 조짐을 보이는 가운데 새로운 성장 동력을 이끌어갈 산업들은 등장하지 못하고 있다. 세계 최고 수준의 막대한 연구개발 투자에도 불구하고 물량 중심의 혁신 투자의 효과도 찾아보기 어려운 상태다. 재벌과 공기업 중심의 독과점적 경제 체제가 공고화되는 가운데 기업은 물론 노동시장과 소득 배분, 인적자원 육성 등 사회의 전 분야에서 갈등과 양극화가 고착화되고 있다. 사회 발전의 보이지 않는 동력 중의 하나인 '신뢰'의 수준 역시 더욱 악화되고 있다. 안팎으로 심각한 위기의 조짐이 더욱 뚜렷해지는 가운데 핵심 방향타를 가져야 할 정치경제적 리더십은 형성되지 못하고 있다. 경제사회 패러다임의 위기 상황이 더욱 심각해지는 가운데 내외의 도전에 슬기롭게 대처하기 위한 전략과 비전이 어느 때보다 절실한 것이다. 따라서 산업화의 기간을 넘어서서 포스트 산업 시대까지를 조망하는 더 폭넓고 더 장기적인 관점으로 한국의 발전을 다각적인 측면에서 검토할 필요성이 있다.

한국의 경제사회 발전에 대한 기존의 연구는 산업화 시대에 모범적인 '학습자'로서 한국의 성공을 논의하고 그 과정을 설명하는 데 주력했을 뿐이다. 반면 한국이 스스로 '혁신자'로서 글로벌 경제를 이끌어갈 수 있는 역량을 축적하고 그 경쟁의 과정을 선도할 것으로 인식하는 연구는 거의 없다. 정보통신 산업을 근간으로 태동해 최근에 가속도를 더해가는 ICT 분야의 폭발적인 성장과 역동성은 한국이 산업화 시대는 물론 포스트 산업화 시대에도 선진국에 결코 뒤지지 않을 것을 시사한다. 또한 한국이 선진 기업들을 넘어서는 혁신 역량을 발휘할 잠재력을 보유했다는 점도 강력하게 보여준다. 그러나 이는 여전히 잠재적 영역으로만 남아 있을 뿐이다. 대표적으로 수출 제조업 이후 한국 경제의 새로운 주도 분야로 모두가 주목하는 ICT 산업에서조차 새로운 돌파구가 제시되지 않고 있다. 위기를 극복하기 위한 현실적인 대안 제시가 지금보다 절실한 적은 없었지만 새로운 경제사회 패러다임과 사회 발전의 주요 영역들 간에 꼭 필요한 재조정과 재조율의 방식은 제시되지 않았다.

이 책의 필자들은 한국이 산업화 시대를 넘어 포스트 산업화 시대로 진입하면서 새로운 경제사회 발전의 모델이 필요하다는 인식을 공유하며, 이를 ICT 산업과 경제사회 발전의 주요 핵심 요소들과의 연관성 속에서 검토해보고자 한다. 이를 위해 이 연구의 참여자들은 한국 사회가 포스트 산업시대의 새로운 경제사회 패러다임으로 진화해야 하는 가운데, 이를 위한 전략을 ICT 산업과 연관된 다양한 경제사회적 영역의 요인들과 연결시켜 우리가 안고 있는 문제들을 검토하고, 이를 극복하기 위한 방향을 모색한다.

한국의 경제사회 발전은 그 유기적 발전과 성장의 단계별로 독특하고 특징적인 궤적을 그려 왔다. 1960년대부터 1980년대의 한국은 선진국 자본과 투자 그리고 세계시장의 수요에 전적으로 의존하며 빠른 속도로 선진국을 추격하는 '학습'과 '모방'에 의한 산업화를 성공적으로 수행했다. 다른 한편 이 시기를 거치면서 한국 사회는 다음 단계로의 진입에 필요한 산업과 교육 인프라 등 새로운 성장 동력원을 형성함으로써 더 높은 경제사회 발전을 위한 역량을 구축했으며, 더욱이 이러한 과정은 선진국들의 견제에도 불구하고 국제적 경쟁력을 축적하며 이루어졌다(장하준, 2002). 1990년대 후반 한국을 휩쓴 아시아 금융위기로 인한 대기업들의 몰락과 대규모 구조 조정 그리고 2008년 세계를 강타한 글로벌 금융위기를 겪으면서 한국 자본주의는 여러 차례의 우여곡절을 경험했다. 그러나 두 번의 큰 위기를 극복한 한국 자본주의는 이제 단순 모방과 투자에 의존하는 산업화 모델을 넘어서 스스로 지식을 창조하고 혁신을 주도하는 조직과 인적자원의 토대를 형성했다.

2000년대에 들어서면서 한국에서는 급속하게 진전된 글로벌화와 개방화의 흐름 속에서 산업화 패러다임을 넘어서는 새로운 산업들이 속속 발전하는 추세이다. 현재는 경제 영역 곳곳에서 산업의 경계를 넘어 융합과 혁신 역량을 가진 새로운 경제사회 세력들이 변화를 주도하는 포스트 산업시대의 혁신적 발전 방식을 모색하는 과정에 있다. 특히 한국 사회에서 산업화 시기로부터 포스트 산업화 단계로의 이행은 기존의 발전 패러다임을 능동적으로 혁신하면서 새로운 산업과 경제 발전의 영역을 개척하는 혁신 중심의 경제사회 발전의 패러다임 정착을 요구한다. 앞으로 포스트 산업 시대에 한국이 지속적으로 발전하고, 글로벌 경제의 흐름을 주도하기 위해서는 ICT 산업을 핵심으로 하면서 다양한 분야에서 경제와 사회, 문화의 역동성을 주도할 새로운 혁신적 산업 패러다임을 발전시켜야 한다. 이 관점에서 볼 때 앞으로 한국의 발전은 산업화 패러다임을 넘어서는 혁신적 발전의 패러다임을 구체화하는 역량에 달려 있다고 할 수 있다.

이를 위해 이 연구의 참여자들은 한국에서 ICT 산업의 전개 과정을 산업화 이후의 새로운 사회경제 발전 패러다임 전환이라는 관점에서 분석하고, 그 과정의 특징과 과제들을 파악해보고자 하였다. 특히 ICT 산업의 태동과 진화의 과정을 물량적 성장의 과정보다 인간의 창조적 능력을 극대화하고, 이를 사회경제적 자원으로 활용하는 데 적합한 무형적 사회 자산, 인적자원 요소, 사회적 환경에 대한 투자, 여성 등 새로운 인적자원의 효과적 활용 그리고 제도적 혁신의 관점에서 접근했다.

연구자들이 이러한 관점을 택한 이유는 ICT 산업이 전통적인 제조업처럼 '물적 투자 중심 성장'(investment led growth)보다 사회적 자본과 사람 중심의 인적자원에 주력하는 새로운 성장 패러다임과의 친화성이 더 크다는 판단 때문이다. 지난 40년 이상 물적 자본에 대한 집중 투자와 세계시장을 지향하는 규모의 경제, 대량생산 전략에 의존해 성장해온 전통 산업과는 달리 ICT 산업은 인간의 창의성과 인적자원의 수월성 그리고 이러한 인적자원의 생산성과 활용도를 극대화할 수 있는 사회문화적·제도적 환경의 성숙을 요구한다.

ICT 산업이 태동해 자신의 고유한 발전 경로를 형성하고, 고도 성숙을 통한 선진화의 궤도에 진입하기 위해서는 생활 관행, 문화 생태계 그리고 일정한 수준 이상의 산업적 기반이나 인프라를 요구하며, 이는 요소 투입에 요구되는 경제 발전 단계의 일정한 성숙을 전제로 한다. 또한 기존의 후발 산업화 이론에서 전제로 삼았던 주류적 연구의 주요한 이론적 전제들에 대한 새로운 검토가 요구된다. 다른 한편 우수한 인적자원 유치와 이를 통한 창조적 시너지 효과를 창출하는 데에는 산업의 '유형적'·'물리적' 요소보다 '무형적'·'사회환경적' 요소를 의미하는 소프트 파워가 중요하다.

ICT 산업에서는 요소 투입을 중시하는 노동력보다 사람의 질에 의존하는 인적자원의 창의성과 지식 생태계의 질적 성숙이 더 결정적인 요소로 작용한다는 주장의 설득력은 실리콘밸리를 비롯한 곳곳의 세계적인 ICT 클러스터들의 발전 과정에서도 속속 확인되고 있다. 이에 따라 ICT 창조경제 클러스터의 육성에 매진하는 각국에서는 산업 환경에 대한 물적 투자와 더불어 우수한 인적자원이 육성되고, 사람과 제도, 사회 환경과 문화, 국내외 네트워크와 사회적 자본의 효율성 등을 의미하는 사회적 시너지 효과를 발휘할 수 있는 비전과 전략에 초점을 둔 연구를 진행했다.

이를 배경으로 이 연구에서는 ICT 산업이 경제사회적 역동성의 중심을 차지하는 시기에는 전통적 산업화 시기와는 다른 환경과 발전 경로를 찾아야 한다는 문제의식을 설정한다. ICT 산업과 이를 토대로 전개되는 새로운 경제사회 패러다임의 태동과 생성, 발전과 진화 그리고 성숙의 과정을 이해하기 위해서는 후발 산업화 모형을 기반으로 하면서, 그 기반 위에 ICT 산업 발전에 필수적인 새로운 조건들이 결합되는 산업의 진화와 발전의 모형을 구성할 필요가 있다. 이를 위해서는 한국 사회에서 ICT 산업의 전개 과정에 대한 거시적 이해와 더불어, 이 과정에서 노동시장과 경제사회 제도, 인적자원 육성, 사회적 연대와 같은 요인들이 어떠한 방식으로 재조정을 필요로 하는지에 대해 심도 깊은 검토가 요구된다. 이를 통해 한국과 같은 후발 산업화 국가들에서 산업화 이후의 새로운 발전 모델에 대한 문제의식을 새롭게 구성할 필요가 있다. 이 책은 ICT 산업의 전개 과정과 한국 사회의 변화 방향에 대한 다양한 분야의 사회과학적 고민을 담아 하나의 체계로 엮어본 것이며, 저자들의 문제의식을 간단히 소개하면 다음과 같다.

1장 'ICT의 진화와 한국 사회'에서 김원동은 한국의 산업 발전과 ICT 산업의 전개 과정에 대한 포괄적·거시적 조망을 시도한다. 여기서는 국가 간, 지역 간 불평등과 갈등이 심화될 것으로 보고 있다. 이에 따라 ICT 발전에 의한 급격한 사회변동의 방향에 대한 예측과 충격, 효과들에 대한 논의들을 정리하면서 사회적 통합과 포용적 성장이 가능한 제도와 거버넌스의 개혁 문제들을 검토한다. 이를 위해 이론적 관점에서 디지털 자본주의의 개념과 작동 메커니즘에 대한 최근의 논의와 논쟁점들을 정리한다. 다음으로 디지털 혁명으로 인해 변화하는 생산 시스템과 노동조직 그리고 복지 및 사회적 보호 시스템의 상호작용 과정에서 발생하는 문제들과 제도적 보완 문제를 다룬다. 이 장에서 필자는 한국 사회가 선진국에 비해 사회경제적 토대가 취약하다는 점을 경고하면서 불평등과 사회적 갈등의 심화에 따른 사회적 모순에 대처하기 위한 노력이 시급하다는 점을 강조한다.

2장 '글로벌 경쟁과 인적·사회적 자본의 글로벌화'에서 신기욱과 최준락은 글로벌 경쟁과 새로운 차원의 글로벌 사회적 자본의 필요성에 대해 기존의 연구에서 제기된 바 없는 새로운 사회적 이슈를 제기한다. 글로벌 경쟁은 인적·사회적 자본의 글로벌화와 그 역량의 육성을 요구하며, 이를 위해서는 한국도 글로벌 영역에서 네트워크와 정보, 사회적 자본의 연결망이 갖는 중요성을 인식할 필요가 있다는 문제의식을 이 연구에 담아낸다. 이 논문에서 저자들은 '글로벌 인재'(global talent)와 그들의 새로운 '사회적 자본'이 전통 산업으로부터 지식과 정보 중심의 경제 발전으로의 전환에 핵심적 요소라는 점을 강조한다.

이들에 따르면 한국은 OECD 국가들 중 가장 높은 수준의 학력 자본을 구축한 국가가 되었지만, 한국 사회의 전환에 필요한 글로벌 사회적 자본을 지닌 인재 육성과 인재의 활용 분야에서는 아직도 갈 길이 멀다는 점에 주목한다. 한국은 세계에서 가장 높은 수준의 대학 진학률을 자랑하고, 최고 수준의 인재들을 해외에 교육시키는 국가임에도 지식 중심 사회에서 필수적으로 요구되는 고도의 비지니스 서비스와 소프트웨어 등의 분야에서의 공헌과 활약은 경쟁 국가들의 수준과 비교할 때 여전히 뒤떨어져 있으며, 글로벌 인재와 네트워크의 부족으로 인한 한계 역시 심각하다는 것이다. 저자들은 이러한 문제에 대한 대응 전략으로 근현대 경제 발전 과정에서 개방적인 다문화 체제 구축에 성공한 '정착 사회'(settler societies)국가들의 발전된 다문화 정책과 글로벌 인적자원 네트워크 형성 전략에 주목할 것을 강조한다.

신기욱과 최준락은 한국을 비롯한 아시아의 선도 산업 국가들은 글로벌 인적자원이 자유롭게 활동할 수 있는 다문화와 다양성 요소를 강화할 필요가 있으며, 이를 위한 적극적인 노력의 필요성을 주장한다. 특히 글로벌 역량을 갖춘 인적자원뿐 아니라 이들이 다양한 영역에서 축적해온 세계적 수준의 사회적 관계와 이를 통해 발현되는 긍정적 효과를 의미하는 글로벌 수준의 '사회적 자본'(social capital)의 중요성을 새롭게 조명한다. 저자들은 일방향적인 두뇌 이동이 아닌 쌍방향적인 '두뇌 순환'(brain circulation)을 위해 인적자원의 글로벌 이동과 선순환의 환경을 만들어내는 것이 ICT가 주도하는 포스트 산업 시대의 핵심 과제라고 주장하면서 실리콘밸리의 성공은 이러한 열린 글로벌 다문화 사회의 개방성과 다양성을 그 본질로 하고 있다는 점을 강조한다.

3장 '지식경제 시대의 정보통신기술과 사회적 자본' 정동일은 ICT 중심 사회의 전환과 사회적 자본의 역할에 대한 새로운 접근을 시도한다. 정동일의 글은 기술 네트워크와 사회적 네트워크의 상호 조응성에 주목하면서 두 네트워크가 상호 보완적으로 작동하는 중층적 모델의 필요성을 제시한다. 그의 주장에 따르면 지식경제 사회에서 혁신의 양과 질이 가장 우수한 것은 기술적 네트워크와 사회적 네트워크가 상호 보완적으로 얽혀 있는 중층적 혁신 네트워크이다. 정동일은 기술과 사회가 잘 융합된 시스템에서는 기술적 네트워크를 통해 정보 획득, 처리에 들어가는 비용을 낮추고, 새로운 정보를 흡수할 수 있으며, 이렇게 획득된 정보는 사회적 네트워크 속에 배태된 지식, 특히 암묵적 지식과 결합해 새로운 혁신을 창출할 수 있다고 본다.

다른 한편 기술적 네트워크는 새로운 사회적 관계를 형성하는 데 기여함으로써 사회적 네트워크의 영역을 확장하고 새롭게 촉진하는 중요한 기능을 수행할 수 있다. 사회적 네트워크를 통해서는 접할 수 없는 신선한 정보를 획득하는 데에는 기술적 네트워크의 역할이 매우 크고, 기술적 네트워크를 통해서 알게 된 원거리의 행위자들과 직·간접적으로 상호작용하는 과정에서 사회적 네트워크가 확장될 수 있다. 정보통신기술과 그 기술에 의해 만들어진 기술적 네트워크가 우리 삶뿐 아니라 경제활동의 지형을 크게 변화시키고 있는 것은 분명한 사실이다. 그러나 지식경제 사회에서도 사회적 네트워크의 역할은 여전히 유효하다.

여기에서 우리가 주목해야 할 변화는 사회적 네트워크가 담당하던 기능이 기술적 네트워크에 의해서 대체되는 것이 아니라, 사회적 네트워크와 기술적 네트워크와 결합하면서 그 역할이 오히려 증가하고 있다는 점이다. 이 두 네트워크는 대체재가 아니라 보완재이다. 지식경제 사회에서의 개인, 기업, 국가의 경쟁력은 단순히 정보통신기술에 대한 투자를 늘리는 것에 있는 것이 아니라, 이 두 네트워크가 서로를 보완할 수 있도록 창조적으로 결합하는 것에 있다는 것이다.

4장 'ICT 지식기반 사회의 노동시장과 인적자원개발 전략'에 대한 이종선의 연구는 한국의 ICT 산업이 태동과 성장, 새로운 단계로의 도약과 융·복합 산업으로의 전환 과정을 통해 산업화 이후 한국의 경제사회 발전을 주도하는 산업으로 발전해왔으며, 이 과정에서 노동시장과 인적자원 육성 전략의 변화를 요구해왔음을 지적한다. 이종선은 한국 ICT 산업의 특성을 발전 단계별로 나눌 필요성을 제기하며, 각각의 발전 단계에 따라 인적자원개발 전략과 고용 패러다임도 크게 변화했음에 주목한다. 국내 ICT 지식기반 사회의 태동기에 속하는 ICT 제조업 시대에서는 하드웨어 분야에 대한 고용이 주를 이루었다. ICT 산업 패러다임이 고도화되면서 하드웨어 생산 분야에서 점차 소프트웨어 분야로 나아가고 있으며, 최근에는 웹 서비스 형태의 하드웨어 및 소프트웨어 융·복합 기술로 진화하고 있다. ICT 산업이 고도화하면서 소프트웨어 분야에 대한 일자리가 점차 늘어나고 있으며, 소프트웨어 인터넷 서비스 분야의 고용이 크게 늘고 있다. ICT 산업 발전에 따라 클라우드 서비스 직종 분야뿐만 아니라 빅데이터 관리자 및 분석가 등에 대한 인적자원 수요도 크게 늘 것으로 예상된다.

이종선의 연구에 따르면 ICT 산업 내 노동시장에서의 일자리 불일치(job-mismatch)와 숙련 불일치(skill-mismatch) 등 인력수급 불균형이 존재하고 있다는 점이 해결되어야 할 과제로 지적되고 있다. 특히 양질의 소프트웨어 인력과 석·박사 인력이 여전히 부족한 상태이며, 기업들의 ICT 전공 졸업생의 역량에 대한 불신도 여전히 존재한다. 따라서 이러한 일자리와 숙련 불일치를 해결하기 위해 다양한 정책적 노력도 요구되고 있음을 강조한다. 다른 한편 필자는 ICT 산업에서도 중소기업의 취약한 입지를 전환하기 위한 근본적인 노력의 중요성에 주목한다. 결론적으로 ICT 산업의 발전 패러다임이 지속적으로 변화함에 따라 이에 상응한 인적자원개발 전략도 새롭게 모색되어야 할 필요성을 제기한다. ICT 산업 내 하드웨어와 소프트웨어를 하나로 묶어주는 새로운 융·복합 기술의 개발과 함께 금융, 가전, 자동차, 로봇 등 다른 산업 분야와의 융합을 통해 차세대 성장 동력 확보에 이에 필요한 인적자원개발에 적극 나서야 할 것이다. 특히 4차 산업혁명에 대비한 인공지능, 사물인터넷, 클라우드 컴퓨팅, 빅데이터 분석 등에 필요한 인력 육성이 제대로 이루어지지 않아 이에 대한 인적자원 개발 전략이 절실한 상황에 있다는 것이다.

5장 '사회투자, 인적자본, ICT 산업'에서 김영범과 박준식은 ICT 산업에서 인적자원 육성을 위한 경제, 사회, 문화 환경의 중요성을 집중적으로 고찰한다. 이들은 사회투자 전략이 국가 경쟁력에 영향을 준다는 선행 연구를 바탕으로 OECD의 자료 분석을 시도한다. 저자들은 ICT 산업의 발전과 사회투자지출이 연관성이 있는지를 알아보기 위해 OECD 국가들의 사회투자와 효과적인 노동시장 정책 그리고 불평등과 갈등을 최소화하기 위한 사회통합 정책이 ICT 산업 발전에 미친 긍정적 영향에 주목한다. 이들은 선진국들이 보여주는 사회투자 전략의 다양성을 사회민주주의형, 자유주의형, 보수주의형으로 구분하고 상이한 정책 패러다임과 접근이 ICT 산업의 발전 경로에 어떠한 영향을 미칠 수 있는가에 대해 비교 분석을 시도한다. 그 결과 사민주의 사회투자국가와 자유주의적 사회투자국가가 보수주의적 복지국가에 비해 정보통신 산업에서 양호한 실적을 기록하고 있음을 보여주고 있는데 그 주된 이유로 정보통신 산업의 특성을 주목할 필요가 있음을 강조한다.

이들의 주장에 따르면 정보통신 산업에 대한 지식은 다양한 산업 분야에서 응용될 수 있다는 특징을 지닐 뿐만 아니라 새로운 기술이 빠르게 등장하기 때문에 기존 기술의 효용성 또한 빠르게 하락한다는 특징을 지닌다. 다른 한편으로 정보통신 산업은 제품의 특성상 개발 비용이 들기는 하지만 일단 개발되면 제품의 공급에 거의 비용이 들지 않는다는 장점도 있다. 따라서 누군가 선발자로 시장을 장악하게 되면 후발자에 비해 엄청난 이득을 얻을 수 있는 가능성이 높다.

산업 분야에 필요한 지식과 기술을 습득하는 데 비교적 많은 노력이 필요한 반면 불안정한 고용 관계가 일반적이기는 하지만 선발자의 경우 거대한 이익을 얻을 수 있는 상황에서 인적자원의 자질 향상을 위한 투자는 중요한 의미를 지닌다. 따라서 이러한 선택을 촉진하기 위해서는 인적자본에 따른 기대수익을 단기간에 충족시키는 환경을 조성하거나, 인적자본에 대한 투자비용을 낮추어 수익에 대한 기대수준을 낮출 수 있는 환경을 마련하는 것이 필요하다. 즉, 적극적 노동시장 정책이나 교육과 같은 사회적 투자를 통해 개인과 가계의 교육 투자 부담을 최소화할 필요가 있다. 다른 한편 인적자원 육성에 비용이 많이 드는 경우 선발자로서 시장에서 독점 상황을 유지해 가능한 많은 보상을 얻을 수 있는 환경에서만 정보통신 산업에 필요한 기술을 습득할 가능성이 높다. 다시 말해 상이한 인센티브 구조가 정보통신 산업 부문에 필요한 기술을 습득하도록 개인을 유도하게 되는데, 이는 단기적으로는 비용의 최소화와 이익의 극대화라는 다른 방식의 전략이 다 유효할 수 있음을 시사한다.

사민주의 국가와 자유주의 국가에서 확인된 바 있는 정보통신 산업의 높은 고용 수준과 부가가치는 정보통신 산업의 특징을 반영하는 것으로 보인다. 높은 수준의 보상적 지출과 사회투자 지출이 결합된 사민주의 유형의 경우 지식 습득에 대한 비용을 최소화하는 전략을 취하는 한편, 보편주의적 사회보장과 통합 제도를 통해 기업이나 산업에 따른 복지 수준의 차이를 최소화하는데, 이를 기반으로 노동자들은 지속적인 학습을 통해 더 적극적으로 경력 개발을 추구할 수 있다. 사회투자 전략과 보상적 복지 제도의 결합을 통해 정보통신 산업에 필요한 지식과 기술을 배우는 데 필요한 비용을 최소화하고, 불안정한 고용 관계에 따른 위험 역시 최소화하는 것이다. 지식과 기술 습득에 대한 적은 비용 부담으로 변동성과 리스크가 높은 일자리 영역에 대한 진입장벽이 낮아질 뿐 아니라 불안정한 고용 관계에 대한 안전망을 제공함으로써, 정보통신 산업에 필요한 지식과 기술을 배울 수 있는 인센티브를 제공한다. 성공적인 사회투자와 현명한 사회 보장, 더 나은 일자리를 위한 개인의 적극적인 행동이 잘 결합되는 사회적 환경은 정보통신 산업 친화적 선진 경제의 발전에 도움을 줄 수 있을 것이다.

6장 'ICT 산업과 여성'에 대한 신경아의 글은 ICT 주도 사회에서 여성의 특별한 지위와 민감한 잠재력에 주목한다. 필자는 여성의 노동 경험 분석을 통해 IT 분야에서 여성의 기여와 성취의 조건을 밝힌다. 1980년대 이래 한국 IT 산업에서 여성들은 반도체 생산 부문의 생산직 노동자로 일했고 2000년대 들어서는 IT 서비스와 디지털콘텐츠 개발·제작 부문의 전문 인력으로 일해왔다. 이 글은 여성주의 관점(feminist perspective)에서 IT 분야 여성들의 노동 상황을 분석하고 여성들의 성공적인 경력 추구를 위한 조건을 탐색하고 있다.

이와 관련해 정보기술 사회는 여성에게 두 가지 새로운 가능성을 열어 줄 수 있음을 지적한다. 첫째, 해석적 유연성(interpretative flexibility)이다. 신기술의 발전은 디자인은 물론 사용의 맥락에서 상당한 수준의 해석적 유연성을 필요로 한다. 기술과 그것의 생산물은 사용자의 소비 과정에서 당초 설계자의 의도와는 관계없이 사용자들의 해석과 의미화, 소비 행위에 따라 매우 상이한 방식으로 활용되고 재구성될 수 있다는 것이다. 여성들은 기술 생산물의 사용자로서 해석적 유연성을 통해 기술 발달 과정에 개입할 수 있다. IT 생산물의 기획 의도와 관계없이 사용자로서 여성들이 지닌 경험과 그로부터 형성되는 의미화가 신기술의 기획과 개발을 촉진하거나 억제할 수 있다는 것이다.

둘째, IT 산업에서 필요로 하는 인력의 특징은 혼종적 역량(hybrids)이다. IT 직무는 기술적 전문성뿐만 아니라 조직적·경영적·인간관계적 능력을 요구하기 때문이다. 하이브리드 매니저(hybrid manager)는 기술과 비즈니스에 대한 이해를 지니고 타인과의 소통 능력이 뛰어난 사람들을 가리킨다. 그들은 기술과 경영, 조직 내부의 행위자들을 연결하는 수평적 협업(collaboration)과, 기술 생산물의 생산자와 사용자를 연결하는 수직적 협업을 이끌어간다. 서구사회의 경우 이런 하이브리드 노동에서 여성은 그들이 지닌 관계지향적 특성과 소통 능력 덕분에 우수한 성과를 거두어온 것으로 평가된다.

정보통신 및 IT 서비스 기획 부문의 여성 전문가에 대한 심층 인터뷰 결과 여성은 감정이입과 공감, 소통 능력이 인해 기획과 사용자 중심의 감성적 접근에서 고도의 강점을 지니는 것으로 평가된다. 다른 한편 반도체 개발과 생산 부문의 전문 매니저로 성공한 여성 전문가에 대한 인터뷰 결과 여성의 정체성과 고유한 능력이 반도체 산업의 핵심 영역에서 큰 역할을 할 수 있음을 보여주었다. ICT 산업의 고도화와 더불어 여성들의 소통과 돌봄 역량은 남성의 '의리' 문화보다 더 깊고 오래갈 수 있는 관계의 윤리로 발전할 수 있다.

여성이 ICT 산업과 서비스의 하이브리드 노동에 더 적합한지는 생물학적으로 결정될 수 없다. IT 조직에서 여성들이 연결자 역할을 자주 수행하는 것은 그들이 지닌 돌봄의 사회적 경험과 깊은 관련이 있을 것이다. 여성은 또한 사용자로서 기술 생산물에 대한 해석적 유연성을 통해 기술 발달에 영향을 줄 수 있다. 중요한 것은 급속하게 발전하는 IT 산업에서 여성이 이러한 능력을 통해 생산자이자 사용자로서 자신의 위치를 개선해 가고 젠더 불균형을 시정해나갈 수 있을 것으로 본다.

마지막으로 7장 '디지털 자본주의로의 이행을 위한 제도와 거버넌스 혁신'에서 정무권은 사회통합과 포용적 성장을 위한 경로 선택을 강조한다. ICT 기술이 생산, 금융, 교통, 통신, 문화 등 경제적 생산관계뿐만 아니라 사회의 다양한 영역에 전면적으로 적용됨에 따라 이전과 다른 새로운 생산 시스템, 노동시장의 구조, 일의 성격의 변화를 가져오는 것으로 예견되고 있다. 정무권은 ICT 기술이 단순히 산업조직이나 산업구조의 변화뿐만 아니라 인간 삶의 양식에서부터 정치, 사회적 제도에까지 급격한 변화를 가져오는 것으로 해석하고 있다.

이러한 변화는 기능적인 차원에서 경제사회의 변화가 아니라 자본주의 체제의 발전 양식에서 기존의 자본과 노동의 관계와 권력 관계 그리고 이에 대응하는 정치사회 관계가 보다 다른 차원으로 이행하고 있는 것으로 해석된다. 이것을 '디지털 자본주의'(digital capitalism) 또는 '인지자본주의'(cognitive capitalism) 등의 새로운 자본주의의 개념화로 표현한다. 기존 산업자본주의 모델을 기반으로 경제글로벌화, 신자유주의의 확산, 금융자본주의화가 다른 자본주의 체제의 새로운 변화로 인식되었다면, 새로운 자본과 노동의 관계를 규정하면서 노동의 가치생산의 방식이 달라지고, 이에 상응하는 사회·정치제도의 변화를 좀 더 면밀히 규명하고 그것이 자본주의 체제 변동에 의미하는 바가 무엇인가를 분석해보아야 한다는 것이다.

디지털 자본주의로의 이행을 위한 제도와 거버넌스 개혁에서 정무권은 사회통합과 포용적 성장을 위한 노력의 절실한 필요성을 역설한다. 그는

ICT 기술의 급속한 발전과 더불어 자본주의 체제에서 발전한 전통적 사회통합과 사회 정책 패러다임의 총체적 위기의 가능성을 직시해야 함을 강조하면서 새로운 사회통합 거버넌스의 전방을 제시하기 위해 노력한다. 새로운 산업 지형과 사회구조의 전환은 자본주의 체제의 권력 관계를 뿌리부터 흔들고 있다. 이에 따라 새로운 자본과 노동의 관계를 규정에 상응하는 사회·정치제도의 변화를 좀 더 면밀히 규명하고 새로운 사회통합 전략의 패러다임을 제시할 필요성을 역설한다.

무대 뒤에서 성실히 일하는 진정한 일꾼들 없이 성공적으로 출간되는 책은 없다. 끝까지 성실하게 도움을 주셨던 한울엠플러스(주)의 윤순현, 최은미 선생님은 이 책의 보이지 않는 주인공이었다. 본 연구의 진행 과정을 늘 함께 해준 한림대학교 정보기술과 문화연구소 신우열 박사의 열정과 헌신은 이 연구의 '히든 챔피언'이었다. 또한 어려운 사정에도 불구하고 본 연구를 지원해준 한국연구재단의 도움과 든든한 재정적 지원에 대해서도 참여 연구자들을 대표해서 감사의 마음을 전한다.

차례

서 문 ICT 산업과 경제사회 패러다임의 전환 _ 김신동·박준식 5

제1장 ICT의 진화와 한국 사회: 정보사회적 특성과 핵심 과제 _ 김원동 23

제2장 글로벌 경쟁과 인적·사회적 자본의 글로벌화 _ 신기욱·최준락 71

제3장 지식경제 시대의 정보통신기술과 사회적 자본 _ 정동일 103

제4장 ICT 지식기반 사회의 노동시장과 인적자원개발 전략 _ 이종선 144

제5장 사회투자, 인적자본, ICT 산업: OECD 자료를 통한 분석
_ 김영범·박준식 182

제6장 ICT 산업과 여성 _ 신경아 214

제7장 디지털 자본주의로의 이행을 위한 제도와 거버넌스 혁신 _ 정무권 253

참고문헌 282

01 ICT의 진화와 한국 사회

정보사회적 특성과 핵심 과제

김원동

1. 머리말

사회학자들의 공통된 관심사는 '사회구조의 특징과 변동 그리고 양자 간의 지속적인 상호작용'에 대한 이해라고 할 수 있다. 현대사회의 특징과 관련해 한 가지를 추가한다면, 유력한 1순위 후보는 '미래'라는 주제일 것이다. 현대인은 어느새 광범위한 영역에서 동시다발적으로 전개되는 사회변화의 급물살을 피해갈 수 없는 운명의 존재가 되어버렸기 때문이다. 이제 급류를 절묘하게 타며 전진하기 위해서는 시대적 흐름과 미래 전망에 항상 촉각을 곤두세우고 지혜롭게 이에 대응해가는 것 외에는 달리 대안이 없다. 말하자면, 개인, 집단, 국가 할 것 없이 모두가 오늘의 시대와 변화의 의미를 올바로 이해한 바탕 위에 미래를 설계해야 하는 과제를 제각각 떠안게 된 셈이다. 이는 사회학자가 감당해야 할 시대적 소임의 하나이기도 하다. 사회학적 전통의 연장선 위에서 보면 이는 지극히 자연스러운 사명이라고 할 수 있다. 칼 마르크스(Karl Marx)나 막스 베버(Max Weber) 등과 같은 고전 사회학자들의 성과 자체도 날로 견고해갈 것으로 보이던 당대의 사회적 핵심 현안에 대한 고뇌와 통찰의 산물이었다고 볼 수 있기 때문이다.

원론적으로는 간단한 얘기지만, 세부적으로 들어가면 이로부터 연이어 제기되는 물음은 적지 않다. 이를테면, 다음과 같다. 사회변동, 특히 현대 사회의 변화에 영향을 미치는 주요 요인에는 어떤 것들이 있는가? 그로 인해 출현하는 현대사회의 특징적인 모습은 어떤 것인가? 그것은 일시적 현상인가 아니면 구조적인 것인가? 그러한 현상이 구조적인 것이라면, 사회의 성격을 새롭게 규정해야 할 정도의 질적 변화인가 아니면 기존 사회의 외형적 확장에 불과한 것인가? 우리는 현대사회를 어떻게 규정해야 하는가? 현대사회는 향후 어떤 모습으로 전개될 것인가? 현대사회로서의 한국 사회는 어떤 사회적 변화 추이와 특징을 지녔으며 미래는 어떻게 전망되는가? 현대 한국 사회에서 주목해야 할 가장 근본적인 과제는 무엇인가?

이러한 물음의 연장선상에서 설정된 이 연구의 세부 목적은 다음과 같다.

첫 번째 목적은 현대사회의 성격을 인류문명사적 사회 변화의 흐름 속에서 이해해보려는 것이다. 현대사회의 특징이나 성격 또는 미래에 대한 시각은 이전보다 상당히 다양해진 편이다. 그것은 오늘의 시대와 사회가 그만큼 복합적이고 다면적 특성을 지니고 있기 때문이다. 이런 점에서 사회 성격에 대한 다채로운 규정의 등장은 자연스러운 것이라고 볼 수 있다. 하지만 여러 가지로 표현되어온 사회의 성격 규정들이 갖는 의미를 제대로 파악하지 못하면, 오히려 변화와 현실의 요체를 왜곡할 수도 있다. 이러한 문제의식 아래 여기서는 여러 사회적 성격 규정을 바라보는 올바른 이해 방식이 무엇인지에 대해 먼저 생각해보고, 이를 토대로 현대사회의 특징을 문명사적 사회 변화의 궤적 속에서 접근해보려 한다.

두 번째 목적은 현대사회를 정보통신기술(ICT: Information and Communication Technology, 이 장에서는 ICT로 표기)의 진화에 따른 정보사회로 파악할 수 있는지를 인류문명의 일련의 혁명적 계기와 문명사적 특징에 대한 검토를 통해 확인해보려는 것이다. 이 작업이 중요한 이유는 현대사회의 이론적·현실적 위상을 정립하려면 산업혁명, 융합혁명 등을 둘러싸고 전개되어온 그간의 복잡하고 혼란스런 논의들에 대한 일종의 개념적 교통정리가 선행되어야 한다고 보기 때문이다. 이것은 또한 ICT의 진화와 그에 따른 한국 사회의 정보사회적 특성을 파악하기 위해서도 충분히 논의해야 할 예비 작업이라고 할 수 있다. 여기서는 이를 위해 세계 유수의 ICT 기업들이 급성장할 수 있었던 배경과 실태 등도 조명해볼 것이다.

세 번째 목적은 한국 사회에서 ICT의 진화가 주로 어떤 방식으로 이루어져왔고, 그 과정에서 배태된 정보사회적 특성은 어떤 모습을 띠고 있는지를 구체적으로 이해하는 것이다. 이는 한국 사회의 성격을 규정하는 여러 측면 중 정보사회적 특성에 초점을 맞추려는 필자의 기본 입장을 반영한 접근 방식이다. 즉, ICT의 진화라는 관점에서 한국 사회의 변화와 특징을 파악하려는 것이다. 이 작업은 물론 이번 연구의 핵심 내용으로서 앞서 제기한 두 가지 연구 목적에서 밝혀진 내용들을 토대로 진행된다. 여기서 주된 검토 대상은 1970년대 중반 이후 현재까지 추진된 국가정보화 정책의 경과와 시민들의 일상의 정보화 실태이다. 이 장 말미에서는 ICT의 진화와 동시에 진행되어온 한국 사회 불평등의 심화에 주목함으로써 우리의 오늘과 내일을 낙관적인 시각으로만 전망할 수 없음을 환기하고자 한다.

네 번째 목적은 ICT의 진화 과정에서 제기되어온 부정적 잠재력과 현실화에 대한 우려에 주목하면서 한국 사회가 무엇보다 우선시해야 할 핵심

과제를 제안해보려는 것이다. 이 글에서 이 점을 비중 있게 다루려는 이유는 ICT 중심 사회의 작동 원리의 문제점과 미래 방향의 모색에 대한 성찰 및 사회적 대응책 마련의 노력이 매우 미진하다고 보기 때문이다. 최근의 국내외 분위기는 ICT의 생산적 잠재력에 대한 전적인 신뢰에 경도되어 있는 듯하다. 이는 사회 구성원들의 긍정적 사고 유발과 사회적 자원의 동원 효과를 낳을 수 있다. 하지만 이것만으로는 개인과 공동체의 건강성이나 지속성을 담보할 수 없다. 무엇이 근본적인 문제인지를 점검하고 대응책을 적극 모색하려는 관심의 결여로 인해 환부의 악화와 치명적 피해의 확산 가능성이 계속 방치되기 때문이다. 정보사회적 색채가 짙어가는 한국사회에서도 ICT에 기반을 둔 현대사회의 부정적 단면들이 수시로 모습을 드러내고 있고 향후 더욱 심화될 것으로 전망된다는 점에 비추어보면, 이 점의 중요성은 재론의 여지가 없다. 이에 대한 다각적인 진단과 구체적 처방을 위해서는 별도의 심도 있는 후속 연구가 필요하다. 따라서 여기서는 가장 시급한 의식적·실천적 과제에 국한해 논의해봄으로써 이를 추후 본격화될 심층 연구의 토대로 삼고자 한다.

2. 문명사적 사회 변화의 계기와 현대사회의 성격에 대한 이해

1) 인류문명사적 사회 변화의 궤적과 현대사회

현대사회의 성격에 대한 규정과 시대 진단은 결코 사회학자의 전유물일 수 없다. 정치학자나 경제학자와 같은 사회과학자들은 물론이고 철학자, 신학자, 예술인 등과 같은 사회과학 이외 분야의 전문가들도 나름대로 이를 시도해왔기 때문이다(쉬만크·폴크만, 2011: 16~17). 현대사회에 대한 다채로운 규정이 이를 대변해준다. 이를테면, 세계사회, 위험사회, 탈산업사회, 시민사회, 다중선택사회, 해체사회, 다문화사회, 기능분화사회, 노동사회, 체험사회, 가변문화사회, 지식사회, 책임사회, 균열사회, 독신자사회, 포스트모던사회, 지식사회, 근대사회, 정보사회, 교육사회, 다이내믹사회, 미디어사회, 유연사회, 투명사회, 네트워크사회, 다원선택사회, 비대칭사회, 피로사회 등(쉬만크·폴크만, 2011; 퐁스, 2003a, 2003b; 한병철, 2012)이 그것이다. 물론 이 같은 작업은 주로 사회과학자들에 의해 이루어져왔다. 그렇다면 오늘의 시대와 사회가 이렇게 다양하게 규정되는 것은 무슨 이유에서일까?

앞서 언급한 것처럼, 다양한 사회 규정은 사회가 기본적으로 상이한 여러 측면들로 구성된 복합체라는 현실적 특성에서 비롯된 것이라고 할 수 있다. 또 그것은 이를 전제로 연구자의 연구 관심과 관점에서 비롯된 개인적 '가치판단'에 따라 선별된 측면이 강조된 결과이기도 하다. 말하자면, 그와 같은 다양한 규정들은 사회를 구성하는 서로 다른 특징들 중에서 특정한 측면이 부각된 '일면적' 해석의 결과인 셈이다. 각 관점마다 개별 연구자에 의해 강조된 특징이 현대사회의 주요 특징으로 간주되고 여타의 특징들은 부차적인 것으로 처리됨에 따라 불가피하게 이론적 관점들 간에 충돌이 생길 수도 있다. 그럼에도 불구하고, 이러한 색다른 규정들은 현대사회의 다양하고 복합적인 특징을 이해함에 있어 전체적으로 상호보완적인 설명력을 제공한다는 점을 기억할 필요가 있다(퐁스, 2003: 12~15; 쉬만크·폴크만 2011: 17~23). 이는 곧 현대사회의 서로 다른 측면들을 어느 한 개념으로 모두 설명하려는 시도 자체가 여러 이론적 관점들의 유용성을 간과하고 오히려 현실을 왜곡하는 결과를 낳을 수 있음을 의미한다. 아르민 퐁스(Armin Pongs)는 이를 경계하면서 현대사회에 대한 여러 규정들의 저변에는 고도로 발달된 과학기술에 기초한 사회라는 인식이 짙게 깔려 있다고 지적한다(퐁스, 2003: 14). 아쉽게도 자신의 해석 근거를 명시하지 않았지만 그가 언급한 여러 사회의 면면들과 ICT의 최근 동향을 함께 묶어 생각해보면, 그의 의도와 혜안을 읽어낼 수 있다. 우선, ICT의 혁신적 진화가 사회 구성원들과 세계를 매우 빠른 속도로 긴밀하게 연결시킴으로써 현대사회의 형성과 운영에서 차지하는 ICT의 비중이 날로 커지고 있다는 것이다. 또 다양한 호칭의 사회는 그와 관련해 발생한 현상들 가운데 특정한 측면에 대한 연구자별 해석이라고 볼 수 있다는 것이다.

이런 맥락에서 필자는 현대사회의 정보사회적 특징에 주목하고자 하며, 현대사회와 미래의 의미를 심층적으로 이해하고 전망하기 위해 거시적인 사회 변화의 계기와 시기 및 특징을 개관해보려 한다. 현대사회는 장기적인 인류문명사적 변화의 흐름 속에서 출현한 것이고, 현재의 특징을 배경삼아 미래를 향해 나아가고 있기 때문이다.

〈표 1-1〉은 현대에 이르기까지 인류의 문명사적 변화 궤적과 특징들을 그간의 국내외 연구 성과들을 토대로 필자의 판단과 분류 방식에 따라 다시 정리해본 것이다.

수렵·채취 생활을 하던 인류는 약 1만 년 전 농업의 발명으로 '유목적' 삶의 방식을 청산하고 일정한 지역에 정착하면서 이후 수천 년에 걸쳐 농업문명을 일구었다(슈밥, 2016: 24; 토플러, 1989b: 26~37; 김문조, 2013: 60~61). 인류사에서 또 하나의 결정적인 변화를 몰고 온 일련의 계기들은 영국에서 나타났다.

영국에서는 18세기 중엽까지 압도적 우위에 있던 모직물공업을 제치고

〈표 1-1〉 문명사적 사회 변화의 궤적과 정보사회

문명	혁명적 계기	주요 발명 또는 핵심적 기술혁신	문명의 표상	주도 국가	주요 역사적 시기	사회의 성격
농업문명	농업혁명	농업	농민, 농가, 정주적 삶	-	약1만년전에 출현	농업사회
산업문명	제1차 산업혁명	면공업에서의 방적기와 방직기, 철공업 연료로서의 석탄, 모든 산업의 동력기로서의 증기기관	면공업, 철공업, 석탄산업	영국	18세기 중엽 ~19세기 중엽	자본주의적 산업사회
	제2차 산업혁명	전기와 화학 분야 중심의 기술혁신	인공조명, 합성물질(나일론, 플라스틱)	영국, 독일, 미국, 프랑스 등	19세기 말~20세기 초	
	제3차 산업혁명	모든 시스템의 기계식에서 전자식으로의 전환, 소형화, 디지털화	컴퓨터, 정보통신, 인터넷	미국 중심의 선진국	1960년대~1990년대	컴퓨터와 인터넷에 기반을 둔 정보사회
융합문명	제4차 산업혁명	정교성·통합성의 측면에서 고도로 진화한 디지털기술, ICT에 기반을 둔 제반 영역에서의 융합	유비쿼터스 모바일 인터넷, 인공지능, 더 저렴하고 작고 강력해진 센서	미국 중심의 선진국	21세기 초에 출현	융합에 기반을 둔 정보사회

자료: 김문조(2013), 김원동(1996, 2004a, 2015), 김종현(2013), 벨(1987, 1991, 2006), 슈밥(2016), 토플러(1989b, 1994)에서 재구성.

면공업이 가장 중요한 공업으로 성장하면서 산업혁명을 주도했다. 면공업의 급성장은 물론 제니 방적기, 수력 방적기, 뮬 방적기, 자동 뮬 방적기, 역직기 등과 같은 획기적인 일련의 발명으로 구체화된 기술 혁신의 뒷받침 때문에 가능했다(김종현, 2013: 135~175). '목탄에서 석탄으로의 제철 연료의 전환을 내용으로 한 연료혁명'의 기술혁신은 철공업을 성장시켰고, '그와 결부된 에너지 및 원료산업'으로서의 석탄산업을 발전시켰다. 한편, 원래 탄광의 지하수 배수 문제를 해결하기 위해 개발된 증기기관이 용광로의 강력한 송풍용으로 이용되면서 철공업의 생산성을 증대시켰고, 점차 면공업 영역뿐만 아니라 사회 전반에 도입되었다(김종현, 2013: 177~252). 이와 같이 증기기관은 산업을 필두로 사회 모든 영역의 핵심 동력원으로서 산업혁명을 떠받치고 추동시킨 사회적 토대로서의 기능을 수행했다.[1] 요컨대, 영국은 연속적인 기술혁신의 토대 위에서 면공업, 철공업, 석탄산업 중심의 산업혁명을 이끌었고, 그 여파가 전 세계로 확산되었던 것이다.

1870년경부터 시작된 제2차 산업혁명은 전기와 화학 분야를 중심으로 전개되었다. 인공조명의 발명으로 야간대의 생활양식에 엄청난 변화가 생겼고, 화학 분야의 기술혁신으로 합성물질을 만들 수 있게 됨에 따라 비단과 목재 대신에 나일론과 플라스틱을 얻게 되었다. 1960년대를 시발점으로 20세기 말까지는 모든 시스템의 전자 시스템(electronic systems)으로의 전환, 소형화(miniaturization), 디지털화(digitalization)를 가능하게 한 기술혁신으로 인해 인류는 이른바 제3차 산업혁명[2]을 맞았다(벨, 1991; 김원동, 1996, 2001). 제3차 산업혁명은 종종 '컴퓨터 혁명', '인터넷 혁명' 혹은 '디지털 혁명'이라고 불리는 가운데 '반도체와 메인프레임 컴퓨팅(1960년대),

---

1 증기기관의 발명은 오랜 기간 인류사의 동력원 역할을 해왔던 풍력, 수력, 축력, 인간의 근력 등에 대한 인간의 경제적 의존을 탈피하게 해줌으로써 사회의 생산성을 획기적으로 증대시켰다. 증기기관은 산업 영역뿐만 아니라 철도, 증기선 등과 같은 교통수단에도 적극 도입·활용되었기 때문이다(Allen, 2011: 156).

2 대니얼 벨(Daniel Bell)은 지금까지 세 차례의 기술혁명이 있었다고 본다. 〈표 1-1〉에 제시된 제1차 산업혁명, 제2차 산업혁명을 각각 제1차 기술혁명, 제2차 기술혁명이라고 명명했다. 그는 이러한 두 번의 기술혁명에 이어 컴퓨터와 정보통신을 중심으로 '제3의 기술혁명'이 이제 새롭게 출현하고 있다고 했다(벨, 1991). 벨은 이와 같이 '제3차 산업혁명' 대신에 '제3의 기술혁명'이라는 표현을 썼지만 양자는 내용적으로 대동소이하다. 다른 전문가들이 최근에 사용하는 용어들과의 혼선을 피하고 일관성을 확보하기 위해 여기서는 기술혁명을 산업혁명으로 통일시켰다.

PC(1970년대와 1980년대), 인터넷(1990년대)'의 발달로 가시화되었다. 특히, 인터넷의 발달은 모든 사회 구성원들의 사회적 관계 전반에 걸쳐 새로운 국면의 등장을 예고하는 상징으로 각광을 받았다(슈밥, 2016: 25; 김정욱 외, 2016: 19~20). 제3차 산업혁명의 성과에 힘입어 21세기의 개막과 함께 제4차 산업혁명이 시작되었다. 이 혁명의 핵심 요소는 개별적으로 발달해온 기술들의 '융합'(convergence)에 있다. 특히, 물리학, 생물학, 디지털 분야의 기술을 중심으로 매우 광범위한 영역에서 각종 첨단 기술들이 엄청나게 빠른 속도로 상호 교류하고, 융합하는 가운데 새로운 부가가치를 만들어내는 사회로 진입한 것이다(슈밥, 2016; 김정욱 외, 2016). ICT의 획기적 진화에 의해 가능해진 융합이 디지털 기기, 매체, 디지털 콘텐츠, 제도, 조직, 산업, 문화, 의식, 신체 등과 같은 기술적·산업적·문화적·의식적·신체적 제반 영역에서 실제로 다양하고 폭넓게 이루어짐에 따라 우리는 머잖아 융합문명이 만개하는 시대를 맞게 될 것으로 보인다(김문조, 2013: 193~221).

2) 융합문명 시대의 정보사회와 ICT 기업의 성장 배경 및 실태

이 글에서는 현대사회를 지금까지 살펴본 문명사적 사회 변화의 궤적 속에서 ICT의 진화에 따른 정보사회로 보는 입장을 취한다. 이와 같은 입장은 현대사회를 바라보는 필자 나름의 다음과 같은 기본 관점을 전제로 한 것이다.

첫째, 필자는 정보사회적 특성에 주목하지만 이러한 접근을 현대사회에 대한 총체적인 분석이나 설명을 위한 유일한 시각으로 보지는 않는다는 점이다. 둘째, 하지만 ICT가 현대사회의 형성과 현재 및 미래에 주는 현실적 영향력은 그 어떤 요인보다도 크다고 보는 관점에 필자도 기본적으로

동의한다는 점이다. 다시 말해, ICT는 현대사회를 형성한 주요 요인 중 하나이지만 현 시점에서도 여전히 심대한 변화를 야기하고 있고, 향후 그 영향력은 더욱 커질 것이라는 점에서 이를 현대사회의 핵심적 변동 요인으로 간주한다는 것이다. 셋째, 그럼에도 불구하고 이 글은 현대사회의 변화나 특징 그리고 미래가 ICT의 진화에 의해 전적으로 좌우된다고 보는 기술 결정론적 입장을 배격한다는 점이다. 이런 점에서 필자는 ICT가 의미 있는 사회 변화와 발전에 기여할 수 있는 무한한 잠재력을 지닌 것은 분명하지만 그것은 어디까지나 그것이 작동하는 사회의 문화와 정치에 의해 선택되고 활용되는 도구라는 대니얼 벨[3](Bell, 1991, 2006; 김원동, 2015)과 같은 연구자의 입장에 서 있다. 넷째, 그렇지만 필자는 현 시점의 현대사회를 벨처럼 이전의 산업사회와는 전적으로 다른 새로운 사회라고 단정하는 데 동의하지 않는다. ICT의 '신속한 도입'과 '확산'은 이를 매개로 '산업자본주의'를 재구조화해 세계적인 자본 축적의 위기를 극복함과 동시에 자신들의 사회적 지배력을 확고하게 이어가려는 '자본의 욕구'에서 비롯된 것이라는 라이언의 해석(Lyon, 1986, 1988; 김원동, 2004)이 더 타당하다고 보기 때문이다. 다섯째, 그럼에도 불구하고, 현대사회에서는 ICT 중심의 정보사회적 특성이 사회의 모든 영역에 뚜렷하게 각인되고 있음[4]을 부인

3 필자는 Daniel Bell을 주로 '다니엘 벨'로 표기해왔으나 2015년 발표한 글부터는 한국어문규정의 외래어 표기법에 따라 '대니얼 벨'로 변경했다. 이 글에서는 동일인임에도 상이한 호칭으로 빚어질 수 있는 혼동을 피하기 위해 종래의 썼던 번역어도 모두 대니얼 벨로 통일했음을 밝혀둔다.

4 이는 사회 제반 영역에서의 정보화(informatization)라고도 표현할 수 있다. 여기서 정보화란 ICT의 개발, ICT 기기의 활용, 일상적 삶의 효율화·체계화를 위해 매사에 정보를 활용하는 환경의 조성, 이와 관련된 법이나 제도의 정비 등을 모두 포괄하는 광의의 개념이다(≪전자신문≫, 1998.4.8; 김원동, 2000; 한국정보화진흥원, 2014b). 정보화의 급진전은 ICT 부문의

할 수 없기 때문에 사회의 성격 논의에서는 이런 특징을 적절히 반영하는 게 옳다고 본다는 점이다. 이런 특징을 담아낸다는 관점에서 필자는 현대 사회를 제조업 중심의 전형적인 자본주의적 산업사회와는 구별되는 인터넷 및 융합 기반의 정보사회라고 규정한다. 그렇지만, 컴퓨터 혁명, 디지털 혁명, 융합 혁명 등으로 일컬어지는 혁명적 기술혁신을 이끈 기본적 추동력이 여전히 '자본주의적 경제 질서의 토대인 개인의 사적 소유와 이윤 동기'에 있다는 점에 유의하고자 한다. 이런 측면에서 적어도 현 시점에서는 이 사회를 사회의 구성 및 작동 원리에 있어 이전과는 질적으로 다른 새로운 유형의 사회라고 단정할 수 없음도 재차 강조하려 한다(김원동, 2001: 16~21). 이 같은 필자의 관점은 정보사회와 이전 사회 간의 단절성보다는 연속성을 강조하는 허버트 쉴러(Herbert Schiller), 프랭크 웹스터(Frank Webster), 레이나 셔먼트(Jorge Reina Schement), 데이비드 라이언(David Lyon) 등의 입장(웹스터, 2016: 31~47, 333~424; 김원동, 2001: 16~21)에 가깝다. 하지만 필자는 이들과는 달리 ICT와 정보의 사회적 중요성이 현저하게 커지고 있다는 점에서 현대사회는 전형적인 산업사회와는 다른 독자적인 유형의 사회로 진화할 수 있는 개연성도 내포한 유동적 사회라고 본다.[5] ICT의 혁신으로 인해 출현한 특징적 양상들과 새로운 유형의 사회

획기적인 기술 혁신과 급속한 확산으로 사회관계의 형성과 정보의 생산·유통·소비에 수반되는 일체의 거래비용이 대폭 감소되었기 때문에 가능해졌다고 볼 수 있다(박준식, 1998). 정보화 개념의 의미적 확장 과정에 대해서는 이 글의 후반부에서 다시 한 번 논의하고자 한다.

5 웹스터의 해석처럼(웹스터, 2016: 733~734), 쉴러나 라이언 등과 같이 정보사회의 '역사적 연속성'을 강조하는 이론가들도 현대사회에서 정보가 이전 사회에서보다 한층 더 중심적인 위치를 갖게 되었다는 점을 인정한다. 그렇지만 이들은 ICT 혁명이 우리 삶의 모든 방식을 뒤바꿈으로써 현대사회를 이전과는 '근본적으로 다른 유형의 사회'로 탈바꿈시켰다고 보는 주장들을 거부한다. 필자도 이러한 입장에 동의한다. 하지만 필자는 이와 동시에 ICT의 진화가

를 형성할 개연성을 내장한 잠재력이 그러한 위치 설정을 가능하게 하는 경험적·이론적 전제이고, 그 귀결점을 명쾌하게 예단할 수 없다는 점이 잠정적 사회로서의 위상을 부여하게 되는 이유라고 할 수 있다.[6]

여기서 마지막에 언급한 융합문명의 정보사회는 현대사회의 특징과 미래의 전망을 바라보는 필자의 기본 시각을 압축한 것이기 때문에 이하에서 좀 더 구체적으로 논의해보고자 한다.

앞서 언급한 라이언은 ICT와 연관된 20세기 후반 사회 변화의 중요한 쟁점들을 이해함에 있어 정보사회가 지닌 분석적 개념으로서의 유용성을 인정하면서도 정보사회에 대해서는 산업 자본주의 사회를 잇는 새로운 사회로서의 개념적·역사적 위상을 부여하지 않았다. 정보사회는 새로운 사회가 아니라 어디까지나 '산업 자본주의 사회의 틀 속에서 움직이는 사회'라는 것이다(Lyon, 1988; 김원동, 2004: 30~32). 필자는 이러한 라이언의 관점

현대사회의 제반 영역에서 야기하는 엄청난 변화의 전망에 대한 우리의 대처 방식, 즉 미래사회에 대한 설계의 기조와 내용적 깊이 및 실천 여하에 따라 미래사회의 성격은 얼마든지 달라질 수 있다는 점을 강조하고자 한다. 이 같은 미래사회의 '유동성'에 유의하면서 필자는 현대사회를 잠정적으로 정보사회적 특성을 지닌 사회로 규정하려는 것이다.

6 이와 관련해 인류문명사적 관점에서 "지금까지 '새로운 문명사적 전환'으로 회자되어온 정보사회는 산업문명이 융합문명으로 교체되는 과도기적 상황을 규정하는 한시적 사회 유형으로 의미를 축소시킬 수 있다"(김문조, 2013: 8)고 보는 견해는 주목할 만하다. 이 같은 통찰력을 토대로 필자는 갈수록 융합문명적 색채가 짙어지는 현대사회를 사회 성격의 측면에서는 정보사회의 후기 단계로 개념화하고자 한다. 이러한 필자의 규정은 '사회'를 이론적으로 '문명'의 하위 개념으로 설정하는 데서 출발함과 동시에 컴퓨터와 디지털화에 주력한 정보사회의 초기 단계와 고도로 진화한 ICT를 기반으로 융합의 특징이 부각되고 있는 정보사회의 후기 단계 간의 공통점과 차이점을 동시에 보여주기 위한 것이다. 다시 말해, 제3차 산업혁명에 의한 정보사회를 제4차 산업혁명으로 등장한 정보사회와 비교해볼 때, 양자는 '정보사회'로서의 공통점을 갖지만 문명사적으로는 다른 사회로 볼 수 있다는 것이다. 즉, 전자는 산업문명의 사회에, 그리고 후자는 융합문명의 사회에 귀속시킬 수 있다는 점에서 양자는 공히 정보사회이면서도 서로 다른 문명사적 의미를 내포한 사회로 간주될 수 있다는 것이다.

이 여전히 유효한 측면을 지니고 있다고 본다. 라이언이 위와 같은 주장을 제기한 시점은 대체로 1980년대였지만 지금의 대기업들이 모든 사업 영역에 ICT를 더 적극적으로 도입하는 것도 마찬가지 이유에서이기 때문이다. 즉, ICT에 대한 기업의 각별한 관심과 투자는 기본적으로 효율성 증대 혹은 경쟁력 강화를 통해 이윤을 극대화하려는 의도에서 비롯된 것이다. 하지만 이른바 인터넷 혁명, 융합 혁명의 시대가 열리면서 다른 한편으론 라이언과 같은 주장의 설득력을 반감시키는 경험적 근거들이 발견되는 것도 사실이다. 종래의 전형적인 산업사회의 틀로는 설명하기 어려운 새로운 현상들이 매우 빠르고 광범위하게 출현하고 있을 뿐만 아니라 그 지배력도 이전과는 비교할 수 없을 정도로 막강해지고 있기 때문이다. 최근의 몇 가지 경험적 실례들을 통해 그 내용을 살펴보면 다음과 같다.

1980년 세계 최초의 IT 기업 아이비엠(IBM)이 시가총액 1위에 오르면서 '컴퓨터 시대'의 개막을 알렸다. 2위는 휴렛 팩커드(HP: Hewlett-Packard)였다. 1990년대 중반 마이크로소프트(MS: Microsoft)가 윈도우95와 윈도우98의 연이은 성공에 힘입어 1998년 시가총액 1위로 세계 최고의 기업이 되었고, 이른바 '윈도우 시대'를 열었다. 그 다음은 애플(Apple)이 스마트폰의 성공을 계기로 '스마트폰 시대'를 출범시키면서 2011년 마이크로소프트를 밀어내고 시가총액 1위의 자리에 올랐다(≪IT dongA≫, 2016.2.2). 2015년 4월 블룸버그가 시가총액 기준으로 집계한 세계 500대 기업을 보면, 애플이 1위, 구글(Google)이 2위를 차지한 것으로 나타났다(≪연합뉴스≫, 2015.4.16). 미국의 대기업들을 대상으로 한 또 다른 조사에서도 애플과 구글은 시가총액 각각 1위와 2위로 확인되었다. 애플과 구글이 6년 전인 2009년만 해도 각각 33위, 22위였던 점과 비교해보면, 이는 엄청난 변화가 아닐 수 없다. 2009년 6위였던 마이크로소프트는 3위를 차지했다. 페이스북(Facebook)은 상장한 지 3년 만에 시가총액 2670억 달러로 8위를 기록했고, 2015년 6월 사용자가 15억 명에 달하는 것으로 밝혀져 사용자 기준 세계 1위의 ICT 서비스업체가 됐다(≪ChosunBiz≫, 2015.8.7). 구글은 2016년 2월 2일 기준으로 시가총액 5311억 달러를 기록함으로써 그동안 1위를 지켜온 애플을 6년 만에 따돌리고 정상을 차지했다. 나름의 성장 비결이 있었다. 이를테면, 구글은 자사 플랫폼 안드로이드의 확대를 위해 노력해왔을 뿐만 아니라 "안드로이드 스마트폰, 아이폰, PC 등 플랫폼을 가리지 않고 동일한 서비스를 제공하여 사용자를 확보했다." '안드로이드 생태계를 전방위적으로 확장'함으로써 플랫폼 장악력을 높였고, 전 세계 모바일 광고 시장을 견고한 수익원으로 확보했으며, 유튜브(YouTube)·딥마인드(DeepMind) 등과 같은 유망 스타트업을 인수함으로써 기술 역량을 강화해왔다(정보통신기술진흥센터, 2016i; ≪IT dongA≫, 2016.2.2).

이 같은 기사들은 컴퓨터 시대의 개막 이후로 ICT 기업들이 세계의 주도 기업으로 급부상해왔음을 분명하게 실증해준다. 또 PC, 인터넷, 스마트 기기 등의 지속적인 보급과 확산[7]으로 ICT 기업들의 성장 추이가 하드웨어(HW)기기에서 '모바일 기반의 새로운 서비스와 플랫폼 같은 소프트웨어(SW) 중심으로 옮겨가는 트렌드'를 특징으로 하고 있음도 일깨워준다(정보통신기술진흥센터, 2016j). 이 맥락에서 필자가 주목하고자 하는 또 한

7 국제전기통신연합(ITU)에 의하면, 스마트폰과 태블릿 등과 같은 스마트 기기의 급속한 보급으로 인해 무선 초고속인터넷 가입자 숫자는 2010년 8억 명에서 2015년 35억 명으로 급증했다고 한다. 또 2015년 유선 초고속인터넷 가입자는 8억 명이고, 2020년에는 전 세계 가구의 56%가 인터넷에 가입할 것으로 전망된다고 한다. 이것은 '인류의 지속적 성장·발전과 ICT로 연결된 정보사회 구축을 목표'로 ITU에 의해 2014년 채택된 목표치 55%를 넘어서는 전망치이다(정보통신기술진흥센터, 2015f).

가지 측면은 이러한 세계적인 ICT 기업들의 설립 과정이다.

주지하듯, 빌 게이츠(Bill Gates)가 대학을 중퇴하고 폴 앨런(Paul Allen)과 함께 1975년 창립한 기업이 마이크로소프트이고, 21세의 스티브 잡스(Steve Jobs)가 스티븐 워즈니악(Stephen Wozniak), 로널드 웨인(Ronald Wayne)과 더불어 1976년 설립한 사업체가 애플이다(위키백과, 2016a, 2016b). 구글은 스탠퍼드 대학교에서 박사과정을 밟던 래리 페이지(Larry Page)와 세르게이 브린(Sergey Brin)에 의해 친구의 집 차고에서 1998년 공식 창립되었고, 페이스북은 하버드 대학교에 다니던 마크 저커버그(Mark Zuckerberg)의 주도 아래 더스틴 모스코비츠(Dustin Moskovitz), 에드와도 세버린(Eduardo Saverin), 크리스 휴즈(Chris Hughes)에 의해 공동으로 설립된 기업이다(위키백과, 2016c, 2016d). 이들은 막대한 산업자본의 투자나 후견에 의해서가 아니라 최소의 벤처 자본을 자신들의 창의적 아이디어와 열정 및 젊음과 결합시켜 성공했다. 이들의 사업체는 ICT의 눈부신 진화와 함께 전 세계를 선도하는 혁신적 기업으로 명성을 떨치면서 세계 산업의 흐름과 인류의 삶의 방식을 획기적으로 전환시키는 계기를 만들었고, 그 영향은 앞으로 더욱 커질 것으로 전망된다. 기업의 태동과 성장 과정, 자본의 형태 등에 있어 이들 기업은 산업 자본주의 사회의 전형적인 기업과는 확연하게 다르다.

이들 기업의 새로운 면모는 이들의 새로운 비즈니스 방식에서도 확인할 수 있다. 디지털 경제를 견인하며 각광받고 있는 '플랫폼 비즈니스 모델'이 그것이다. 이것은 직접 제품을 만들어 팔거나 서비스를 제공하는 '전통적 개념의 비즈니스 패러다임'과는 달리 '서비스 공급자와 수요자를 연결해주는 장을 마련하고, 양측에서 수수료를 받는 식으로 수익을 창출'하는 모델을 의미한다(김정욱 외, 2016: 241~245). 직접적인 생산자나 서비스 제공업자가 아닌 일종의 '중개업자'가 갖는 잠재력에 착안한 디지털 시대의 새로운 기업 수익 모델인 셈이다.

> "세계에서 가장 큰 택시 기업인 우버는 소유하고 있는 자동차가 없고, 세계에서 가장 많이 활용되는 미디어인 페이스북은 콘텐츠를 생산하지 않는다. 세계에서 가장 가치 있는 소매업체인 알리바바는 물품 목록이 없으며, 세계에서 가장 큰 숙박 제공업체인 에어비앤비는 소유한 부동산이 없다(슈밥, 2016: 44에서 재인용)."

미디어 전략가 톰 굿윈(Tom Goodwin)의 기사를 인용하면서 국내의 한 연구자는 그 의미를 다음과 같이 이해하기 쉽게 풀이해준다(김건우, 2016: 8).

> "우버는 운전이 필요한 사람과 운전을 해줄 수 있는 사람의 정보를 획득하여 매칭시켜 준다. 페이스북은 이야기(디지털 콘텐츠)가 필요한 사람과 해주는 사람이 만나도록 해준다. 알리바바는 물건을 사고자 하는 사람과 팔고자 하는 사람의 정보를 중개한다. 에어비앤비는 방이 필요한 사람과 남는 사람의 정보를 중개해준다."

실제로 이들 기업의 자산 가치나 성장 속도는 이 모델의 파괴력을 여실히 입증한다. 이를테면, 알리바바(Alibaba)는 2014년 9월 뉴욕 증시에 상장할 때 기업 규모가 약 218억 달러로 미국 역사상 최대 규모였고, 에어비앤비(Airbnb)는 2015년 말 기준으로 전 세계 190개국의 3만 4000개 도시에 200만 개의 숙소를 확보하여 매일 100만 명이 이용하는 최대 숙박 공유업체로 성장함으로써 불과 창업 8년 만에 세계 최대 호텔 체인 힐튼을 제쳤다(김정욱 외, 2016: 241~242). 앞서 언급한 구글은 '안드로이드 플랫폼'을 기반으로 한 검색 시장에서의 '독점적 성장'으로 모바일 광고시장의 약 40%를 거머쥔 '세계 최대의 모바일 광고사업자'로 발돋움했다. 검색엔진 사업으로 시동을 걸었던 구글이 최근 '초연결 사회'[8]에 대비한다는 차원에서 사업 영역을 다각도로 확장하면서 그 비중이 조금씩 낮아지고는 있지만 2014년 광고 수익의 비중은 전체 구글 수익의 89.5%에 달할 정도로 여전히 압도적이다(이호영 외, 2015b: 67~70). 이러한 주요 기업들의 급성장을 가능하게 한 주요 원인 중 하나가 바로 디지털 기반의 플랫폼에 내재된 효율성과 경제성 및 확장성이다. 이를테면, 각종 스마트 기기에서 쉽게 접근할 수 있는 디지털 플랫폼이 생산자와 수요자가 직접 제품을 매매하거나 서비스를 주고받을 때 발생하는 '거래비용'과 '마찰비용'을 대폭 줄여준다는 것이다(슈밥, 2016: 43~44). 또 디지털 플랫폼은 잘 설계하여 운영상의 임계점을 넘어서면 구조적 특성상 공급자와 소비자를 연쇄적으로 끌어들일 수 있다는 점도 주목할 부분이다. 아이디어와 ICT에 기초한 소규모 창업 기업들이 단기간에 세계적인 기업으로 성장할 수 있었던 주된 요인은 이런 디지털 플랫폼을 구축, 운영하는 데 성공했기 때문이다.[9]

---

8 초연결 사회(hyper-connected society)란 사물인터넷(IoT: Internet of Things)과 인공지능(AI: Artificial Intelligence)의 진화와 융합 등에 힘입어 사람, 사물, 공간, 시스템 간의 상호 연결성과 의존성이 한층 긴밀해져가는 사회라고 할 수 있다(하원규·최남희, 2015).

9 모바일 인터넷 시대에 플랫폼이 기업 성장에 미치는 영향력은 다음과 같은 논리로 설명할 수 있다. 즉, "소비자가 한 명 더 플랫폼에 합류하면, 더 많은 공급자가 플랫폼에 합류할 유인이 생긴다. 동시에 공급자가 한 명 더 플랫폼에 합류하면, 더 많은 소비자가 플랫폼에 합류할 유인이 생긴다. 꼬리에 꼬리를 무는 이러한 양의 되먹임(positive feedback) 구조로 인해서 한번 성장 탄력을 받은 플랫폼은 인터넷을 타고 순식간에 글로벌 스케일의 기업으로 성장한다(김건우, 2016: 8)."

이 같은 기업들의 출현을 가능하게 한 또 다른 배경은 모든 자료의 디지털화와 ICT의 혁신적 진화 및 광범위한 기술적 활용 잠재력에서 찾을 수 있다(슈밥, 2016: 36~44). 그 대표적 예는 최근 이세돌과 알파고(AlphaGo)[10]의 대국[11]을 계기로 집중 조명을 받게 된 인공지능 부문에서 확인된다.

알파고의 핵심 기술인 딥러닝(deep learning)은 '인공신경망에 기반을 둔 기계 학습(machine learning) 기술의 한 종류'로서 이의 실질적인 구현을 위해서는 고도의 컴퓨팅 환경과 방대한 데이터가 필요하다. 즉, 인공지능의 구현은 스스로 정보를 분석하고 학습할 수 있는 능력을 갖춘 딥러닝의 성능 향상과 진화를 통해 이루어지는데, 이는 학습의 재료가 되는 관련 데이터의 양과 질, 엄청난 정보를 신속하게 처리할 수 있는 기술, 클라우드 컴퓨팅 환경의 발전 등에 의해 크게 좌우된다(김건우, 2016: 9~10; 이승훈, 2016: 3~7). '16만 개의 기보 빅데이터를 확보한'(정보통신기술진흥센터, 2016i: 6) 바둑 프로그램으로 알려져 있는 알파고의 승리는 그간의 ICT 진화로 그러한 기술적 기반이 구축되었기 때문에 가능했던 것이다. 현대사회에서 일어나고 있는 사회적·기술적 변화의 방향과 속도에 비추어볼 때, 인공지능의 생태계는 기술적 수준의 고도화와 함께 향후 게임뿐만 아니라 산업, 교육, 의료, 금융 등과 같은 사회 제반 영역으로 광범위하게 확장되고, 사회

---

10 알파고는 구글의 자회사이자 영국의 인공지능 프로그램 개발회사인 '구글 딥마인드'(Google DeepMind)'에서 개발한 인공지능 바둑 프로그램'으로서 "구글의 지주회사 이름인 알파벳과, 그리스 문자의 첫 번째 글자로 최고를 의미하는 '알파'와 '碁'(바둑)의 일본어 발음에서 유래한 영어 단어 'Go'를 뜻한다(위키백과, 2016e, 2016f)."

11 인공지능 바둑 프로그램이 이세돌과 같은 세계 정상급의 프로기사를 이기려면 적어도 10년 이상은 더 걸릴 것이라는 인공지능 전문가들의 예상을 깨고, 알파고가 4승 1패로 승리했다. 이 세기의 대결 후 한국 기원은 알파고 팀에게 바둑 명예 9단증을 수여했고, 인공지능의 잠재력과 미래 문제는 전 세계인의 주요 관심사로 급부상했다(*The New York Times*, March 16, 2016).

경제적 영향력도 더욱 커질 것으로 전망된다.[12]

이 같은 전망의 설득력은 실제로 여러 차원에서 현실적 근거를 확보할 수 있다. 예컨대, ICT 부문의 획기적인 혁신은 일반인들 사이에서 페이스북이나 트위터와 같은 소셜 미디어(SNS: Social Networking Service, 이하에서는 SNS), 인터넷과 스마트폰 등의 이용을 기하급수적으로 증가시켰고, 모든 일상 영역에서 '실시간성 데이터'의 생산과 유통의 양산을 현실화했다(김건우, 2016: 9~10). 언론계, 학술 단체 및 공공기관 등에서는 디지털 기술의 발전에 힘입어 자료의 디지털화 작업이 대대적으로 진행되어왔고, 그로 인해 일반인들의 정보 접근성은 대폭 개선되고 활용의 일상화에도 가속도가 붙었다. ICT의 일상적 활용도가 급증함과 동시에 인공지능이 '글로벌 ICT 업계의 핵심 성장 동력'이자 '미래의 성장엔진'으로 부상하면서(정보통신기술진흥센터, 2016g, 2016k) 기업[13]과 국가도 이를 범용화하거나 특화하기 위한 노력을 경주하고 있다. 이를테면, 구글, 페이스북, 아마존(Amazon), 아이비엠(IBM), 지이(GE: General Electric) 등과 같은 세계 주요 ICT 기업들은 인공지능 시대의 본격적인 개막에 대비해 유관 업체들을 인수하거나 제휴를 추진하고 있고, 인공지능 플랫폼 경쟁에도 돌입했다(이

---

12 딥마인드의 공동 창업자 데미스 하사비스(Demis Hassabis)도 최근 이런 기대감을 표명한 바 있다. 즉, 알파고와 같은 게임 프로그램을 가능하게 했던 인공지능 알고리즘(AI algorithms)이 앞으로 게임의 영역을 넘어 기후 예측, 건강관리, 질병 분석 등과 같은 중요하면서도 절박한 세계의 각종 문제들을 해결할 수 있을 정도로 폭넓게 응용될 수 있기를 희망한다는 것이다(*The guardian*, March 15, 2016).

13 전 세계 800명의 ICT 분야 경영진과 전문가들을 대상으로 한 설문조사에 의하면, 응답자의 절반이 2025년에는 인공지능 기계가 처음으로 기업 이사회의 일원이 될 것으로 예측했다(정보통신기술진흥센터, 2015a). 이와 같이 기업의 최고 의사 결정 과정에도 관여할 정도로 경제활동 전반에 대한 인공지능의 영향력은 매우 빠르게 확대될 것으로 전망된다.

승훈, 2016: 8~16). 국가 차원으로 눈길을 돌려보면, 선진 각국이 이미 인공지능의 가치를 인지하고 인공지능 기반의 ICT 산업 육성을 통한 미래사회의 대비에 박차를 가하고 있음을 알 수 있다. 예컨대, 일본만 해도 인공지능으로 인한 미래의 변화, 저출산·고령화 사회에서의 사회문제 해결을 위한 ICT 연구 개발의 강화 필요성, 산업용 첨단 지능형 로봇·자율주행자동차 등과 같은 여러 부문에서 인공지능의 활용 잠재력을 염두에 두고 정책적 대응에 고삐를 죄고 있다(정보통신기술진흥센터, 2015b, 2015c, 2015d, 2015e, 2015j, 2016l). 이런 움직임이 다른 주요 국가들에서도 치열하게 전개되고 있다는 점에서 세계적인 ICT 기업들 못지않게 국가들 간에도 인공지능에 기초한 자국 ICT 산업의 경쟁력 강화와 사회적 편익 제고를 위한 경쟁이 갈수록 치열해질 것은 자명해보인다.

그렇다면, 지금까지 살펴본 ICT의 진화와 사회적 영향력에 비추어볼 때, 우리는 현대사회를 과연 어떻게 이해해야 할까? 현대사회의 특징적 변화들을 주시할 때, 전형적인 산업사회의 틀로는 소화하기 힘든 현상들이 너무나 많다. 예컨대, ICT의 획기적인 진화, 알파고를 통해 세인의 주목을 끈 인공지능의 무한한 잠재력, 인터넷과 ICT 기기 활용의 확산과 일상화, ICT 기업들의 세계 주도 기업으로의 급성장, 젊은 벤처 창업가들의 혁신적 아이디어와 성공, ICT 산업의 새로운 비즈니스 모델, 제4차 산업혁명과 ICT의 상호 융합 등이 그것이다. 현대사회의 실체를 제대로 이해하고 그 미래를 전망하기 위해서는 새로운 시각과 접근이 요구된다고 하는 이유도 바로 여기에 있다. ICT의 혁신적 진화가 몰고 온 일련의 사회경제적 변화와 충격이 앞서 살펴본 바와 같이 이전과는 비교가 되지 않을 정도로 크기 때문이다. 하지만 그렇다고 해서 새로운 다양한 변화들이 우리의 일상적 삶을 산업사회와는 완전히 다른 방식으로 탈바꿈시켰다고 단언하기는 아직 이르다. ICT의 혁신적 진화를 토대로 정보사회적 특성이 강화되고 있음을 부인할 수는 없지만 우리는 여전히 산업사회가 씨름해온 고유의 문제들을 안고 살아가고 있기 때문이다. 또 ICT가 산업사회의 문제들에 대처하는 도구로서의 기능을 효율적으로 수행하기도 하지만 악화시키는 측면이 있다는 점도 이유가 될 수 있다. 물론 이른바 구조적 변화의 '변곡점'을 넘게 되면, 전형적인 정보사회로의 질적 전환이 이루어질 개연성도 있다. 그렇지만 제4차 산업혁명의 초입기에 들어선 현 단계의 사회가 문명사적 사회 변화의 과정에서 산업사회와 질적으로 차별화된 특징을 지닌 새로운 사회로서의 역사적·이론적 위상을 부여받게 될지 아니면 이전 사회의 연속선 위에 있으면서 정보사회적 특성이 보강된 사회로 평가되는 선에서 마무리 될 것인지는 좀 더 두고 봐야 알 수 있을 듯하다. 하지만 그 전망의 일단은 한국 사회의 사례에서도 어느 정도 가늠해볼 수 있을 것으로 보인다. 다음 절에서는 한국 사회를 ICT 진화의 관점에서 조명해보는 가운데 이 문제에 대해 다시 생각해보려 한다.

3. ICT의 진화와 한국 사회의 정보사회적 특성

1) 국가정보화 정책의 추진 경과와 비전 그리고 목표

한국 사회에서 ICT의 진화는 정부 주도의 정보화 정책에 힘입은 바 크다. 따라서 한국 사회에서의 ICT 진화와 정보사회적 특성을 파악하려면, 국가정보화 정책의 전개 과정과 특징을 체계적으로 검토할 필요가 있다. 〈표 1-2〉는 1975년 전후를 시발점으로 2016년까지 진행 중에 있는 국가

〈표 1-2〉 국가정보화 패러다임의 변화와 정보화 정책의 추진 경과(1975년~현재)

<table>
<tr><td rowspan="3">정보화 패러다임</td><td>패러다임</td><td colspan="2">PC시대</td><td>인터넷 시대</td><td>모바일 시대</td><td>초연결 시대</td></tr>
<tr><td>시기</td><td colspan="2">1975년 ⇨</td><td>1994년 ⇨</td><td>2013년 중반 ⇨</td><td>현재 및 향후 정보화</td></tr>
<tr><td>특징</td><td colspan="2">디지털화, 전산화</td><td>온라인화, 정보화</td><td>모바일화, 소셜화</td><td>개인화, 지능화</td></tr>
<tr><td colspan="2">정보화 이슈</td><td colspan="2">DB, PC통신, GPS, 초고속 인터넷 망</td><td>전자정부, 온라인</td><td>스마트폰, 모바일, 인터넷, 포털, SNS</td><td>융합, 클라우드, IoT, 빅데이터, 웨어러블</td></tr>
<tr><td rowspan="2">국가정보화 기본계획의 목적과 근거</td><td>목적</td><td>행정전산화 추진</td><td>국가기간전산망 보급·확장</td><td>국가사회 정보화 촉진 (2003년 ⇨ 지식정보사회 구현)</td><td>디지털 창조한국 구현</td><td>초연결 사회의 창조경제 구현</td></tr>
<tr><td>근거</td><td>박정희 대통령 행정 전산화 추진 지시 (1975)</td><td>전산망 보급 확장과 이용촉진에 관한 법률 (1986)</td><td>정보화촉진기본법(1995)</td><td>국가정보화기본법 (2009)</td><td>정보통신 진흥 및 융합 활성화 등에 관한 특별법(2013)</td></tr>
<tr><td colspan="2" rowspan="10">정보화사업 및 산업 활성화 정책</td><td colspan="2" rowspan="2">1차 국가기간전산망 사업 (1987~1991)</td><td>초고속정보통신망 기반 구축 사업(1995~2005)</td><td colspan="2">IT 융합 확산전략(2013~2017)</td></tr>
<tr><td>전자정부 사업(2001~2015)</td><td colspan="2">인터넷 신산업 육성 방안(2013~2017)</td></tr>
<tr><td colspan="2" rowspan="8">2차 국가기간전산망 사업 (1992-1996)</td><td>IT 839전략(2004~2010)</td><td colspan="2">콘텐츠산업 진흥계획(2013~2017)</td></tr>
<tr><td>광대역 통합망 구축(2004~2007)</td><td colspan="2">SW 혁신전략(2013~2017)</td></tr>
<tr><td>u-센서 네트워크 구축(2004~2010)</td><td colspan="2">ICT R&D 중장기 전략(2013~2017)</td></tr>
<tr><td>Giga 인터넷 도입 사업(2009~2012)</td><td colspan="2">창조비타민 프로젝트(2013~)</td></tr>
<tr><td rowspan="4">사물지능통신기반 구축(2009~2012)</td><td colspan="2">빅데이터 산업 발전 전략(2013~2017)</td></tr>
<tr><td colspan="2">클라우드 산업 육성계획(2014~2017)</td></tr>
<tr><td colspan="2">사물인터넷 기본계획(2013~2017)</td></tr>
<tr><td colspan="2">ICT 융합 활성화 기본계획(2014~2016)</td></tr>
<tr><td colspan="2">기타</td><td colspan="2">-</td><td>정보통신부 (1994.12 ~2008.2)</td><td colspan="2">미래창조과학부(2013.3)</td></tr>
</table>

주: '국가정보화기본계획'의 내용은 〈표 1-3〉에서 별도로 제시한다.
자료: 한국정보화진흥원(2014a: 6~7; 2014b: 41~95; 2014c: 89~94)에서 재구성.

정보화 정책의 패러다임, 정보화 이슈, 정보화 계획의 목적과 근거, 정보화 사업 등에 관한 개요라고 할 수 있다. 여기서는 〈표 1-2〉의 내용을 중심으로 한국의 정보화 정책을 개관해보려 한다.

한국의 국가정보화는 행정정보화에서 출발했다고 해도 과언이 아니다. 1975년 대통령령에 의해 구성된 '행정전산화추진위원회'가 중심이 되어 '업무를 컴퓨터를 이용하여 처리하는 형태로 바꾸는' 이른바 '전산화' 작업이 추진되었다. 이 같은 행정전산화의 실무는 총무처 주관으로 이루어졌는데 다른 국책사업에 비해 이렇다 할 성과를 거두지 못했다. 국가정보화 사업은 1986년 5월 '전산망 보급 확장과 이용 촉진에 관한 법률'의 제정에 의해 새로운 전기를 맞았다(김원동, 1997: 143).

1980년대 중반 이후로 추진된 1차 국가기간전산망사업은 주민등록 관리, 부동산 관리, 자동차 관리, 통관 관리, 고용 관리, 경제통계 관리 등과 같은 6개 업무 분야의 자료를 우선적으로 전산화해 온라인으로 연결하려는 '행정전산망' 사업이었다. 2차 국가기간전산망사업은 1차 사업을 보완하면서 행정 정보의 공동 활용을 위해 추진한 교육·연구전산망사업, 금융전산망사업 등이었다. 1993년 3월 금융실명제와 1995년 7월 부동산실명제의 실시도 기술적으로는 이러한 국가기간전산망사업의 성과가 있었기에 가능했다. 정부는 1995년부터 '전국 규모의 광케이블 기반의 초고속정보통신망' 구축 사업을 추진함으로써 세계 최고 수준의 초고속 인터넷 보급률을 달성했다. 또 앞서 언급한 '행정 업무 전산화 사업' 착수 이후 2000년대에 와서도 행정의 생산성 제고와 대국민 서비스 개선을 위해 '스마트 전자정부의 구현'을 지향하는 가운데 '전자정부 사업'을 지속적으로 추진해오고 있다(한국정보화진흥원, 2014b: 41~50). 1993년 출범한 김영삼 정부는 ICT의 획기적인 발전, 세계 정보통신산업의 급성장, 선진국의 국가사회정보화전략 추진, 컴퓨터 보급의 확산 등과 같은 국내외적 환경 변화를 목도하면서 '정보화 정책'에 역점을 두기 시작했다(김원동, 2001: 56~62). 대표적인 것이 정부 조직 개편을 통한 정보통신부의 설립이었다. 즉, 정부는 1994년 12월 정보통신부를 출범시킴으로써 종래에 체신부, 과학기술처, 상공부의 3개 부처를 중심으로 분산·운영되던 정보화 및 ICT 관련 정책의 추진 주체를 일원화했다. 새로운 사회발전전략으로 채택된 국가정보화 정책을 총괄할 부처의 신설은 한국을 세계적 수준의 'IT 강국'으로 성장시키는 계기가 되었던 것으로 평가된다. '정보화촉진기본법'의 제정으로 정보화 정책을 범부처적 차원에서 추진할 수 있는 법적 기반이 마련되고, 다양한 ICT 관련 법과 제도들이 정비되었으며 정보통신망 기반의 구축에도 성과가 있었기 때문이다(한국정보화진흥원, 2014a: 15~25; 2014b: 71~74; 2014c: 90~94). 하지만 이명박 정부의 출범과 함께 정보통신부가 해체되고, 정보화 정책 업무는 행정안전부, 지식경제부, 방송통신위원회로 분산·이관되었다. 기존의 '정보화촉진기본법'은 전면 개정되어 '국가정보화기본법'으로 대체되었다. 이에 따라 국민총리실 소속이었던 '정보화추진위원회'는 대통령 소속의 '국가정보화전략위원회'로 개편되었다. 외견상 정보화 정책 추진 조직의 격상으로 보일 수 있지만 정작 정보화 정책의 '컨트롤 타워'로서의 '국가정보화전략위원회'의 위상과 역할은 미흡했던 것(이윤식, 2009)으로 보인다. 국가정보화에 대한 정부의 관심이 약화되었다는 평가도 이런 맥락에서 비롯된 것이라고 볼 수 있다. 박근혜 정부는 정부 조직 개편을 단행하면서 '과학기술과 ICT의 융합'을 통한 창조경제 실현을 기치로 2013년 3월 ICT 전담 부처로서 미래창조과학부[14]를 발족시켰다. 이번에는 ICT에 초점을 둔 국가정보화 정책의 사령탑이 등장한 것이다. 미래창조과학부는 '세계적인 융합 트렌드'에 대응한다는 차원에서 '정보통신 진흥 및 융합 활성화 등에 관한 특별법'을 제정했다. ICT 산업에 대한 지원, ICT 생태계의 활성화를 위한 전문 인력 양성, 융합 기술과 서비스의 연구개발 및 사업화 지원 등을 위한 법적 근거를 마련하기 위한 것이었다(미래창조과학부 홈페이지; 한국정보화진흥원, 2014a: 19; 2014b: 75~79; 2014c: 90~94).

박근혜 정부가 2015년 수립한 K-ICT 전략은 '한류 붐을 일으킨 K-POP'처럼 한국의 ICT 산업을 세계 최고의 경쟁력을 지닌 산업으로 육성하자는 의도로 이름 붙인 'ICT 종합 대책'이다. 그 주된 내용은 교통, 에너지, 관광, 도시, 교육, 의료 등과 같은 6대 분야[15]에서의 ICT 융합 사업의 투자 확대, ICT 산업의 체질 개선 및 글로벌 협력 강화를 도모하면서 소프트웨어, IoT, 클라우드, 정보 보안, 5세대 이동통신, UHD, 스마트 디바이스, 디지털 콘텐츠, 빅데이터와 같은 9대 전략산업을 집중 육성한다는 것이다. 이는 곧 ICT 융합에 초점을 맞춘 정책이라고 할 수 있다(한국정보화진흥원, 2015b: 33~38). 박근혜 정부는 이에 따라 2016년 국가정보화 예산에서 클라우드 컴퓨팅, 빅데이터, 사물인터넷 등과 같은 ICT 신기술 분야를 비롯한 전략산업 부문에 대한 투자를 대폭 확대했다(미래창조과학부, 2016a).

박근혜 정부의 정보화 정책에서 눈길을 끄는 대목은 지역경제 활성화

---

14 이하의 본문에서 서술할 박근혜 정부의 미래창조과학부 업무는 문재인 정부의 출범 이후 새롭게 단행된 정부조직 개편으로 '과학기술정보통신부'와 '중소벤처기업부' 등으로 분산, 이관될 예정이다. 이 글은 미래창조과학부에서 추진해 온 정책까지를 다루고 있기 때문에 이전의 미래창조과학부라는 부처 명칭을 그대로 사용하고자 한다

15 이 중에서 교육, 의료와 같은 서비스 부문은 박근혜 정부의 창조경제 구현 방안 연구에서도 ICT와의 융합을 통해 이용자에게 훨씬 더 나은 서비스를 제공할 수 있는 대표적인 분야로 지목되어왔다(김정언 외, 2013). 보건이나 교육 서비스를 통한 노동자의 질병 감소와 숙련 제고 등이 개인적·사회적 생산성을 높이는 방안이 될 수 있다는 입장(벨, 2006; 김원동, 2009)에서 생각해보면, 이 부문에서의 첨단 ICT의 적극적 활용은 저출산·고령화 시대의 도래와 함께 생산성의 문제를 넘어 더 다양하고 중요한 사회적 함의를 지닐 수 있을 것으로 판단된다.

전략과 연계해 추진 중인 창조경제혁신센터 사업이다. 전국 17개 시·도 지역에서 서울창조경제혁신센터를 비롯한 18개의 센터가 '정부-지자체-지원 대기업이 상호 협업하는 일대일 전담지원체계'로 운영되고 있다. 즉, 창조경제혁신센터는 전담 대기업의 혁신 역량을 활용해서 지역별로 특화된 창업기업을 육성하고, 중소기업의 혁신을 지원함으로써 지역 산업의 경쟁력을 강화하고 지역 경제를 활성화하는 '지역특화사업의 구심점'이라고 할 수 있다(창조경제혁신센터 홈페이지).

미래창조과학부에 의하면, 지역별 전담 기업, 지방자치단체, 금융기관 등을 통해 약 5150억 원의 창업·벤처 펀드가 조성되었고, 53개의 기업에서 약 235억 원의 창업·벤처 투자도 성사되었다고 한다. 또 이들 센터에서는 약 4500건의 멘토링·컨설팅을 비롯한 시제품 제작, 교육·강연 등을 실시함으로써 '아이디어의 사업화를 위한 지원 활동'도 수행했다고 한다.[16] 말하자면, 창조경제혁신센터는 주로 중소벤처의 창업 및 성장을 위해 맞춤형 지원 사업을 수행하는 지역별 '창업·혁신의 거점'이라고 할 수 있다(한국정보화진흥원, 2015b: 41~42; 서병조, 2016; 〈표 1-3〉). 또 창조경제혁신센터는 방법론적으로는 대기업과의 협업체계 속에서 ICT 융합에 바탕을 둔 정보화를 광의의 지역발전전략과 연계시키려는 전략의 산물이라고 할 수 있다. 아직 초기 단계라 성과를 단정하기는 어렵지만 창조경제혁신센터는 이런 점에서 종래의 지역정보센터 사업이나 정보화마을 사업보다는 훨씬 더 포괄적인 기획임은 분명해 보인다.

한편, 박근혜 정부가 국가정보화를 통해 구현하려 했던 한국 사회의 모

---

16 멘터링·컨설팅, 입주기업, 원스톱 서비스 상담(금융법률특허) 등에 관한 센터별 실적 현황은 창조혁신센터 홈페이지에 있는 개별 센터의 자료를 참조하라.

〈표 1-3〉 창조경제혁신센터의 현황(2016년 8월 기준)

지역	센터 협업 기업	핵심 사업	설립 연월	중앙 부처
서울	CJ그룹	문화, 도시라이프(민간 창업 혁신네트워크 구축, 전국 혁신센터 연계 거점, 도시 생활 스타일 분야의 사업화 및 글로벌 진출 지원 등)	2015.7	미래 창조 과학부
부산	롯데	유통·영화(영화·영상 창작 생태계 조성, 스마트시티 조성계획과 연계한 IoT 스타트업 육성)	2015.3	
대구	삼성그룹	전자·섬유(섬유, 자동차부품 등 지역산업 지원, C-lab 프로그램을 통한 창업 지원 등)	2014.9	
인천	한진그룹	물류(첨단 물류 기반 신산업 창출, 중국 진출 플랫폼 구축)	2015.7	
대전	SK그룹	ICT(벤처 육성 특화 프로그램 운영, ICT·에너지·반도체 등 지역산업의 첨단화 등)	2014.10	
광주	현대자동차 그룹	자동차(자동차 연관 산업 육성·창업 지원, 수소연료전지차 기술 확산, 서민주도형 창조경제 모델 사업 추진 및 제시)	2015.1	
울산	현대중공업	조선, 의료기기(조선·해양플랜트 산업의 재도약, 첨단 의료자동화의 신산업으로의 육성, 지역 특화 3D 프린터 산업 육성)	2015.7	
경기 (성남)	KT	IoT, 게임, 핀테크(ICT 융합 신산업 창출, 창조경제의 글로벌 진출 허브, 차세대 이동통신 관련 중소 벤처 육성)	2015.3	
강원 (춘천)	네이버	'빅데이터' 기반의 지역경제 활성화(관광, 헬스케어, 농업 부문의 혁신 지원)	2015.5	
충북 (청주)	LG그룹	바이오, 뷰티(K-뷰티, 화장품, 의료기기 등 바이오 창업 지원, 친환경 에너지사업의 산업화, 특허 지원 창구 설치 및 확산)	2015.2	
충남 (아산)	한화그룹	태양광 에너지(충청권 태양광 클러스터 조성, 전국 혁신센터의 무역 허브, 농수산식품의 고부가가치화 및 판로 확대 지원)	2015.5	
경북 (구미)	삼성그룹	'스마트 팩토리' 도입으로 공장의 스마트화·제조업 혁신 허브화(노후 단지의 창조산업단지 전환 지원, 중소기업의 신사업 영역 개척 지원 등)	2014.12	
경남 (창원)	㈜두산	스마트기계(메카트로닉스 허브, 대체 수자원 산업 육성, 항노화 바이오 산업 육성)	2015.4	

지역	센터 협업 기업	핵심 사업	설립 연월	중앙 부처
전북 (전주)	효성그룹	탄소섬유(탄소산업을 미래의 먹거리 산업으로 육성, 농생명산업과 IT산업의 융합을 통한 신성장동력의 발굴과 지원 등)	2014.11	
전남 (여수)	㈜GS	농수산식품 벤처창업 지원의 거점, 세계적인 청정 웰빙 관광지로의 발전 지원	2015.6	
제주	daumkakao	IT, 관광(문화와 SW가 융합한 창조 허브, 스마트 관광 플랫폼 구축, 에너지 신산업 육성)	2015.6	
세종	SK그룹	스마트 농업, ICT(농업과 ICT의 융합을 통한 창조마을 고도화 등)	2015.6	
포항	포스코	에너지·환경, 소재·부품(아이디어 창업지원 허브 구축, 강소기업 육성과 지역일자리 창출 등)	2015.7	

주: 괄호 안은 센터의 소재지를 가리킨다.
자료: 서병조(2016: 13), 창조경제혁신센터 홈페이지, 한국정보화진흥원(2015b: 41)에서 재구성.

습과 시기별 목표는 국가정보화 기본계획을 통해 확인할 수 있다(〈표 1-4〉).

〈표 1-4〉처럼, 한국 정부는 지난 30여 년간 국가전산망과 같은 ICT 기반의 구축을 시발점으로 한 정보화 정책을 통해 사회경제적 생산성 향상, ICT 산업의 육성, 경제 성장, 정부의 효율성 제고, 국민소득 증진, 정보의 접근성·활용 역량의 향상 등과 같은 다양한 목표를 추구해왔다. 특히, 정부는 ICT의 효용성과 경쟁력에 주목하면서 국가정보화 정책의 대상과 초점을 사회 제반 영역으로 점차 확대했다. 그로 인해 우리의 일상적 삶도 어느새 ICT와 잠시도 분리될 수 없을 정도로 긴밀하게 연결된 현실 속에서 펼쳐지게 되었다. ICT의 관점에서 '한국형 제4차 산업혁명 모델'이 기획되어야 할 시점이라는 주장에서 보듯(하원규·최남희, 2015), 오늘의 한국 사회는 총체적으로 이전과는 판이하게 다른 이른바 '초연결 시대'를 맞고 있다.

〈표 1-4〉 국가정보화 기본계획의 비전과 목표 및 수립 경과 (1987~2015년)

종류	비전	목표	수립연도	사업 기간
국가기간전산망 사업 계획	주요 국가전산망 구축	2000년대 초까지 선진국 수준의 정보사회 실현	1987	1987~1996
초고속정보통신 기반 구축	정부의 선도적 투자와 민간 참여를 효과적으로 결합해 초고속통신망 구축	초고속정보통신망의 조기 구축과 고도화	1995	1995~2005
1차 정보화촉진 기본계획	2010년까지 세계 최고 수준의 정보화 실현	정보화촉진 기반 조성	1996	1996~2000
		정보 확산		
		정보 활용 고도화		
2차 Cyber Korea 21	창조적 지식기반 국가 건설	새로운 비즈니스 창출 및 정보통신산업 활성화	1999	1999~2002
		정보인프라를 활용한 국가전반의 생산성 향상		
		지식정보사회의 기반 구축		
3차 e-Korea Vision 2007	글로벌 리더 e-Korea 건설	국가사회 정보화 촉진	2002	2002~2006
		정보인프라의 지속적 고도화		
3차(개정) Broadband IT Korea Vision 2007	Broadband IT Korea 건설	지식정보사회의 전면화	2003	2003~2007
		국민소득 2만불 달성		
		지식정보사회의 토양 조성		
3차(연동) u-Korea 기본계획	세계 최고 수준의 u-인프라 위에 세계 최초의 u-사회 실현을 통해 선진 한국 건설에 기여	5대 분야 선진화(국민에게 다가서는 정부구현, 첨단 지능형 국토 건설 등)	2006	2006~2010
		4대 엔진 최적화(효율적이고 유연한 사회제도 정착, 융·복합이 용이한 u-IT 선도 등)		
4차 국가정보화 기본계획	창의와 신뢰의 선진 지식정보사회 구현	디지털로 잘 사는 국민	2008	2008~2012
		신뢰의 정보사회		
4차 (수정) 국가정보화 기본계획		창의적 소프트파워	2012	
		첨단 디지털 융합 인프라		
		일 잘하는 지식정부		

종류	비전	목표	수립연도	사업 기간
5차 국가정보화 기본계획	국민행복을 위한 디지털 창조한국 실현	활기차고 역동적인 경제 살기 좋고 걱정 없는 국민생활 신뢰 속에 상생하는 디지털 풍토	2013	2013~2017
정보통신 진흥 및 융합 활성화 기본계획	인간 중심의 초연결 창조사회 실현	-	2014	2014~2016
K-ICT 전략	ICT가 선도하는 창조한국 실현	-	2015	2015~2020

자료: 한국정보화진흥원(2014a: 6~9; 2014b: 11~62; 2015b: 69)에서 재구성.

2) 인터넷 활용의 일상화와 모바일화 그리고 사회적 불평등

그렇다면, 일반 시민들이 정부 주도로 추진되어온 정보화 정책을 자신의 실제 생활에서 체감하기 시작한 시점은 언제쯤일까? 그 시기는 일반 가정으로 컴퓨터의 보급이 확산되고, PC를 통한 인터넷 접속이 가능해진 1990년대 중반 이후라고 볼 수 있을 듯하다.

1990년대 중반 경부터 말까지의 시기를 인터넷의 역사를 중심으로 되돌아보면, 한국통신에 의해 인터넷 상용 서비스가 시작되고 청와대를 비롯한 정부기관의 홈페이지 개설이 이루어진 해가 1994년이었다. 그다음 해인 1995년에는 인터넷 신문 서비스와 PC에서의 인터넷 접속이 시작되었다. 1997년 검색·이메일 등과 같은 무료 인터넷 서비스와 초고속 국가망 인터넷 서비스가 개통되었고, 이 해에 PC통신 가입자 수는 300만 명을 돌파했다. 1998년에는 인터넷 정부 민원 서비스가 제공되기 시작했고, 초고속 인터넷 상용 서비스(두루넷)도 개시되었다. 1999년 인터넷 이용자 수

〈그림 1-1〉 인터넷 이용률 및 이용자 수(2015년 7월 기준)

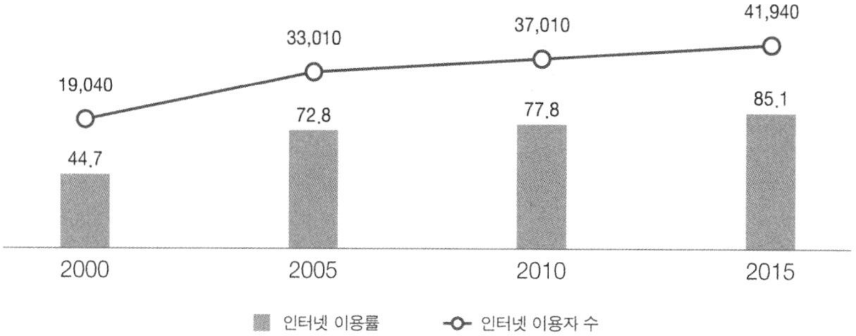

주1: 인터넷 이용률의 단위는 백분율(%)이고 이용자 수의 단위는 천 명이다.
주2: 인터넷 이용률은 최근 한 달 이내에 인터넷을 이용한 경우로 산정했다.
자료: 미래창조과학부·한국인터넷진흥원(2015: 22).

가 1000만 명을 돌파하면서 21세기 인터넷 시대를 예고했다(한국인터넷진흥원, 2015).

2000년 이후 한국의 인터넷 이용자 수는 지난 약 15년간 약 2.2배 증가할 정도로 급성장하면서 마침내 2013년 인터넷 이용자 4000만 명 시대를 열었다(〈그림 1-1〉; 미래창조과학부·한국인터넷진흥원, 2015: 2).

인터넷 활용의 일상화는 연령대별 이용률에서도 잘 드러난다. 인터넷 이용률을 연령대별로 살펴보면, 2015년 7월 기준으로 20대 99.9%, 30대 99.8%, 40대 98.8%로 나타나 20대에서 40대까지의 연령층을 거의 모두 인터넷 이용자라고 봐도 과언이 아님을 알 수 있다. 심지어 60세 이상 연령층에서도 약 40%가 인터넷 이용자인 것으로 확인되었다. 한국의 인터넷 이용자들은 인터넷을 통해 신문을 보고 다양한 자료와 정보를 획득하며 이메일이나 SNS로 커뮤니케이션을 하는 것으로 나타났다. 또 인터넷을 이용해 영화나 TV프로그램을 보면서 여가 시간을 즐기는 것으로 조사되었다(미래창조과학부·한국인터넷진흥원, 2015). 물론 이런 생활이 단기간에

〈표 1-5〉 한국 가구의 컴퓨터 보유율과 인터넷 보급률(2000~2014년)

	가구 컴퓨터 보유율	가구 인터넷 보급률
2000	71.0	49.8
2001	76.9	63.2
2002	78.6	70.2
2003	77.9	68.8
2004	77.8	72.2
2005	78.9	74.8
2006	79.6	78.4
2007	80.4	79.8
2008	80.9	80.6
2009	81.4	81.2
2010	81.8	81.6
2011	81.9	81.8
2012	82.3	82.1
2013	80.6	79.8
2014	78.2	81.6

주1: 인터넷 보급률은 가구 내에서 인터넷 접속이 가능한 가구의 백분율이다.
주2: 컴퓨터 보유율은 전체 가구 중 데스크톱 컴퓨터, 노트북 컴퓨터 등의 컴퓨터를 보유하고 있는 가구의 백분율이다.
자료: 통계청(2016)에서 재구성.

가능해진 것은 컴퓨터의 보급과 초고속 인터넷망의 구축 등과 같은 ICT 인프라의 대대적인 확충이 있었기 때문이다. 한국 가구의 컴퓨터 보유율과 인터넷 보급률은 이미 80%를 상회하는 수준에 이르렀고, 컴퓨터 보유율보다 상대적으로 빠른 성장을 보여 온 인터넷 보급률은 2014년 처음으로 가구당 컴퓨터 보유율을 앞질렀다(〈표 1-5〉).

한국의 초고속 인터넷 가입자 수는 2008년 1500만 명대에서 계속 증가해 2014년에는 1900만 명대로 접어들었다. 2011년 LTE(LTE: Long Term Evolution) 상용 서비스가 시작된 이후 LTE 가입자 수는 2014년 3600만 명을, 그리고 스마트폰 가입자는 2014년 12월 기준 4000만 명을 넘어섰다.

카카오톡을 비롯한 국내 모바일 메신저 이용자 수는 2013년 1억 2000만 명을 돌파했다. 이 같은 기록은 UN 전자정부 발전지수 3회 연속(2012~2014년) 세계 1위, 초고속 인터넷 도입률 1위(2015년 3/4분기), 전 세계 인터넷 평균 접속 속도 1위(2015년 3/4분기) 등과 같은 국제적인 ICT 평가 지표에서 거둔 성과(한국인터넷진흥원, 2015; 한국정보화진흥원, 2015b)로 이어졌다.

이런 현실은 곧 인터넷이 어느새 우리 국민의 삶에 필수적인 요소로 자리 잡았음을 시사한다. 그렇다면, 이러한 인터넷 이용 과정에서 소셜화나 스마트폰을 이용한 모바일화는 과연 한국 사회에서 얼마나 이루어지고 있을까? 전국의 가구원을 대상으로 실시한 한국인터넷진흥원의 2015년의 조사 결과(〈표 1-6〉)는 이 점에 대한 우리의 이해에 도움을 준다.

〈표 1-6〉에 의하면, 이메일과 인터넷 쇼핑 부문에서는 스마트폰보다 데스크톱을 활용하는 비율이 아직 절대적 수준에서 높지만 이 경우에도 지난 2년 사이에 데스크톱의 이용률은 상대적으로 감소하고 스마트폰의 이용률은 증가했음을 알 수 있다. 이런 추이라면 이 부문에서도 머잖아 스마트폰 이용자 비율이 데스크톱 이용자를 앞지를 것으로 보인다. 또 〈표 1-6〉의 내용을 전체적으로 볼 때, 이메일, 인터넷 쇼핑, 인터넷 뱅킹, SNS, 클라우드 서비스에 이르기까지 모든 비교 항목에서 불과 1~2년 사이에 데스크톱의 활용도는 감소하고 스마트폰의 활용도는 빠르게 증가하는 일관된 경향을 확인할 수 있다. 이 조사에서는 가정 내에서의 인터넷 접속도 데스크톱(66.9%)이나 노트북(29.9%)보다 스마트폰(86.4%)을 이용하는 사람이 더 많은 것으로 집계되었다.[17] SNS 부문에서 스마트폰의 이용 비율

17 세계 시장 추이를 보면, 2010년 4분기에 스마트폰 출하량이 PC 출하량을 추월한 바 있고, 2014년에는 스마트폰 보급률이 PC 보급률을 넘어섰으며 향후 더욱 강세를 보일 것으로 전망

〈표 1-6〉 인터넷 이용 실태(2015년 7월 기준)

항목	활용 기기	2013	2015
이메일	데스크톱 컴퓨터	88.1	84.4
	스마트폰	51.4	61.4
	노트북 컴퓨터	16.7	17.9
인터넷 뱅킹	데스크톱 컴퓨터	71.7	54.5
	스마트폰	65.4	75.6
	노트북 컴퓨터	14.4	12.0
인터넷 쇼핑	데스크톱 컴퓨터	86.2	79.0
	스마트폰	43.2	67.8
	노트북 컴퓨터	18.3	18.0
SNS (소셜네트워킹서비스)	데스크톱 컴퓨터	41.8	37.2
	스마트폰	93.8	93.4
	노트북 컴퓨터	11.2	10.8
클라우드 서비스	데스크톱 컴퓨터	76.7	68.5
	스마트폰	50.0	70.5
	노트북 컴퓨터	29.4	21.9
가구 내 인터넷 접속	데스크톱 컴퓨터	-	66.9
	스마트폰	-	86.4
	노트북 컴퓨터	-	29.9

주1: 원 자료에 있는 스마트 패드, 기타 등에 대한 응답 항목 조사 결과는 여기서는 생략했다.
주2: 클라우드 서비스 활용 기기는 2013년 조사 자료가 없어서 2014년 통계로 대체했다.
주3: 가구 내 인터넷 접속 활용 기기는 2013년 조사 자료가 없어 2015년 통계만 제시했다.
주4: 답변의 백분율은 복수 응답이다.
주5: 조사 대상자의 연령은 항목에 따라 차이가 있다.
자료: 미래창조과학부·한국인터넷진흥원(2015)에서 발췌해 재구성.

된다. 이런 맥락에서 스마트폰은 초기의 스마트폰 '혁명'을 넘어 이제는 세계적 차원에서 용도의 다양성을 무기로 단말 시장뿐만 아니라 인터넷 서비스 시장에서도 '주류'로 자리를 굳혀 가고 있는 것으로 평가된다(디지에코, 2015a). 또 최근 조사에 의하면, 데스크톱이나 노트북보다 스마트폰을 매개로 한 모바일화가 심지어 신흥국가에서도 현저해지고 있는 것으로 드러났다(World Economic Forum, 2016).

이 데스크톱을 비롯한 다른 기기에 비해 압도적이고 매우 다양하게 활용되고 있음도 인상적이다. 이를테면, 만 6세 이상 인터넷 이용자 중 SNS 이용자는 64.9%였고, 카카오스토리, 블로그, 페이스북 등을 통해 친교, 취미·여가활동, 개인적 관심사 공유, 자신의 일상생활 기록과 같은 다양한 활동을 하고 있는 것으로 나타났다(미래창조과학부·한국인터넷진흥원, 2015: 11~20). PC에 이어 스마트폰이 어느새 우리 삶의 중심으로 깊숙이 진입한 것이다.[18] 이것은 또한 앱 생태계의 활성화에 따라 개발된 다양한 기능들과 결합되면서 스마트폰의 기능이 '쌍방향 커뮤니케이션 도구'에서 비즈니스, 여가, 교육을 비롯한 각종 사회활동의 도구로 대폭 확대되었음을 의미한다(한국정보화진흥원, 2015b: 29~30). 요컨대, 인터넷, 스마트폰, SNS 등과 같은 정보화 이슈에 초점을 맞추어 이 사회를 특징짓자면, 한국 사회는 이른바 모바일화, 소셜화가 급속히 진전되고 있는 사회라고 봐야 할 것이다.

그러면, ICT의 진화에 따라 모든 사회 영역에서 전개되어온 급속한 변화를 모든 구성원들의 삶을 더욱 풍요롭게 만든 평등화의 진전을 뜻하는 것으로 간주해도 좋을까? 여기서는 한국 사회의 불평등 추이를 분석해온 경제학적 연구 성과[19]를 중심으로 이 점에 대해 생각해보려 한다. 정보화 영역에서 이루어져온 정보격차 해소 노력의 성과[20]와 더불어 사회적 불평

---

18 이는 스마트폰이 그동안 다른 국가에 비해 국내에서 실제로 많이 보급되었기 때문에 가능해진 것이라고 볼 수 있다. 한 보고서에 의하면(디지에코, 2015b: 5), 한국 성인의 스마트폰 보급률(83.0%)은 2015년 3월 기준으로 비교 대상 국가 56개국 중에서 아랍에미레이트(90.8%), 싱가포르(87.7%), 사우디아라비아(86.1%)에 이어 4위인 것으로 나타났다.

19 여기서는 소득과 부의 불평등 추이를 시계열적으로 연이어 분석해 2012년부터 2015년 사이에 발표한 한 경제학자의 연구 결과를 간략히 정리해보려 한다. 이와 같이 한국 사회의 불평등 추이를 경험적으로 일관성 있게 분석한 일련의 연구 결과를 구하기 어렵다는 점에서 이는 매우 유용한 자료라고 판단된다.

등 문제에 관심을 기울이는 것은 매우 중요하다. 위의 물음에 대한 총체적 판단의 근거를 바로 이런 측면에서 찾을 수 있다고 보기 때문이다. 만약 계층 간의 불평등이 심화되는 사회라면, 교육 기회나 취업기회뿐만 아니라 고급 정보의 취득이나 활용을 통한 소득 혹은 부의 획득 가능성에 있어서도 계층 간 격차는 확대될 수밖에 없다. 따라서 ICT나 정보화의 중요성에도 불구하고 여기에 모든 시선이 고정될 경우에는 사회 변화의 흐름이나 현실의 전체 구도를 올바로 파악할 수 없다. 다시 말해, ICT가 사회에 미치는 영향의 의미는 전체 사회의 변화와 건강성을 가늠하게 해주는 대표성 있는 지표에 대한 검토 없이는 제대로 파악될 수 없다. 사회적 불평등 문제에 주목하는 이유도 바로 이런 이유 때문이다. 그동안 한국 사회에서 인터넷 접속 기회나 활용 역량 등에 있어 계층 간 격차의 감소가 있었지만 필자가 이를 곧 소득이나 부·취업·교육 등과 같은 측면에서의 사회적 공정성의 제고와 동일시하지 않는 것도 이런 맥락에서의 해석이다.

1963년부터 2010년까지 한국인의 근로소득 집중도를 분석한 연구에 의하면(김낙년, 2012), 근로소득 집중도는 고도성장기에 비교적 낮은 수준으로 안정성을 보이다 1990년대의 외환위기 이후 급속히 높아졌다. 계층별 평균소득을 비교해보면, 특히 외환위기 이후로 최상위 소득계층의 소득비중은 상승했고, 중위계층은 정체 상태를 보였으며 하위계층은 하락한 것으로 나타났다.[21] 이는 고도성장기에 소득계층별 평균 소득이 동반 상승했

20 예컨대, 2004년부터 2015년 사이의 기간을 비교 시점으로 설정해 한국의 장애인, 저소득층, 농어민, 장노년층의 정보화 수준을 일반 국민의 경우와 견주어본 보고서에 의하면(미래창조과학부·한국정보화진흥원, 2015b: 36), 4개 계층 모두에서 정보화 격차는 지속적으로 감소해온 것으로 나타났다.

21 분석 시기는 다소 짧지만 1993년부터 2001년 사이에 있었던 직종별 임금격차를 분석한 연구

던 것과는 대조적인 현상이라고 한다. 한편, 1979년부터 2011년 사이의 계층별 조세부담률 분석에 따르면(김낙년, 2013), 소득세 부담률은 상층일수록 높아지는 누진적 구조 속에서도 최상층은 점차 하락하고 그 이하의 계층은 상승하는 추이를 보임으로써 계층별 조세부담률 격차가 1980년 이후 지난 30년간 크게 줄어든 것으로 드러났다. 또 사회보장기여금의 경우에는 소득이 낮을수록 오히려 부담률이 높아지는 역진적 구조를 갖고 있어 개인소득세의 누진성을 상당 부분 상쇄하는 역할을 해온 것으로 나타났다. 결국 소득세 부담률과 '조세와 유사한 성격'을 내포한 사회보장기여금을 종합해보면, 소득계층별 조세부담률은 누진성에도 불구하고 계층 간 격차가 그동안 현저히 감소했다는 것이다. 다른 한편, 부와 상속 간의 관계에 대한 분석에 의하면(김낙년, 2015a, 2015b), 2000년대 이후 부의 축적에서 상속이 차지하는 비중이 커졌고, 고령화와 총부양비의 급상승으로 인해 앞으로 이런 추이는 더욱 가속화될 것으로 전망된다. 요컨대, 이러한 일련의 연구 결과는 한국 사회에서 계층 간 소득 및 부의 불평등이 심화되어왔고, 앞으로 더욱 악화될 수 있음을 경험적으로 확인해준다.

한국 사회의 정보화에 따라 사회 제반 영역에서 급속한 변화가 진행되어온 시기에 사회적 불평등이 동시에 심화되어왔다는 사실은 ICT 진화의 미래를 그저 낙관적으로만 전망할 수 없음을 시사한다. 다시 말해, ICT의 기술적 잠재력에 매몰되어 가려진 사회적 그늘과 그것의 심각성을 직시하

에서도 이와 유사한 결과를 엿볼 수 있다(신광영, 2004: 157~187). 즉, 이 시기에 한국에서는 저임금직종보다 고임금직종의 소득 증가 폭이 커서 직종 간 임금격차의 확대에 따른 이른바 소득 양극화 현상이 나타났다는 것이다. 특히, 1997년 경제위기 이후 금융자산과 부동산자산을 포함한 총자산에서의 불평등도 소득불평등처럼 심화되고 있는 것으로 드러났다고 한다.

고 그에 대한 근본적인 대응 방안을 모색해야 한다는 것이다. 이런 관점에서 이 글의 마지막 부분에서는 한국 사회가 직면한 핵심 과제로 이 문제를 다루어보려 한다.

4. ICT의 진화와 한국 사회의 당면 과제

ICT에 초점을 맞추어 살펴본 한국 사회의 변화 과정과 현실은 정보사회로서의 현대사회의 일반적 특성을 반영해왔음을 보여준다. 국가정보화 정책의 주된 관심과 방향이 ICT의 산업적·경제적 측면과 긍정적 잠재력에 집중되어온 점도 이를 입증한다. 그러한 편향성으로 인해 ICT 주도의 정보사회에 내재된 위험을 진지하게 성찰하고 사회적 대응책을 마련하려는 노력은 매우 취약해 보인다. 사람이 주도하는 미래가 아니라 ICT에 의해 끌려가는 미래의 도래를 우려하지 않을 수 없다는 것이다. 이는 한국에 국한된 문제는 아닌 듯하다. 다양한 정보 기기와 조밀한 중첩적 네트워크로 초연결 상태에 있는 오늘의 세계가 작동하는 방식이 국내외의 요란한 정보화 정책 및 표상들에도 불구하고 이전과 근본적으로 달라진 게 없어 보이기 때문이다.

웹스터의 우려는 이를 상징적으로 보여주는 하나의 방증이다. 그는 지구화의 흐름 속에서 최근 10년 사이에 이른바 '사업문명'(business civilization)이 우리의 '친밀한 삶의 영역에까지' 집중적으로 침투했고, 이런 현상이 전 세계적으로 확산되었다고 주장한다. 즉, 재화와 서비스 공급의 주요 결정 기준으로서의 지불 능력, 공적 공급보다 사적 공급, 모든 가용성 결정의 일차적 기준으로서의 시장, 조직체의 존립 근거로서의 수익성, 경제

문제의 조직화 기제로서의 경쟁, 국유보다는 재산의 사적 소유의 선호, 노동 활동 조직화의 주된 기제로서의 임금노동, 모든 관계나 활동의 상품화 등의 원리가 세계를 관통하는 공통분모가 되었을 뿐만 아니라 날로 강화되어 사업문명이 승리하는 세상이 되었다는 것이다(웹스터, 2016: 737~746). 다시 말해, 외견상 정보사회적 특징들이 나타나고는 있지만 세계인들의 삶의 양식은 지구화와 맞물려 초국적 자본 주도로 관철되는 자본주의적 원리에 더욱 더 예속되는 양상을 보이고 있다는 것이다. 한국 사회라고 해서 이런 점에서 예외라고 할 수는 없다. 그렇다면, 이 같은 현실이 우리에게 시사하는 것은 무엇인가?

먼저 떠오르는 것은 ICT의 지속적인 혁신에 의해 앞으로도 개인이 누릴 수 있는 일상적 편익이 획기적으로 신장될 것이라는 점이다. 이윤의 극대화를 지향하는 자본들 간에, 그리고 자국의 경쟁력 제고를 목표로 하는 국가들 간에 세계적 차원에서 경쟁이 더욱 치열해질 것이기 때문이다. 이 같은 전망 자체는 전혀 새로운 것이 아니다. 그럼에도 여기서 이를 재론하는 이유는 현재의 상태를 방치한다면, ICT의 혁신에 따른 생활상의 제반 편익에도 불구하고, ICT에 내재된 위험 요인과 ICT의 현란함에 의해 가려지기 쉬운 국가에 의한 개인 인권의 침해 및 사회경제적 불평등의 심화 경향이 더욱 악화될 수 있기 때문이다. 이런 점에서 지금의 현실은 향후 우리가 대처해야 할 도전적 과제의 한 방향을 암시한다. ICT의 진화 과정에서 발현될 수 있는 부정적 측면들을 철저하게 점검하고, 다각적인 대응책을 체계적으로 수립하고 실천해가야 한다는 것이다. 특히, 그 중요성에도 불구하고 정보사회의 담론에서 경시되고 있는 측면은 없는지를 되짚어보고 재차 부각시킬 필요가 있다.

이것이 지닌 중요성은 정보사회의 핵심 구성 요소인 정보의 속성을 떠

올려 봐도 쉽게 짐작할 수 있다. 주지하듯, 정보사회에서 디지털 정보를 비롯한 각종 정보의 생산, 유통 및 판매에서 지배적인 가치로 중시되는 것은 '상품성'이다(김원동, 2005: 80~87). 특히, 정보의 사회적 비중과 가치가 그 어느 때보다 큰 정보사회에서 기업은 당연히 정보를 이윤 추구를 위한 상품으로 생산해 유통시킨다. 이윤 확보가 가능한 곳에서만 정보가 상품으로 생산되고, "이득의 기회가 매우 분명한 곳에서만 양질의 정보가 대량 생산된다." 이런 과정에서 정보의 상품화와 사유화는 더욱 심화된다(웹스터, 2016: 366~367; 쉴러, 1990: 171~173). 문제의 심각성은 바로 이 지점에서 잘 드러난다. 다양한 품질의 정보들이 폭증하는 정보사회에서 정보의 상품화 혹은 시장화는 정보 비용의 지불 능력이 있는 이들에게는 이전의 그 어느 시대보다도 풍부한 양질의 정보를 제공하지만, 그렇지 못한 이들에게는 정보로부터의 소외와 그로 인한 불이익을 감내할 수밖에 없게 만들기 때문이다(웹스터, 2016: 741; 쉴러, 1990: 171~173). 이는 사실 자본주의 사회에서 상품 구매력을 가진 계층과 그렇지 못한 계층 간의 차이가 정보 상품의 구입과 사유화 과정을 통해 표출된 하나의 사례일 뿐이다. 다시 말해, 자본주의 사회의 근본적인 작동 원리로서의 상품 및 시장 관계가 정보사회라는 외피 속에서 정보 상품을 매개로 그 어느 상품보다도 강력한 파생적 효과를 담지한 채 그대로 관철된다는 것이다. 이 점은 한국 사회에서 마찬가지이다. 정보사회적 특성이 현저해지고 있는 한국 사회에서도 종래의 자본주의적 폐해들이 재현되거나 변형된 형태로 심화되고 있다면, 우리가 사회적 수준에서 우선적으로 대응해야 할 중요한 당면 과제는 어떤 것일까?

최근 제4차 산업혁명을 설파해온 이들의 우려는 우리의 답변 모색 과정에 유효한 단서를 제공한다.

세계경제포럼의 창립자이자 회장인 클라우스 슈밥(Klaus Schwab)은 기술 혁신과 자동화에 수반되는 자본에 의한 노동의 대체, 노동시장의 양극화 심화, 소수 플랫폼의 시장 지배력 강화에 따른 개인·기업 간 불평등의 증가 및 그로 인한 각종 사회 문제의 악화 등을 거론하며 적극적인 대응이 필요함을 강조했다(슈밥, 2016). 2016년 벽두에 세계경제포럼에 참여했던 정·재계의 세계 주요 인사들도 제4차 산업혁명이 야기할 수 있는 부작용들에 대해서는 대체로 유사한 입장을 보였다. 이를테면, 인공지능 로봇에 의한 인간 일자리의 대체, 자동화의 급속한 진전에 따른 단순 사무행정직 일자리의 증발과 구조적 실업의 급증, 중산층의 붕괴, 고용시장에서의 성별 격차의 확대, 만성적 고용불안의 확산, 개인·기업·국가 간 격차의 심화, 영특해지는 기기에의 의존도 심화에 따른 인간의 기억력·사고력의 퇴화 등이 그것이다(김정욱 외, 2016). 그러면, 대응 방향은 어떤 것이 되어야 할까? 슈밥은 자신의 저서 『제4차 산업혁명』의 마지막 장을 '제4차 산업혁명의 성공을 위하여'라는 제목 아래 이 문제에 할애했다.

슈밥은 '제4차 산업혁명의 시작점에 있는 우리'가 혁명의 결과를 확신할 수는 없지만 제4차 산업혁명의 긍정적 잠재력이 최대한 구현될 수 있게 미래를 설계해나가야 한다는 관점에서 출발한다. 그는 제4차 산업혁명에 의해 발생하는 우리의 당면 문제들이 상호 연계되어 있음을 염두에 두고 '칸막이식'이 아니라 '포용적인' 사고방식으로 이에 대처해야 하고, 이 혁명을 어떻게 견인해갈지에 대해 '긍정적이고 포괄적인 공동의 담론을 발전'시킬 것을 주문한다.[22] 특히, 그러한 담론에서는 '미래의 시스템이 반드

22 제4차 산업혁명을 계기로 새롭게 등장하는 문명을 '융합문명'(김문조, 2013)으로 이해한다면, 이러한 포괄적·포용적 사고방식과 담론은 융합적 사회 환경 속에서 미래를 설계함에 있어

시 구현해야 하는 가치와 윤리적 원칙을 명확히' 설정해야 한다고 강조한다. 이러한 인식과 담론의 토대 위에서 제4차 산업혁명 시대를 맞아 이제 시의성을 상실한 지금의 경제적·사회적·정치적 시스템을 전면 개편해야 한다고 그는 역설한다. 요컨대, 다중 이해관계자들이 지역·국가·세계 차원에서 제4차 산업혁명의 문제점들을 올바로 파악하고 상호 대화와 효율적 협력을 통해 이에 대처하는 가운데 모두에게 유익한 미래사회를 만들어 가야 한다는 것이다. 그래야 '진정한 글로벌 문명사회로의 진입'이라는 전망도 실현될 수 있으리라는 것이다(슈밥, 2016: 257~261).

제4차 산업혁명의 성공을 기원하는 입장에서 제시한 슈밥의 답변은 매우 설득력이 있고, 타당한 측면이 적지 않다. 그럼에도 불구하고, 그의 논지는 이론적 측면에서 보면, 좀 더 가다듬고 보완해야 할 여지가 있다. 그의 결론적 논의에서는 포용적 사고방식과 포괄적 담론, 인간 중심의 미래 설계가 기능적 측면에서 강조되는 경향이 있고, 사회적 기반에 대한 언급은 충분치 않아 그러한 필요성에 대한 공감도가 떨어지기 때문이다. 악셀 호네트(Axel Honneth)는 이런 점에서 실마리를 제공한다.

호네트는 사회생활에서 모든 개인과 집단의 '차이'를 서로 인정하고 존중해야 함을 강조한다. 좀 더 구체적으로 표현해보면, 개인의 자기 신체의 자주적 사용에 반하는 '폭행', 개인적 '권리의 부정'이나 사회적 배제, 개인적·집단적 생활방식의 '가치에 대한 부정'이나 '평가절하'와 같은 '무시'의 유형들로 인해 개인의 '자기실현'이 방해받아서는 안 된다는 것이다. 이를 뒤집어보면, '사랑'의 경험을 통해 얻게 되는 자기에 대한 믿음, '권리'의 인

반드시 전제되어야 할 사회적 토대라고 할 수 있을 것이다.

정에 의해 보장된 자율성, 개성적 주체들에 대해 대등한 가치 부여를 가능하게 하는 '사회적 연대'와 같은 세 가지 상호 인정의 유형들이 사회적으로 전제되어야 한다는 말이다. 그럴 때 비로소 각 개인이 어떠한 내적·외적 강제에도 예속되지 않은 상태에서 자신의 삶의 목표와 공동의 사회적 목표를 실현해갈 수 있기 때문이다. 이런 맥락에서 호네트는 이를 훼손하는 일련의 행위에 맞서 전개되는 사회적 투쟁을 '인정투쟁'이라고 불렀다(호네트, 2011; 문성훈, 2011).

호네트가 강조하는 상호 인정은 타인의 자율성을 수용할 줄 아는 '상호 존중'의 가치에 주목한 리처드 세넷(Richard Sennett)의 주장과 일맥상통한다.

> "자율은 …… 누군가가 타인에 관해 이해하지 못하는 것을 받아들이는 것을 의미한다. 이렇게 함으로써 타인들의 자율성이라는 사실은 자기 자신의 자율성과 동등한 것으로 간주된다. 자율성의 부여는 약자나 외부자를 존엄한 존재로 만든다. 타인에게 자율성을 부여함으로써 이번에는 자기 자신의 인성도 강화된다 …… 기능에 토대를 둔 자기 존중만으로는 상호 존중을 낳을 수 없다 …… 불평등의 해악을 공격하는 것만으로는 상호 존중을 낳을 수 없다 …… 특히 복지국가에서 우리가 직면하는 문제의 핵심은 어떻게 강자들이 약자로 남을 수밖에 없는 이들에 대해 존중을 실천할 수 있는가 하는 것이다(세넷, 2004: 329~330)."

'타인의 개인적 특수성에 대한 수동적 관용'을 너머 "낯선 타인의 속성이 발휘될 수 있도록 적극 배려함으로써 우리의 공동 목표가 실현될 수 있다"(호네트, 2011: 248)는 호네트의 관점이 세넷에 와서는 사회적 불평등 문제에 대한 근본적인 대응 방안으로 집약되고 있음을 알 수 있다. 그것은 곧 인성의 성숙을 지향하는 '자기 혁명'에 기초해 사회적 불평등에 대처해 가는 '상호 존중의 사회 모델'을 구축하는 것이다(유승호, 2015: 76). 마이클 샌델(Michael J. Sandel)이 존 롤스(John Rawls)의 '분배적 정의'에 대해 강의하면서 강조한 부분에서도 이와 비슷한 함의를 엿볼 수 있다. 이를테면, 능력주의 사회에서 뛰어난 재능 발현을 통해 다른 사람보다 더 많은 결실을 가져가는 사람은 '게임규칙이 약속한 혜택'을 향유할 권리를 갖지만 그렇다고 해서 '도덕적 자격'까지 갖는 것은 아니라는 해석이 그것이다. 그것은 특정한 시대와 사회가 높이 평가하는 '자질'을 생득적으로 '운 좋게' 타고 났고, 남들보다 유리한 가정환경에서 성장하면서 발휘된 재능의 결과로 볼 수도 있기 때문이다. 롤스가 분배적 정의를 도덕적 자격과 분리시킨 것은 이런 맥락에서였을 것이라고 샌델은 해석한다(샌델, 2011: 241~304).

필자는 ICT 기반의 정보사회를 진정한 인간 중심적 사회로 발전시키기 위해서는 무엇보다도 이러한 호네트, 세넷, 샌델 등의 주장에 주목할 필요가 있음을 강조하고자 한다. 우리에게 지금 절실한 것은 정보사회의 다양한 사회문제 해결에 요구되는 새로운 지평을 열어줄 인문사회적 기반의 확보라고 보기 때문이다. 필자의 이러한 입장은 두 가지 함의를 갖는다. 우선, 우리는 ICT가 모든 사회 영역에 미치는 엄청난 영향력의 끝을 가늠하기 힘든 사회로 가는 초입에 들어섰기 때문에 현 시점의 우리가 어떤 가치와 공감대를 구축하느냐에 따라 미래사회의 성격이 크게 달라질 수 있다는 것이다. 또 평등하고 공정한 사회를 만드는 방안에 대한 집단적 고민이 절실히 요구되는 오늘의 우리에게 유익한 준거가 될 수 있는 출발점이 바로 깊이 있는 인문사회적 성찰이라는 것이다. 특히, 사회적 강자들이 다른 구성원들을 존중하고 자신들에게 분배되는 몫의 의미를 올바로 인식하는 것이 더욱 더 중요해지고 있는 시점임을 감안한다면, 이 같은 문제의식의 중요성은 재론의 여지가 없을 것이다.

최근의 여러 사회적 정황들은 미래사회에서 사회적 약자들의 경제력과 정치력이 더욱 약화될 공산이 큼을 분명하게 실증해준다. 이를테면, 제4차 산업혁명의 기술 혁신에 따라 심화되는 노동시장의 양극화, 플랫폼 효과의 소수 디지털 기업으로의 집중, 승자독식, 빈익빈 부익부 현상의 심화, 만성적인 고용불안, 고용시장에서의 성별 격차 확대, 중산층 붕괴의 우려, 초연결 사회의 항시적 연결 상태로부터 일시적으로 벗어날 수 있는 역량에서의 격차, 지구화로 인한 다국적기업의 위상 강화, ICT를 활용한 정부와 기업의 개인 정보 수집 능력 강화에 따른 프라이버시 침해 및 감시사회의 가능성 등이 그것이다(슈밥, 2016; Lyon, 1988; 김원동, 2004b; 김정욱 외, 2016; 이호영 외, 2015a, 2015b). 이러한 경고의 목소리들 중 상당수가 심지어 기득권층의 모임이라고 볼 수 있는 다보스포럼의 주요 인사들 사이에서 나오고 있다는 점에 유의할 필요가 있다.

이는 곧 우리가 초점을 맞추어야 할 사회적 측면이 무엇보다도 사회적 불평등의 완화, 국가 권력에 의한 인권 침해의 차단, 초국적 기업과 대기업의 무차별적 시장 지배력에 대한 통제에 있음을 보여준다. ICT의 악용 가능성과 의도치 않은 사회적 결과에 적극 대응하면서 혁신적 도구로서의 발전 잠재력을 극대화하려면, 사회적 행위의 주체들이 서로를 어떻게 인식하고 어떤 방식으로 이런 주요 쟁점들에 대처하느냐가 중요하다는 것이다. 결국 사회 구성원들이 서로를 고유의 가치를 지닌 주체로 인정하고, 각자의 삶의 방식을 존중함과 동시에 협력과 연대를 통해 '바람직한 미래'[23]를 구상하고 실천해갈 때 비로소 인간이 ICT 진화의 주체가 될 수 있다는 얘기다.

한국 사회도 이 점에 있어 결코 예외일 수 없다. 한국에서도 ICT를 중심으로 한 4차 산업혁명의 거센 파고가 모든 사회 영역을 수시로 넘나들고 있고, 그 강도와 확산 속도 또한 더욱 가속화될 것으로 전망되기 때문이다. 현실이 이러함에도 한국 정부의 그간 정보화 정책 추진 과정과 ICT 담론에서는 앞서 제안한 바와 같은 인식과 그 실천의 절박성에 대한 사회적 공감대가 매우 취약하다.[24] 현 시점의 한국 사회가 역점을 두고 추진해야 할 일차적 과제를 그러한 의식적·실천적 토양을 일구는 일이라고 보는 데는 이런 현실에 대한 인식이 내재해 있다. 인터넷과 SNS 등에 의해 생산, 축적된 무수한 자료들을 과학적으로 분석하고 사회적 현안과 불확실한 미래의 위험 요인 및 기회 요인에 올바로 대처하기 위해서는(한국정보화진흥

---

23 이것은 2016년 6월 27일 향년 87세를 일기로 별세한(≪한겨레≫, 2016.6.30) 앨빈 토플러(Alvin Toffler)의 세 가지 미래 범주 중 하나다. 토플러는 미래를 세 가지 범주로 대별한 바 있다. 어떤 순간에서든 존재하는 '여러 가지의 가능성 있는 미래들'(possible futures), 이러한 가능성 있는 미래들 중에서 이보다 적은 수의 있을법한 '개연성 있는 미래들'(probable futures), 그리고 이 개연성 있는 미래들 중에서 이보다 더 적은 수의 '바람직한 미래들'(preferable futures)이 그것이다. 이 같은 미래 유형 분류는 '변화의 가속화' 속에서 미래의 고조된 유동성을 염두에 두고 인간 중심적 미래를 구현하기 위해서는 미래를 더 적극적으로 탐색하고 설계해야 함을 시사한다(토플러, 1976, 1982, 1989a, 1989c; 김원동, 2004a). 여기서 바람직한 미래상마저도 복수의 것일 수 있다는 얘기는 미래사회의 구체적인 모습이 사회 구성원들의 의지에 의해 설계되고 건설되리라는 점에 방점을 둔 것으로 해석해볼 수 있다. 이런 점에서 바람직한 매래상의 최종적인 모습은 오늘의 개인들이 어떤 가치들을 근본적인 것으로 인식하고 그것을 얼마나 진정성을 갖고 집합적으로 실천해가느냐에 따라 결정될 것이다. 이런 전제를 수용하더라도 미래사회의 구체적인 모습은 구성원들의 설계와 노력과는 별개로 또 다른 예상치 못한 변수들의 개입으로 인해 달라질 수 있음은 물론이다. 그럼에도 불구하고 여기서 주목해야 할 것은 미래사회상의 구상과 구현 과정에 있어 가장 중요한 요인이 바로 우리 자신의 주체적인 방향 설정과 의지라는 점이다.

24 이는 상호존중에 토대를 둔 사회 구현을 위한 인식론적·실천적 전제에 대한 담론과 정보사회 담론이 연계성 없이 별개의 영역으로 분리되어온 데서 비롯된 현상이라고 볼 수 있다. 이 같은 교착 상태를 풀어가기 위해서는 양자의 담론을 연계시키고 심화시키려는 사회적 관심과 노력이 무엇보다 중요하다.

원, 2014b: 38~39) 그러한 견고한 토양의 구축이 선행되어야 한다는 주장도 마찬가지 맥락에서 비롯된 것이라고 볼 수 있다.[25] 이 점을 놓치게 되면, 나날이 강력해지고 있는 'ICT 중심의 사고 틀'[26]이 새로운 희망의 원천이 아니라 오히려 현안과 미래에 대한 무미건조한 기술적·기능적 대응의 진원지로 전락할 수도 있다. 산업 자본주의 사회의 태생적 난치병이라고 할 수 있는 사회경제적·정치적 불평등의 심화와 인간성의 황폐화 가능성도 물론 피해갈 수 없을 것이다. 하지만 이와 정반대로 인간의 존엄성과 연대

25 세계 주요 기업들의 경우와 마찬가지로 다행히 한국 사회에서도 이러한 방향에서 다양한 시도들이 이루어지고 있다. 즉, 애플, 구글, 인텔, 아이비엠, 야후 등과 같은 세계 유수의 기업들처럼 국내의 삼성, 포항공대, 서울대 등도 ICT와 인문사회과학 간의 융합에 관심을 기울이기 시작한 것이다. 그러한 사례들에 주목한 황주성 외의 연구(2011)는 '인문과 기술의 단순한 병합'이나 '기술 중심의 인문사회의 융합'이 아닌 양자의 균형적 접근과 공익적 목적을 지향하는 융합의 필요성을 강조한다. 필자는 ICT와 인문사회과학적 융합을 시도하는 다채로운 기획들이 갖는 시의성과 합리성에 전적으로 동의한다. 다만, 필자는 이 맥락에서 한 가지 사항을 덧붙여 강조하고자 한다. 그것은 그러한 융합 시도들의 저변에 인문학적·사회과학적 지식을 ICT의 혁신성·창의성과 연계된 새로운 사업 기회의 발굴이나 실용성 제고를 위한 방편으로만 활용하려는 편향된 목적의식이 과도하게 깔려 있는 것은 아닌지 늘 경계할 필요가 있다는 점이다. 다시 말해, 그러한 융합적 기획들에서는 무엇보다도 ICT의 혁신적 도구성을 모든 사회 구성원들, 특히 사회적 약자층에 대한 배려와 참여의 확장을 도모하는 인문사회과학적 지식과 접목시키려는 문제의식이 담겨져야 한다는 것이다.

26 국가정보화 정책에서 확인되는 정보화의 의미 변천을 살펴보면, 1975년경부터 1990년대 말까지의 정보화는 '컴퓨터 장치를 행정업무에 활용함으로써 편리성을 추구하는 것'에서 '컴퓨터 장치를 행정업무뿐 아니라 주요 공공분야에 도입하고 서로 연계하여 정보교환을 신속히 하는 것'과 '고성능 컴퓨터 보급을 개인영역까지 확장하고 사회 전분야가 네트워크를 형성해 보다 많은 용량을 신속히 전달하는 것'으로 점차 확장되어 왔음을 알 수 있다. 2000년대로 접어든 이후 정보화의 대상과 범위는 더욱 확대되어 정보의 활용이 마침내 개인의 일상이 되었고, ICT의 창의적 활용으로 사회적 현안들을 해결하고 국가경쟁력을 제고하는 것으로 규정되기에 이르렀다(한국정보화진흥원, 2014a: 8). 이 같은 정보화 개념의 변천사는 ICT 중심의 사고방식이 ICT의 진화에 따른 정보화의 의미 변화 및 확장 과정에서 우리의 의식 속에 자연스럽게 스며든 것임을 시사한다. 한국 사회의 정보화는 ICT의 진화에 발맞추어 시기별로 조금씩 의미를 달리하며 진화해왔다고 볼 수 있기 때문이다.

의 가치가 우리의 모든 사회적 인식과 실천의 대전제로 자리 잡게 된다면, 그 전망은 완전히 달라질 수 있다. 우리의 의지와 집합적 노력으로 ICT는 얼마든지 공동체의 현재와 미래의 삶의 품격을 높이는 방향으로[27] 설계, 활용될 수 있을 것이기 때문이다. 그것이 현실화된다면, 이 시기의 한국 사회는 먼 훗날 인류의 문명사적 궤적에서 나름의 존립 근거를 가졌던 인간 중심의 사회로 기록될 수 있을지 모른다. 산업사회에서 또 다른 유형의 사회로 이행하던 시기에 존재했던 정보 중심의 기능적 산업사회가 아니라 서로의 가치를 존중하는 개인들이 합심해서 개인과 공동체를 물질적·정신적으로 더욱 풍요롭게 만들어가던 사회, 우리는 과연 미래 세대의 기억 속에 그렇게 각인될 사회를 만들어가고 있는가?

27 빅데이터에 기초해 한국 사회를 진단한 한 연구에 의하면, 향후 15년 사이에 한국은 경제나 정치 영역에 비해 상대적으로 지체되어 온 '사회적 삶의 질' 제고를 최우선적 목표로 추구하는 사회가 될 것으로 전망된다(한국정보화진흥원, 2016).

02 글로벌 경쟁과 인적·사회적 자본의 글로벌화

신기욱·최준락

1. 문제 제기

한국의 기적적인 경제성장에 대한 이야기는 이미 전 세계에 잘 알려져 있다. 50년 전 한국은 가장 가난한 나라 중 하나였지만 오늘날 한국의 산업과 기술은 최고 수준의 선진국들과 어깨를 나란히 할 수 있을 정도의 놀라운 성장을 이루었다. 한국은 이제 OECD의 고소득 국가 31개국 중 하나로 이름을 올리고 있으며, 파이낸셜타임스 스톡 익스체인지(FTSE: Financial Times and London Stock Exchange), 스탠더드 앤드 푸어스(Standard and Poor's) 그리고 다우 존스(Dow Jones)를 포함한 국제기관들로부터 선진경제국으로 분류되고 있다. 또한 한국은 선진 경제국 중 유일하게 공적 개발 원조(ODA: Official Development Assistance)의 수혜국에서 원조국으로의 대전환에 성공한 사례이다. 오늘날 지구촌의 많은 개발도상국들은 한국을 자신들의 모델로 간주하고 있다.

그러나 한국은 역설적으로 성공의 결과로 인해 새로운 도전에 직면하고 있다. 한국은 다른 고소득 선진국들처럼 신흥 산업국들의 도전을 받으면서 동시에 선진국들과 힘겹게 경쟁해야 상황에 처했다. 최근 들어 많은 국가들이 산업 용품을 수출하고 그 수익을 첨단 기술에 투자함으로써 고부가가치 제품과 서비스 중심의 경제 단계로 진입하는 한국의 개발 모델을 모방한다. 중국과 같은 신흥 산업국들은 한국과 유사한 방식으로 최근까지 한국이 주도해왔던 자동차, 가전, 조선 등의 분야에서 점점 더 강력한 경쟁 상대가 되어가고 있다.

제조업보다는 금융 및 비즈니스 서비스 등 고부가가치 서비스 영역에 주력하는 선진국들에 비해 한국은 전통 산업 분야의 치열한 경쟁으로 인해 더 큰 경제적 부담을 안고 있다. 수출 지향 산업화 전략이 한계점에 도달한 후, 한국은 이제 경제성장을 위해 새로운 성장엔진을 찾고 있다. 이러한 노력은 최근 한국의 역대 정권과 정부가 직면했던 가장 큰 전략적 과제의 하나였다. 노무현 정부에서는 '산업 클러스터' 정책을 신산업 창출 전략과 연계하기 위한 노력을 전개했다. 이명박 정부는 '지식기반 사회'를 추구했고, 박근혜 정부는 선진화된 서비스의 개발을 강조하고 한국이 전통적으로 강세를 보여왔던 전자 하드웨어를 소프트웨어의 전문성을 통해 보완하는 '창조경제'를 추구하고 있다.

한국 정부는 이러한 노력의 과정에서 '글로벌 인재'(global talent)가 전통산업으로부터 지식과 정보 중심의 경제 발전으로의 전환을 주도하는 핵심 요인이라는 것을 점점 더 절실히 깨닫게 되었다. 지식정보 중심의 사회경제 시스템 전환을 위한 정부의 노력에 걸림돌이 되는 요인이 더 이상 '물적 자본'이 아닌 '인적자본'이며, 놀랍게도 오늘날 한국의 발전을 가로 막는 주요한 장벽은 투자나 자본보다는 '글로벌 인재'와 그들을 중심으로 새롭게 형성되는 '사회적 자본'의 부족이라는 것을 깨닫기 시작한 것이다.

25세와 34세 사이 인구 중 거의 70%가 학사에 해당하는 학위를 가지고 있는 한국은 OECD 회원국 중 가장 높은 고등교육 이수율을 보이고 있다(OECD, 2012). 그러나 세계시장에서 경쟁하는 기업들에게 장점으로 작용할만한 기술과 전문 지식을 가진 글로벌 인재는 수요에 비해 훨씬 부족하다. 커니(A. T. Kearney)와 시카고 국제문제협의회(Chicago Council on Global Affairs)가 실시한 전 세계 도시들에 대한 최근의 조사는 서울에 글로벌 인재가 부족하다는 것을 보여준다. 이 연구에 따르면, 서울은 전 세계에서 9번째로 중요한 도시이며 기업 활동과 연구개발 부문에서 각각 7위와 5위로 높은 순위를 차지하지만 인적자본의 질 측면에서는 훨씬 낮은 순위인 35위에 머물렀다(Foreign Policy, 2008).

이와 유사하게 프랑스의 경영학교인 인시아드(INSEAD)는 2013년 글로벌 인재 경쟁력 지수(Global Talent Competitiveness Index)에서 한국에 103개국 중 28위의 순위를 부여했는데, 이는 한국의 경제적 수준을 고려할 때 실망스러운 결과이다. 세계에서 가장 높은 수준의 고등교육 졸업자를 배출하고 있음에도 불구하고 지식중심 사회에서 필수적으로 요구되는 고도의 비즈니스 서비스와 소프트웨어 등의 분야에서 한국이 배출한 인적자원의 글로벌 영역에서의 공헌과 활약은 경쟁 국가들의 수준과 비교할 때 여전히 뒤떨어져 있으며, 글로벌 인재와 네트워크의 부족으로 인한 한계 역시 심각하다는 것이다.

글로벌 인재 부족에 대한 해결책 중 하나는 미국과 캐나다 같은 국가들처럼 우수한 기술을 가진 인재들을 유치하는 것이다. 경제성장에 대한 많은 연구들은 국가의 경쟁력을 강화시키기 위한 수단 중 하나로 숙련 외국인력에 초점을 두고 있다. 키르케고르(Søren Kirkegaard)에 따르면 "선진국의 장기적 경제 성장은 거주자들의 기술 수준과 확실히 높은 관련성을 갖는다 …… 기술 수준은 결국 국가의 교육 및 이민 정책에 상당히 의존한다(Kirkegaard, 2007: 1~2).”이러한 이유로, 미국 및 캐나다 등의 국가에서는 고도 기술 산업 분야에 절실한 인적자원 육성을 위해 자국인들에 대한 고등교육 훈련과 투자에 심혈을 기울이면서 동시에 의약, 금융, 소프트웨어 공학과 같은 분야에서 요구되는 기술을 보유한 외국인들을 고용한다. 특화된 기술에서 전문성을 가지고 있거나 훈련을 거친 외국인들은 이들 국가들이 경쟁 우위를 지키는 데 중요한 역할을 해왔음을 잘 알기 때문이다(Becker, 2008). 실리콘밸리만 보아도 재능 있는 인도인과 중국인 엔지니어들의 유입 없이는 세계 기술 산업의 중심지라는 위치를 획득하고 유지하지 못했을 것이다.

숙련 외국 인력을 유치하는 것은 세계적으로 일어나고 있는 변화인 경제의 글로벌화와 노동력의 고령화로 인해 더욱 중요하다. 우선 경제적 세계화는 국가 간 경계를 넘어 물자, 서비스 그리고 자본의 이동을 촉진해왔으며, 이와 관련한 업무를 수행할 자질을 갖춘 최고 전문가들에 대한 수요를 증가시켜 왔다. 글로벌화의 선진국들은 이미 글로벌 수준의 숙련 노동 부족의 문제를 심각하게 인식하고, 이를 극복하기 위한 노력들을 전개해왔다. 이에 따라 글로벌 인재들을 확보하려는 경쟁은 계속 심화되었고 이는 경쟁 우위의 필수 조건이 되었다(Judy and D'Amico, 1997; Judy, 1997; Burdette, 1999; Kirkegaard, 2007).

다른 한편 저출산과 고령화는 높은 기술과 지식 활용 능력을 지닌 젊은 인적자원의 공급 부족을 야기한다. 오늘날 인류의 20%는 출생아 수가 노인 사망자 수보다 적은 국가에 살고 있으며, 저출산은 선진국으로 갈수록 심화되고 있다(Morgan, 2003). 경제활동인구의 감소는 전체 인구 감소 이전에 일어나기 때문에, 인구 변화는 전체 인구가 줄어들기에 앞서 노동력 확보에 영향을 미친다. 숙련 노동에 대한 수요를 증가시키는 경제적 환경 변화와 숙련 노동 공급을 가로 막는 인구 변화로 인해 적합한 기술을 가진 노동력의 가치는 더욱 높아지고 '글로벌 인재 전쟁'은 더욱 심화될 것이다.

단일민족이라는 역사적 신화를 기반으로 국가적 정체성을 유지해온 한국과 같은 국가들은 글로벌 인재 전쟁에서 숙련 외국 인력을 유치하고자 할 때 근본적인 어려움에 직면한다. 숙련 외국 인력의 유치와 활용에 가장 성공적이었던 미국, 캐나다, 호주, 뉴질랜드와 같은 국가들은 모두 '정착 사회'(settler societies)로, 법적으로 '속지주의'(jus soli)의 원칙에 따라 민족적 기원에 상관없이 새로운 시민들을 받아들이는 사회이다. 정착 사회는 시민들이 오랜 시간에 걸친 이민과 동화의 경험을 공유하고 새 이민자들이 사회의 완전한 구성원이 되는 것을 가능하게 한다. 이것이 숙련 외국 인력을 끌어들이는 강력한 매력이 된다.

이렇게 다양성, 관용, 수용의 특징을 지닌 국가들은 민족적 정체성이 강한 다른 국가들과 뚜렷한 차이를 보인다. 한국, 일본, 독일은 모두 '비이민 사회'로, 사회 구성원들이 수세기 또는 수천 년에 걸쳐 한 핏줄을 나눠왔다는 믿음에 기반을 둔 민족적 정체성을 갖는다. 한국인의 혈통이 아닌 개인들도 법적으로는 한국 시민이 될 수 있지만 이들은 사회 진입과 정착, 적응과 통합의 과정에서 완강한 저항에 직면한다. 한국인들은 다문화 정책을 통해 이주 노동자 및 외국인 신부를 받아들이려는 국가 정책에도 불구하고 여전히 외국인들을 자신들의 사회 망으로 수용하기를 꺼린다(Shin, 2012). 삼성경제연구소는 이러한 사회적 특성으로 인해 한국 기업과 사회는 외국인 인재를 끌어들이기 힘들 것으로 예측한다(Bae, 2012).

세계적인 추세를 보면 한국의 상황은 예외적이기보다는 일반적이다.

〈그림 2-1〉 OECD 주요 고소득 국가들에서 외국인에 대한 신뢰와 불신 수준

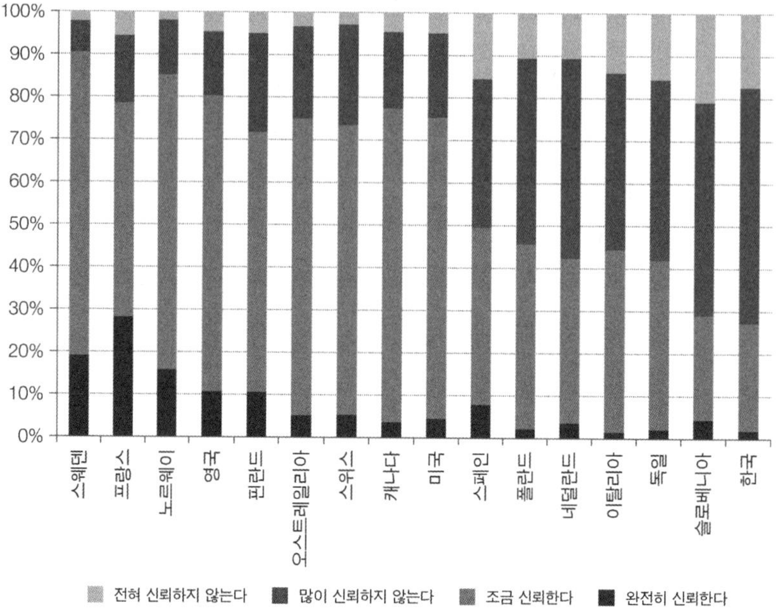

자료: 2005~2008년 세계 가치관 조사(World Values Survey).

한국처럼 민족적으로 동질한 나라들은 많지 않지만(Shin, 2006), 많은 국가들이 속지주의보다는 혈통주의에 근거해 시민권을 부여하고 있다. 미국의 이민 연구소(Center for Immigration)에 따르면 세계 194개 국가 중 30개 국가만이 속지주의에 근거해 자동적으로 시민권을 부여한다(Feere, 2010). 세계 가치관 조사(World Value Survey)에 따르면 한국은 대다수 비정착 국가들의 특성을 전형적으로 보여준다. 자료에 따르면 한국인들은 다른 고소득 OECD 국가들에 비해 외국인들을 더 불신한다.

〈그림 2-1〉을 보면, 한국은 다른 선진국들과는 다른 특성을 지닌다는 것을 알 수 있다. 미국, 캐나다, 호주와 같은 정착 사회는 상대적으로 외국인을 신뢰하는 경향을 보인다. 스칸디나비아 국가들과 이전의 식민지에서

대규모의 이민자들을 받아들이고 있는 프랑스와 영국은 관용의 정도가 높은 것으로 잘 알려져 있다. 한국은 이탈리아와 독일과 같이 민족주의적 특성을 지닌 나라들과 전반적으로 유사하다.

아시아의 다른 선진국들 또한 이 분류에 속하는데, 한국을 비롯한 일본과 대만이 비슷한 경향을 보일 것이라고 예측된다. 한국을 포함, 민족적으로 동질성의 정도가 높은 국가들은 다른 선진국들에 비해 숙련 외국 인력을 더 확보할 필요가 있음에도 불구하고 외국인들을 유치하는 데 있어서 큰 어려움에 직면하고 있다. 그러나 이들 국가들 중 대부분은 수십 년 안에 심각한 인구 감소를 겪을 것이며 숙련 외국 인력의 유입을 통해 가장 큰 혜택을 받을 것으로 보인다. 예를 들면, 한국의 출산율은 0.89명으로 감소했는데, 이는 2년 연속 세계 최저치이다. 2050년 즈음의 한국은 전 세계에서 65세 이상의 인구가 가장 많은 나라가 될지 모른다. 앞으로 다가올 젊은 노동인력의 부족과 급속한 고령화로 인해, 한국과 같은 나라들에서 숙련 외국 인력의 가치는 더욱 증가할 것이다. 그러나 이들 국가들은 외국인들에 대한 심각한 불신, 즉 외국인 혐오를 가지고 있으며, 따라서 숙련 외국 인력을 유치하는 데 어려움을 겪는다.

이 연구는 한국과 같은 국가들이 어떻게 명백히 예상되는 경제 및 인구 위기를 극복하기 위해 숙련 외국 인력을 유치하고 활용할 수 있는지 살펴본다. 숙련 외국 인력에 대한 연구 대부분이 정착 사회에 초점을 맞추는 반면, 본 연구는 한국 사례를 통해 비정착 사회의 관점에서 이 문제를 다룬다. 한국의 사례는 이민자들을 수용하는 데 어려움을 겪는 한편 다문화주의의 이점과 손실에 대해 논쟁을 해오던 많은 아시아 및 유럽 국가들과 유사하다(Joppke, 2005). 따라서 이 연구에서 발전된 중심 논거와 함의는 한국과 유사한 특성을 갖는 다른 국가들에도 적용될 수 있다.

2. 글로벌 경제와 숙련 외국 인력: 새로운 접근의 필요성

1) 인적자본, 사회적 자본의 글로벌화

이 연구에서는 비정착 국가들도 자국의 경제적 경쟁력을 향상시키기 위해 숙련 외국 인력을 활용해야 한다고 주장한다. 여기서는 숙련 외국 인력은 개인이 지닌 능력이나 역량을 의미하는 '인적자원'(human capital)뿐 아니라 이들이 다양한 영역에서 축적해온 세계적 수준의 사회적 관계와 이를 통해 발현되는 긍정적 효과를 의미하는 '사회적 자본'(social capital)의 중요성을 새롭게 조명한다. 숙련 외국 인력은 인적 자본, 즉 교육, 훈련, 근로 경험을 통해 얻어지는 전문화된 기술을 제공할 뿐 아니라(Becker, 1964) 사회적 자본, 즉 정보와 혁신을 확산시키고 신뢰를 가능하게 하는 사회적 유대관계를 형성한다(Bourdieu, 1977; Coleman, 1988; Putnam, 2000).

숙련 외국 인력에 대한 기존의 연구와 '두뇌 유출'(brain drain)에 대한 최근의 논의들은 대부분 인적 자본에 초점을 맞춤으로써 사회적 자본의 중요성을 간과해왔다. 이와 같은 이유로 이 연구는 글로벌 인적자원의 사회적 기여에 주목하는 '신모델'에 더욱 주목한다. 신모델은 구모델이 강조해왔던 인적 자본의 이점을 인정하면서 동시에 숙련 외국 인력이 본국과 체재국을 연결시키는 '초국가적 가교'(transnational bridge) 역할을 할 수 있다는 점에 초점을 맞춘다.

숙련 외국 인력의 초국가적 가교는 시장 정보의 확산, 혁신의 보급, 국가 간 문화적 이해의 증진을 가능하게 한다. 이러한 이점은 외국인들이 현재 일하고 삶을 꾸려가고 있는 체재국뿐만 아니라 그들의 본국에도 돌아간다. 즉, 새로운 모델은 제로섬(zero-sum) 적인 두뇌 유출보다는 쌍방향적인 '두뇌 순환'(brain circulation)을 중시한다. 색세니언(AnnaLee Saxenian, 2006)은 '빠르게 외국인 파트너를 찾아내고 문화적이고 언어적인 장벽을 넘어 복잡한 관계와 팀워크를 관리할 수 있는 능력'의 중요성을 지적하며 신모델이 외국인 유치의 사회적 효과에 주목하고 있음을 강조한다. 특히 비정착 국가들에서 사회적 자본의 이점은 구모델이 강조되던 인적 자본의 혜택보다 클 수 있다.

2) 숙련 외국 인력에 대한 전통적 접근

'구모델'은 숙련 외국 인력을 유치하는 데 있어 인적 자본의 이점을 강조한다. 연구자들과 정책입안자들은 인적 자본을 국가 경제 발전에서 중요한 요인으로 여겨왔다. OECD의 통계용어사전(2012)에 따르면, 인적 자본은 '노동, 기술, 그리고 지식에서 내재한 생산적인 부'(productive wealth)로 정의되며, 물리적인 자본 투자와 마찬가지로 생산적 경제 활동을 가능하게 한다. 개리 벡커(Gary S. Becker)는 자본에 대해 다음과 같이 설명한다.

> "대부분의 사람들에게 자본이란 것은 은행계좌, IBM사의 수백 개의 주식, 생산 라인, 또는 시카고 지역의 철강 공장을 의미한다. 이와 같은 예들은 장기간에 걸쳐 수익과 유용한 산출물을 생산해낸다는 점에서 자본의 형태를 갖는다. 그러나 이와 같은 유형의 자본이 유일한 자본의 종류는 아니다. 학교 교육, 컴퓨터 훈련, 건강관리를 위한 지출 그리고 정확함과 정직의 미덕에 대한 강의도 자본이다. 이와 같은 요소들은 수입을 증가시키고, 건강을 증진시키며, 또는 한 사람의 생애에 걸쳐 좋은 습관을 길러주기 때문이다. 따라서 경제학자들은, 교육, 훈련, 건강관리 등을 위한 지출을 모두 인적 자본을 기르기

위한 투자라고 여긴다. 이것들이 인적 자본으로 불리는 이유는 사람들이 재정적이고 물리적인 자산과 분리될 수 있는 것과는 다르게 지식, 기술, 건강, 또는 가치들은 인간에 내재되어 있는 것이기 때문이다."(Becker, 2008).

경제의 양적 성장에 필요한 인적 투입 요소를 의미하는 '노동력'(work force)은 대규모 정규 교육이나 훈련, 산업 현장에서의 공식적·비공식적 훈련 등을 통해 단기간에 양성될 수 있지만, 세계적 경쟁에 필수적으로 요구되는 고도의 숙련과 지식을 지닌 '인적자원'은 육성에 시간이 걸릴 뿐 아니라 측정 공간과 시간에 구속되지 않고 자유롭게 이동할 수 있기 때문에 이들이 제공하는 지식과 능력의 공급은 여전히 부족하다. 한 국가의 시민들은 특정 숙련 직종에서의 과잉이 다른 직종에서의 부족 현상을 낳을지라도, 자신들이 선호하는 직종을 선택한다. 예를 들어 미국에서는 변호사가 공급 과잉인 반면 숙련 기술자들은 심각하게 부족하다. 한국은 숙련된 엔지니어 집단을 풍부하게 배출했음에도 불구하고, 점차 유사한 문제를 겪고 있다. 2006년 OECD의 국제 학업성취도 평가인 PISA(Program for International Student Assessment) 자료에 따르면, 한국의 15세 학생 중 8%만이 공학 또는 컴퓨팅 관련 직업 희망하고 있는데, 이는 다른 OECD 국가 평균인 11%와 비교할 때 상당히 낮은 수치이다.

3) 숙련 외국 인력의 필요성

숙련 외국인 근로자를 외국에서 유치하는 것은 인력 부족 문제에 대해 잘 알려진 해법이다. 캐나다를 비롯한 일부 국가들은 보유 기술과는 상관없이 고등 교육을 받은 외국인들을 선별적으로 유치하려고 시도해왔다.

그러나 이와 같은 유치 방식은 자국민과 동일한 기술을 가지고 있는 외국인들의 유입이 이들과 자국민 간의 심화된 경쟁을 일으킬 수 있다는 이유로 논쟁거리가 되어왔다. 따라서 대부분의 국가들은 자국민이 가지고 있지 않거나 자국민의 기술을 보충할 수 있는 인적 자본을 보유한 외국 인력에 초점을 맞춰왔다.

예컨대 미국은 자국민들 사이에서 부족한 엔지니어링 기술을 가진 외국 인력을 선별적으로 유치해왔는데, 이들 인력은 경영자, 변호사, 금융업자들이 가지고 있는 능력을 보완해준다. 정책입안자들은 이런 보완 효과를 인지하고 있다. 미국의 하원의원인 애덤 시프(Adam Schiff)와 찰스 배스(Charles Bass)는 '2012 인베스트 인 어메리카(Invest in America) 법안'을 입안했다. 이 법안은 미국의 대학에서 과학, 기술, 공학, 수학을 전공한 외국인 학위 수여자들이 미국에서 새로운 사업을 시작하고 영주권을 취득하도록 허용하는 것을 골자로 한다.

"미국 정책 재단(National Foundation for American Policy)의 최근 연구는 미국 상위 50개의 벤처 기업 중 거의 절반이 외국에서 출생한 사업가들에 의해 설립되었다고 밝혔다. 미국에서 일하기 위해 학위를 취득한 외국인 근로자 한 명당 미국 출신 근로자들을 위한 직업이 두 개 이상 창출된다는 것 또한 주목할 만한 사실이다. 다른 많은 연구들도 같은 결론을 보여준다. 고숙련 이민 기업가들은 우리 경제에 강력한 보완 효과를 갖는다 …… 우리 대학들은 다음 세대의 스티브 잡스를 교육시키고 있다. 그들이 미국에서 제2의 애플, 제2의 아이폰을 만들도록 하자(Roll Call, 2012)."

일반적으로 선진국들은 특정 기술에서는 인력 과잉인 반면 숙련 엔지니어는 부족 현상을 보인다. 따라서 이들 국가들은 외국인 학생 비자 정책에서 볼 수 있듯이 숙련 엔지니어와 컴퓨터 과학자를 우선적으로 유치한다. 이러한 정책들은 미국 경제의 주요 엔진 중의 하나인 실리콘밸리가 성장하는 데 핵심 요소로 작용했음이 밝혀졌다. 실리콘밸리에서는 외국 출신 엔지니어들과 자국 출신 경영자, 매니저, 벤처 캐피탈리스트들 간의 협업을 통해 인텔과 시스코와 같은 하드웨어 회사, 오라클과 어도비 같은 소프트웨어 회사 그리고 구글과 페이스북과 같은 인터넷 회사들이 급속히 성장할 수 있었다. 실리콘밸리의 기업들이 미국 내의 한정된 숙련 엔지니어 인력풀에만 의존했다면, 세계적인 성공을 이끌어낸 혁신적 기술 발전을 주도하지는 못했을 것이다(Saxenian, 2006; Kirkegaard, 2007).

4) 글로벌 인재 전쟁

숙련 외국 인력, 특히 엔지니어링과 컴퓨터 과학에서 전문 기술을 갖춘 외국인들을 유치하려는 국가들 간의 경쟁은 점점 치열해지고 있다. 글로벌 인재 전쟁은 현재의 인구 변화를 고려했을 때 더욱 심화될 것으로 보인다. 인구 학자들은 인구 위기가 시작되고 있는 유라시아의 선진국들에서 숙련 노동인구 부족 문제가 더욱 심각해질 것이라고 경고한다(Judy and D'Amico, 1997; Judy, 1999; Burdette, 1999; U.S. Department of Commerce Office of Technology Policy, 1997; Information Technology Association of America, 1997; Kirkegaard , 2007).

〈그림 2-2〉는 여러 나라의 인구 위기와 그 심각성을 보여준다. 지도에서 보면, 연도에 따른 노동력 증가 및 감소 차트를 국가 별로 볼 수 있다. X축은 1950년부터 2050년까지의 시간을 나타내며 Y축은 근로 연령 성인

〈그림 2-2〉 예상되는 유라시아 지역의 인구 위기

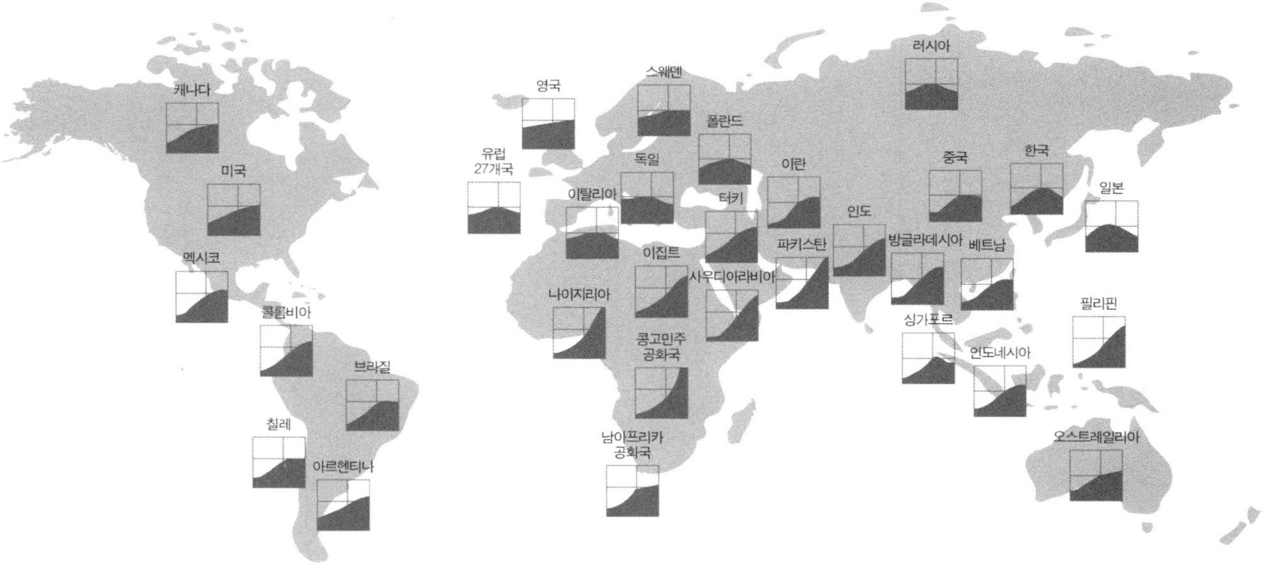

자료: Hayutin(2010).

들의 수를 보여준다. 각각의 차트에서 수직축과 수평축은 2010년 당시의 인구를 나타낸다. 아프리카, 남아시아, 동남아시아에 위치한 개발도상국들은 지속적으로 노동력이 증가한다. 같은 기간 오스트레일리아, 캐나다, 미국과 같은 정착 사회는 자국 출신의 시민들 사이에서의 낮은 출산율에도 노동력 증가 추세를 보이는데, 이는 이민자들의 높은 출산율 때문이다.

이에 반해 유럽과 아시아의 선진국들 중 비정착 사회는 이민 규제 때문에 외부 인구의 유입이 차단되어 인구 감소 패턴을 보인다. 이에 따라 경제활동 인구의 감소는 전체 인구 감소보다도 더 일찍 시작될 것이다. 예를 들어, 일본의 인구 감소는 2005년에 시작되었지만, 노동력 감소는 5년 전에 그 정점에 달했다. 심지어 중국조차도 인근 국가인 일본과 한국처럼 곧 인구 위기를 경험하게 될 것이다. 중국의 인구는 2030년대 초부터 천천히 감소하기 시작할 것이다. 이와 같은 경향은 자국 출신의 근로자 부족 현상을 보완하기 위해 숙련 노동자를 유치하려는 경쟁이 심화될 것임을 암시한다. 선진화된 비이민국가들이 필리핀과 같은 높은 출산율을 가진 개발도상국으로부터 충분한 규모의 비숙련 근로자들을 유치한다고 할지라도 숙련 근로자들을 유치하는 것은 점차 어려워질 것이다.

3. 글로벌 경제와 숙련 외국 인력: 신모델

1) 숙련 외국 인력의 필요성에 대한 새로운 모델: 사회적 자본의 중요성

과거의 모델에서 숙련 외국 인력을 유치하는 것은 자국민의 희생으로 국가 경쟁력을 높이는 제로섬 게임으로 설정된 측면이 강하다. 외국 인력의 유치를 단순히 '노동력'이나 '브레인' 혹은, '인적자본'의 유입이나 유출과 이에 따른 국가나 지역들 간의 이익과 손해라는 관점에서 손익을 산정하는 대차대조 방식이 과거 모델의 기저에 놓인 가정으로 볼 수 있으며, 각국의 외국 인력 정책과 제도 역시 이러한 관점에서 개발되었다. 그러나 최근 들어 숙련 외국 인력에 대한 새로운 모델이 등장하기 시작했다. 앞서 언급한 구모델과는 달리, 새로운 모델은 두뇌 유출보다는 '두뇌 연결'(brain linkages)에 초점을 두며 인적 자본보다는 사회적 자본을 강조한다.

사회적 자본에 주목하는 새로운 모델에서는 조직이나 개인을 연결시키는 결속력과 관계의 긍정적 외부 효과에 주목한다. 신모델에서는 인적자본과 더불어 인적자원들 간의 결속력, 신뢰, 연결망 등으로부터 발생하는 다양한 시너지 효과가 물리적 자본이나 개별 인적 자본으로 발휘할 수 없는 추가적 생산성의 향상을 촉진한다고 본다(Coleman, 1988). 사회적 결속력과 신뢰는 연결되는 개체들에 두 가지 명확한 혜택을 제공한다. 서로를 신뢰하는 사람들은 정보를 공유하고 서로에게 시장 정보와 혁신에 대한 접근을 촉진한다. 또한 서로를 신뢰하는 사람들은 배신의 두려움이 덜하며, 이는 심도 깊은 실질적 협력을 촉진한다(Bourdieu, 1977; Powell, 1990; Putnam, 1995). 이와 같은 혜택은 독립적으로 활동하는 개인들에게도 돌아가지만 조직 및 조직의 자원을 관리하는 개인들에게 배가된다(Granovetter, 1973; Davis, 1991).

이러한 설명의 논리는 초국가적 수준에서 작동하는 특별한 유형의 사회적 자본에 대해서도 적용될 수 있다. 퍼트남(Putnam, 1995)은 사회적 자본을 두 가지로 분류하는데 하나는 '결속형'(bonding)이며, 다른 하나는 '가교형'(bridging)이다. 결속형 사회적 자본은 같은 집단에 속한 개인들을 연결해주는 깊은 결속력을 일컫는다. 사회네트워크 분석가들은 사회적으로 동질적인 개인들을 연결하는 사회적 결속력은 외부의 위협에 대항하는 연대를 만들어내면서 구성원들 간의 신뢰와 감정적인 결속을 촉진한다고 주장했다(Coleman, 1988; Portes and Sensenbrenner, 1993; Putnam, 1995; 2000).

이와는 달리 가교형 사회적 자본은 외부인들과의 결속에 의해서 만들어진다. 단절되어 있는 집단들을 연결하는 가교는 집단들이 신뢰를 촉진하고, 정보를 확산시키며, 혁신을 공유하는 데 중요한 역할을 한다(Granovetter, 1974; Burt, 1992; 2004). 일부 가교는 지리적으로 같은 지역에 머무는 다양한 집단들 간의 연결 고리를 만들어낸다. 실리콘밸리를 비롯해 성공적인 산업 클러스터(industry clusters)에 대한 연구들(예: Sexeniam, 1994)은 지역적 가교가 생산성을 향상시키고 혁신을 촉진시킨다고 밝힌다(Cortright, 2006). 이러한 연구들은 주로 한 지역에 집중과 집적의 정도가 높은 고도의 산업혁신 클러스터에서 이루어지는 고급 인적자원들 간의 신뢰와 원활한 정보의 교류가 일으키는 긍정적 효과에 주목했다.

그러나 경제지리학과 경제사회학의 최근 연구에 따르면, 가교는 지리적 거리 차이로 인해 분리된 집단들을 연결할 때 더욱 유용하다고 주장한다(Bathelt, Malmberg and Maskell, 2004; Maskell, Bathelt and Malmberg, 2005; Bunker-Whittington, Owen-Smith and Powell, 2009). 가교가 지리적으로 멀리 떨어진 행위자들을 연결할 때, 사회적 거리 차이뿐 아니라 지역적 거리도 극복하는 효과를 발휘한다는 것이다.

과거 지리적으로 멀리 떨어진 지역들이 국경을 넘어 긴밀하게 연결되는 경험은 상대적으로 드물었다. 이는 대부분의 사람들이 지리적으로 밀접한 곳에서 지내며 상대적으로 자국의 다른 곳이나 다른 국가들에 사는 사람과의 교류는 덜하기 때문일 것이다(Saxenian, 1994; Dahl and Sorenson, 2008; Tharenou and Caulfield, 2010). 〈그림 2-3〉은 결속적 사회적 자본, 지

〈그림 2-3〉 사회적 자본의 유형들

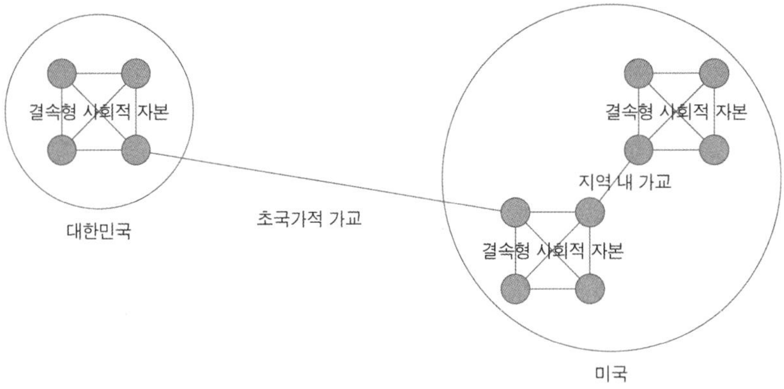

역 내 가교, 지역 외 가교 간의 차이를 보여준다. 지역 외 가교는 멀리 떨어진 사회 및 지리적 지점들에 위치하고 있는 행위자들을 연결하며 초국가주의를 구현한다(Schiller, Basch and Black, 1995). 이 연구는 이와 같은 지역 외 가교를 '초국가적 가교'(transnational bridge)라고 칭한다.

모든 형태의 사회자본이 뚜렷한 이익을 창출하기는 하지만, 초국가적 가교는 특히 유용하다. 지역 내 가교와 같이 초국가적 가교는 단절되어 있던 집단들을 연결하면서 사회적 네트워크 구조에서 생겨나는 공백을 채워준다. 더불어 초국가적 가교는 지리적이고 문화적인 거리 차이를 연결시키기도 한다. 지리적으로 한 곳에 머물러 있는 개인들은 비슷한 종류의 지식만을 가졌기 때문에 지리적 거리 차이를 연결하는 것은 중요하다. 이 개인들이 사회적으로 연결되어 있지 않더라도 유사한 환경에 노출되어 그들이 직면한 문제 해결에 유용한 지식과 정보를 가지고 있을 가능성이 크다.

따라서 지리적으로 떨어져 있는 지역에 살고 있는 이들은 새로운 지식을 제공함으로써 같은 지역에 위치한 개인들끼리 지식을 공유하는 것보다 더 큰 혜택을 가져다준다. 새로운 지식 공유를 통해 충분히 혜택을 받기 위해서는 개인들 간 효과적인 의사소통 채널이 제공되고, 서로를 이해할 수 있어야 한다(Bunker-Whittington, Owen-Smith and Powell, 2009). 두 사회의 문화적이고 제도적인 차이점들은 상호이해를 방해할 수 있다(Shenkar, 2001). 초국가 간 가교는 문화적인 차이에서 오는 이질감을 줄여주는데, 이는 정보와 더불어 그 정보를 이해하기 위해 요구되는 지역적인 맥락에 대한 배경 지식을 전달하기 때문이다(Bathelt, Malmberg and Maskell, 2004; Maskell, Bathelt and Malmberg, 2005). 예를 들면, 다른 나라에 살고 있는 한국인들은 한국과 거주국 간의 거래를 증가시키며 가교의 역할을 수행하고 있음을 보여준다(Choi, 2003). 초국가적 가교를 구축하는 것은 어렵지만, 광범위한 지역적 거리 차이를 넘어 정보를 공유하고 협력할 수 있는 좋은 기회를 제공한다.

신모델은 기술을 갖춘 개인들의 이동에 의해 형성되는 초국가적 가교의 가치에 초점을 맞춘다. 이민과 인구 이동에 대한 전통적인 연구는 사회적 자본의 '결속'(bonding)적 측면에 주목한 나머지 사회적 자본의 '가교적' 측면을 간과해왔다. 예를 들어 샌프란시스코의 차이나 타운(China Town)이나, 로스앤젤레스의 코리아 타운(Korea Town)처럼 특정 인종 밀집 지역은 결속적 사회 자본을 기반으로 이민자들의 기업가 문화와 활동을 촉진하는 협력적·생산적 교환과 지원을 활성화하는 효과를 만들어내고 있다.

알레한드로 포르테스(Alejandro Portes)는 미국의 경우 특정 인종 집단의 강력한 사회적 유대는 주변 인종 집단의 부정적인 영향으로부터 이들을 지켜주는 긍정적인 기능을 수행한다고 주장한다. 다른 한편 강력한 결속력은 성공한 이민자들이 주류 사회로 진입하는 것을 방해하거나 배척하는 부정적 영향을 미칠 수도 있다. 이처럼 결속적 사회 자본은 양면성을 지니고 있기 때문에 그 부정적 요소를 경계하는 것과 더불어 긍정적 측면을 활성화하고, 가교적 사회자본의 혜택을 적극적으로 활용하는 것이 중요하다(Portes and Sensenbrenner, 1993; Portes, 1995b; Portes and Rumbaut, 2001; Tilly, 2007; Chen, 2010).

'착근성'(embeddedness)은 개인들이 지속적인 사회관계 체계를 통해서 사회와 연결되는 것을 뜻한다(Granovetter, 1985). 가족 관계, 우정, 직업적 관계를 통해서 개인들은 특정한 지리적인 지점에 위치한 공동체에 정착하게 되는 것이다(Dahl and Sorenson, 2008). 또한 지리적으로 떨어진 사회로 이동해가는 개인은 개인적으로든 직업적으로든 새로운 사회 내에서 관계를 형성하고 착근할 기회를 얻는다. 외국인이 본국과 체재국 양쪽 사회 모두에 대한 문화적 이해를 갖고 양쪽 사회에서 지속적인 사회적 연결 고리를 유지하는 한, 국가 간 협력을 중개하면서 소중한 정보나 사회적 맥락, 배경 등을 공유할 수 있다. 즉, 모국을 떠나 현지에 정착해 외국인의 신분이 된 이민자는 서로 단절되어 있던 두 사회를 효과적으로 연결해주는 인적 네트워크로 초국가적 가교가 될 수 있다. 지리적으로 떨어져 있는 개인들을 연결하는 사회적 결속은 초국가적 가교 역할을 하는 데 필수 조건이지만 충분조건은 아니다. 기존 연구들(Ong, 1999; Saxenian, 2006)은 본국과 체재국 두 사회를 성공적으로 연결해왔던 개인들에 초점을 맞추면서, 성공적인 가교를 위해 필요한 두 가지의 선결조건을 간과한다. 첫째, 초국가적 가교는 초국가주의를 전제로 한다.

> "초국가적 환경하에서 이민자들의 일상은 국가의 경계를 넘어 다중적이고 거듭되는 상호 연관성에 의존하며 그들의 공적인 신원은 두 개 이상의 국가와의 관계에서 설정된다. …… 즉, 그들은 정착 후 거주국의 경제적이고 정치적

인 제도, 지역성, 그리고 일상의 규칙에 통합되어 간다. 그러나 동시에 그들은 본국과의 관계를 유지시키고, 기관을 설립하고, 거래를 수행하고, 지역 및 국가 행사들에 영향력을 발휘한다는 점에서 다른 곳과도 연결되어 있다. …… 이렇게 해서 이주민들은 두 개 이상의 사회에서 동시적인 착근성을 구성하고 이를 재구성한다."(Schiller, Basch and Blanc, 1995: 48).

학자들은 이주자들이 상이한 사회 사이에 위치해 있는 상태를 통해 사회적으로나 재정적으로 혜택을 제공하는 행위자들로 인정해왔다(Ong, 1999; Roberts, 1995; Bloemraad, 2004; Tilly, 2007). 그들이 본국에서든 체재국에서든 지속적인 권리, 책임 그리고 사회적 결속 형성을 멈추면 이들 국가 사이에서 정보, 혁신, 기회를 전달하는 초국가적 가교로서의 기능도 멈추게 된다. 이는 개인들이 초국가적 가교 역할을 하기 위해서는 본국과 연결되어 있어야할 뿐만 아니라 체재국에서 적법한 구성원으로서 받아들여져야만 한다는 것을 의미한다(Storper, 2007).

둘째, 초국가적 가교 역할을 하기 위한 개인들의 능력은 상당 부분 조직문화 및 구조에 따라 달라질 수 있다. 본국과 체재국 모두에 사회적으로 착근해 있는 개인들은 조직에 속하지 않고서도 가교의 혜택을 가져다줄 수 있을 것이다. 그러나 조직의 조건은 그러한 혜택을 배가시키기도 한다. 예를 들면, 개인이 본국에 대해서 가지고 있는 정보는 체재국의 소셜 네트워크를 통해서 전파될 수 있으며, 체재국 구성원들은 이민자들의 본국에 대해 더욱 잘 알게 된다. 동일한 정보는 기업에서 근무하고 있다면 더욱 직접적인 효과를 가지고 올 수 있다. 최고 경영자들은 자신들의 지식을 중시하기 때문에, 이들은 개별적으로 본국을 고려하면서 자사의 전략을 세울 수도 있다. 이러한 이유로, 조직적인 상황은 가교의 혜택을 촉진하거나 방해할 수도 있다. 최근의 한 연구(wang, 2015)는 위계적이고 편협한 조직 문화는 이민자들이 하나의 국가적인 맥락을 다른 국가적 맥락과 연결하는 능력을 제한한다고 밝히고 있다. 초국가적 가교가 이러한 성격을 지닌 조직들에 어느 정도 혜택을 가져다주기는 하지만, 비위계적이고 개방적인 조직체에 훨씬 더 큰 혜택을 제공한다.

2) 초국가적 가교의 혜택

초국가적 가교가 본국과 체재국에 적절히 착근되어 있는 경우 몇 가지 중요한 혜택을 제공할 수 있다. 첫째로, 숙련 외국 인력은 지리적·정치적·사회적 경계를 넘어 협력을 촉진시킨다(Grief, 1989; Meyer, 1991). 숙련 외국 인력은 본국과 체재국에 있는 개인들과 지속적으로 사회적 관계를 유지하며 양쪽 모두의 신뢰를 얻을 수 있을 것이다. 이런 이유로 그들은 국가 간의 거래를 중개할 수 있는 특별한 위치에 놓이게 된다(Granovetter, 1985; Uzzi, 1997). 이러한 능력은 매우 높은 가치를 지닌다. 예를 들면, 많은 가교들에 의해 연결되어 있는 국가들은 신뢰와 집중적인 정보 교환을 요구하는 특화된 상품을 거래하는 것으로 밝혀진 데 반해, 가교가 없는 국가들은 표준화된 상품만을 거래하는 것으로 보인다(Rauch, 1999). 동남아시아에 사는 중국인 디아스포라(diaspora)가 동남아시아와 중국 사이에서 고도로 특화된 상품의 거래를 가능하게 한 것은 좋은 예이다.

다른 한편 숙련 외국 인력은 경계들을 넘어서 중요한 혁신을 확산시킨다. 개인 및 조직은 주로 가까운 동료들을 통해 배우거나 경쟁사의 서비스와 제품을 모니터링하고 역으로 분석함으로써 새로운 혁신을 수용한다. 이 두 가지 방식을 통한 혁신의 확산은 한 곳의 지리적 장소 내에서 쉽게 발생한다. 마셜(Marshall, 1920)이 주장했듯이 새로운 혁신은 마치 '공기 속에 있는 것처럼' 특정한 지역의 '산업적인 분위기' 안에서 확산된다. 그러나 새로운 혁신은 지리적 공간을 넘어서면 쉽게 확산되지 않는다(Porter, 1990; Barnett, 2008; Powell et al., 2005). 그러한 효과는 다른 지리적 장소에 위치한 경쟁자들의 성과를 차별화하는 데 중요한 역할을 한다(Porter, 1990). 초국가적 가교는 국가의 경계를 넘어 혁신을 확산시키는 것을 가능하게 하는 메커니즘 중 하나이다(Maskell, Bathelt and Malmberg, 2005).

예를 들어 색세니언(Saxenian, 2006)은 '신 아르고 원정대'(New Argonauts)의 중요성에 대한 증거를 제공한다. 신 아르고 원정대는 황금양모를 구하기 위해 콜키스로 떠난 그리스의 아르고 원정대처럼 실리콘밸리로 진출해 그곳의 관행, 혁신, 그들이 쌓아왔던 것과는 다른 종류의 인적 자본을 습득한 후 고국에서 혁신을 향상시키기 위해 돌아가는 이들을 일컫는다. 전반적으로 신 아르고 원정대는 전 세계의 기술산업단지를 다니면서 실리콘밸리의 정보와 혁신, 관행들을 해외에 있는 기술산업단지로 확산시킨다.

이 밖에 숙련 외국 인력은 체재국의 민족중심주의적 기업들이 본국의 시장으로 진입하는 것을 도와줄 수 있으며, 그 반대의 경우도 마찬가지이다. 모든 다국적 기업은 지역적 반응과 세계적 조화 사이에서 균형을 맞추어야 할 상황에 놓이게 된다. 이를 위해 다국적 기업들은 외국 지사에 상당 부분 자율성을 부여하고 지역민들을 최고 의사 경영자로 고용하면 서 분권적 구조를 채택하기도 한다. 분권적 구조를 채택하는 회사들은 지역적 환경에 매우 민감하지만, 동시에 다른 다국적 기업들을 상대로 경쟁하기 위해 전 세계에 있는 많은 지사들을 조화롭게 운영해야 하는 어려움을 겪을 수 있다.

다른 한편으로 기업들은 자국의 임원들이 외국인 지사를 운영하게 함으로써 집권적 구조를 채택할 수 있다. 집권적 구조를 채택하는 회사들은 전 세계의 다양한 지사들을 조정할 수는 있으나, 지역 시장의 특정한 수요에 대응하는 데에 어려움을 겪을 것이다(Perlmutter, 1969; Prahalad and Doz, 1987; Bartlett and Ghoshal, 1989). 민족중심주의적 기업 내에서 숙련 외국 인력은 본국의 시장과 체재국 임원들 간에서 발생하는 내부적인 차이를 메꾸어줄 수 있다.

신모델에서 주목되는 것은 숙련 외국 인력을 체재국에 '잃음'으로써 실제로는 본국에 혜택을 가지고 올 수 있는 가능성을 열어 놓는다는 것이다. 구모델은 체재국이 숙련 외국 인력의 이동이 본국이 치르는 희생을 통해 혜택을 얻는 제로섬 게임으로 묘사된다. 후진국 출신의 개인들이 선진국 주류 사회로 이민을 갈 때, 이들은 제로섬의 두뇌 유출로 여겨진다. 그러나 신모델은 이를 체재국과 본국 모두에 잠재적으로 혜택을 주는 포지티브 섬(positive-sum) 게임으로 본다.

기존 연구들은 외국인들이 본국으로 돌아갔을 때 어떤 일이 일어나는가에 주로 초점을 두었다. 예를 들면, 신 아르고 원정대는 체재국에서 일정 기간을 보낸 후 다시 본국으로 돌아가 대만과 이스라엘과 같은 지역에 실리콘밸리의 혁신 문화를 확산시켰다. 이와 같은 양방향적인 인재의 움직임은 두뇌 순환이라고 불려왔으며, 본국에 잃었던 것보다 더 많은 양의 인적 자본을 돌려받는 효과를 주었다.

신모델이 갖는 좀 더 근본적인 함의는 사회적 자본과의 관련성이다. 외국인이 본국으로 돌아가지 않는다고 해도, 정보를 확산시키고 협동을 촉진하며 혁신을 만들어내면서 체재국과 본국 모두가 공유할 수 있는 혜택들을 만들어주는 가교로써의 역할을 할 수 있다는 것이다. 이러한 초국가적 가교에 의해서 생성되는 혜택이 본국의 초기 손실보다 클 경우 본국은 장기적으로 숙련 인력의 이주를 통해서 얻는 것이 더 많을 수 있다.

4. 구모델과 신모델의 종합

1) 노동력의 글로벌 유형

본 연구는 구모델과 신모델 모두를 고려해 〈그림 2-4〉와 같이 숙련 외국 인력이 자국과 체재국 두 사회에 어떠한 공헌을 할 수 있는지를 요약했다. 비숙련 국내 노동인력은 인적 자본이나 초국가적 가교 면에서 거의 도움이 되지 못한다. 비숙련 외국 인력은 인적 자본 측면에서는 거의 기여도가 없으나 그들이 본국과 결속을 유지하는 한 초국가적 가교를 만드는 데 기여할 수 있는 잠재력이 있다. 그러나 그러한 잠재력은 비숙련 외국 인력들이 체재국의 주류 사회로부터 고립되는 탓에 종종 실현되지 못한다. 지역 내에서 사회적 자본을 연결시키지는 못할지라도, 비숙련 외국 인력은 체재국에서는 인식되지 않았거나 활용되지 않았던 본국 내의 정보와 어떠한 연결 고리를 가지고 있을지도 모른다.

이와 상반되게, 지역 내에서 교육을 받은 숙련 인력들은 지역 수준에서 전문 지식과 숙련을 제공할 수 있는데, 이는 훌륭한 고등교육 체계를 가지고 있는 사회에서 특히 두드러진다. 또한 교육받은 전문 종사자들의 경우 다양한 사회 집단 간에서 사회적 결속을 구축할 가능성이 많기 때문에 지역 내에서 사회적 자본을 연결시킬 잠재력을 가진다(Granovetter, 1974). 그러나 지역 내에서 교육을 받은 전문직 종사자들은 지리적으로 떨어져 있는 다른 지역과의 연결 고리를 구축할 수 있는 기회를 갖지 못한다. 따라

〈그림 2-4〉 노동력의 유형들

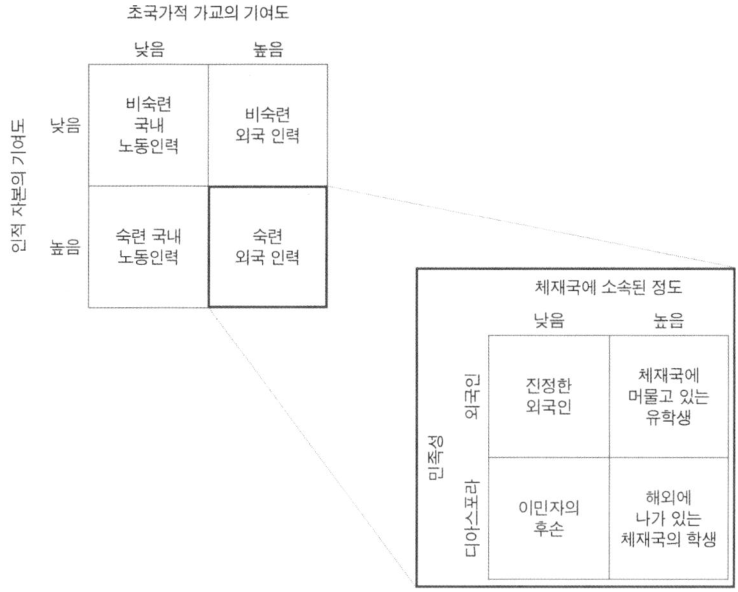

서 이들 전문직 종사자들은 초국가적 가교로서 기능하기는 어렵다.

결과적으로 소수의 외국인들을 가진 내수 경제는 높은 수준의 생산성을 확보할 수 있을지라도 더 넓은 세계 경제와 트렌드로부터 고립된 채로 남게 된다. 더 넓은 세계에 덜 노출됨에 따라 점점 고립되고, 집단사고를 발전시키며, 세계를 주도하는 핵심 트렌드(예컨대 소비자의 선호가 피처폰에서 스마트폰으로 변화해가는 것)를 놓치게 된다(Erickson, 1982; Uzzi, 1997). 더욱이 그러한 내수 경제는 국제 교역 및 투자를 용이하게 하는 핵심 요소인 사람들 간, 그리고 조직들 간의 협력과 연결 역량이 부족할 수 있다(Rauch, 1999). 숙련 외국 인력을 도입하는 것은 이 같은 위험을 완화해줄 수 있다. 그리고 상대적으로 적은 수의 결속도 인적 자본에 기여하는 것과 더불어 정보 유통, 거래, 신뢰를 극적으로 증가시킬 수 있다(Granovetter, 1973; Burt,

1992; Watts and Strogatz, 1998). 이러한 이유들로, 개별 국가 중심의 산업화 단계를 넘어서 글로벌 시대의 새로운 선진 경쟁력을 창출하기 위한 전략으로 〈그림 2-4〉의 오른쪽 아랫부분에 있는 숙련 외국 인력에 초점을 맞출 필요가 있다.

2) 한국의 경험과 도전: 외국 인력의 역사

단일민족 사회의 신화가 오랫동안 굳건하게 유지되어온 한국에서 '외국 인력'이라는 문제가 사회적 인식과 논의의 장에 등장한 것은 아주 최근의 일이다. 그만큼 한국에서는 외국 인력의 성격과 역할에 대한 충분한 사회경제적·정책적 토론이 축적되지 않았고, 그 수준 역시 정착사회의 경험에 비해 극히 일천하다. 한국에서 숙련 외국 인적자원에 대한 논의를 전개하기 위해서는 제조업 중심의 산업화 시기가 종말을 고하고, 산업화 이후의 새로운 발전 방향을 모색하는 과정에서 외국 인력의 실태와 인식의 전환 과정을 먼저 살펴볼 필요가 있을 것이다.

한국에서 외국 인력의 문제는 새로운 것은 아니지만 현재까지의 연구 및 정책적 초점은 주로 비숙련 외국 노동력에 맞춰져왔다. 1980년대 중반부터 한국은 농촌 노동력의 고갈과 교육 인플레이션으로 인한 청년 인구의 경제활동 참여 감소로 노동력 부족을 겪어왔다(A. Kim. 2009). 더욱이 고소득 고학력의 한국인들은 소위 3D(dirty, difficult, dangerous)라 불리는 직업들에 종사하는 것을 꺼리기 시작했다. 한국은 더 이상 노동력을 자급할 수 없는 현실에 직면했고, 노동력 감소에 대응해 1990년대에 갑작스런 외국인 노동자 유입이라는 새로운 상황을 맞이하게 되었다.

1980년대 후반과 1990년대 초반, 한국 정부는 산업교육시스템(ITS: Indus-

〈그림 2-5〉 한국의 외국인 노동자 수 변화(1990~2012년, 단위: 명)

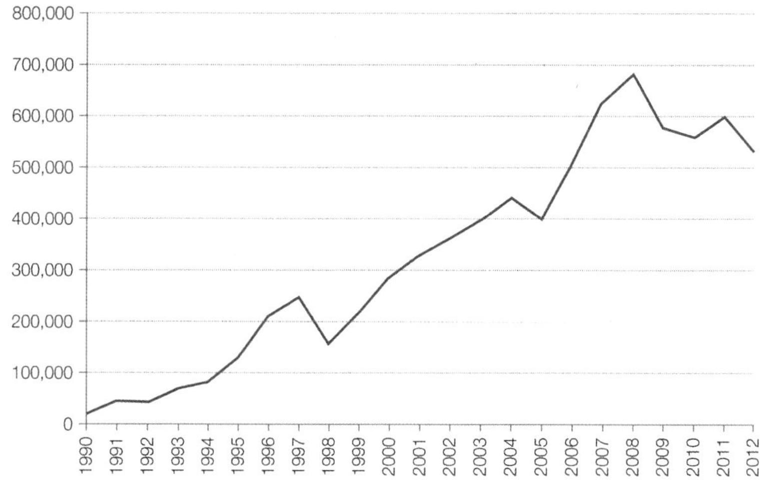

trial Trainee System)을 도입하면서 오랫동안 고수해오던 '폐쇄'(closed-door) 정책에서 최소한 부분적으로는 '개방 정책'(open-door)으로 전환하게 되었다. 정부는 체계적으로 이주민 근로자들을 유입시키는 한편 유입을 통제하기 위한 정책들을 도입하기 시작했다. 2007년 한국이 공식적으로 외국인력에 문을 개방한 지 20년이 안되어, UN은 한국을 외국인 노동력 수입국으로 지정했다.

한국 정부는 또한 새로운 근로 비자 프로그램인 H-2비자를 통해 해외의 동포 한국인들에 대해서도 문호를 개방해 중국과 구소련의 한국 동포들이 한국의 친척을 방문하고 비전문직 영역에서도 일자리를 구할 수 있도록 허가했다. 이렇게 한국으로 유입된 동포들은 대부분 식당 종업원이나 청소, 사회복지 사업, 간병, 그리고 가정도우미 같은 서비스직에 종사한다. 특히 H-2 비자 프로그램의 도입으로 중국 동포들의 귀국이 폭증했고 〈그림 2-5〉가 보여주듯이 2012년 기준으로 53만 915명의 외국인 근로자들이 한국 내에 적법하게 거주하고 있다. 그러나 한국 통계청이 실시한 2012년 외국인 노동력 실태 조사에 따르면 총 79만 1000명의 외국인 근로자가 거주하고 있는 것으로 나타났는데, 이것은 26만 명가량이 법적으로 이미 기한이 지난 비자를 가지고 한국에서 불법적으로 거주하고 있음을 보여준다. 이들 이주민 노동자 대부분은 비숙련 인력이며 한국은 글로벌화와 포스트 산업 시대에 숙련 외국 인력을 유치해야 하는 새로운 도전에 아직도 제대로 대응하지 못하고 있음을 시사한다.

2) 글로벌 인재 유치를 위하여

한국은 최근 들어 지역적으로나 세계경제에서 차지하는 위치로 말미암아 비숙련 외국 인력에서부터 숙련 외국 인력에 대해 본격적으로 관심을 두기 시작했다. 글로벌 사회학 및 초국가 사회학 연구에 따르면, 특정한 국가가 글로벌 경제에서 수행하는 역할은 꼭 고정된 것만은 아니다. 만약 한 국가가 선진화된 기술을 발전시킬 수 있고, 금융 자본을 축적하고, 숙련된 개인들을 교육시킬 수 있다면, 이 국가는 글로벌 경제에서 좀 더 중심적인 역할을 하고, 고부가가치 경제의 지역적, 혹은 글로벌 허브가 될 수 있다는 것이다(Wallerstein, 1974; Chase-Dunn, 1975; Sassen, 1994; 2001; 2007). 이러한 효과가 계속 경제 전환과 선순환을 이룰 경우 새로운 자본, 지식, 문화의 유입과 유출 또한 영향을 받아 변화될 가능성이 크다.

한국은 아시아 내에서는 특히 경제와 문화 측면에서 허브이고 성장할 가능성을 보여주고 있다. 한국에서 제조된 상품들과 마찬가지로, '한류' 문화는 아시아에서 특히 열광적인 반응을 얻고 있다. 이런 경제적·문화적 선순환의 결과 중 하나로 많은 아시아 국가들의 재능 있는 학생들이 한국으로 유입되고 있다. 이런 현상은 문화적인 규범은 선진화된 '중심'(core) 국가들에서 덜 개발된 '주변부'(periphery) 국가들로 유입되고, 숙련 이민자들은 그 반대 방향으로 유입된다는 것을 주장하는 사회학 이론(Wallerstein, 1974; Portes, 1995a)과 일치한다. 글로벌 경제에서 한국이 좀 더 핵심적인 역할을 할 수 있다면 서울과 같은 도시는 경영, 금융, 컨설팅, 문화, 관광, 정보 교류 등 새로운 산업 생태계의 주도산업들이 번성하는 글로벌 도시로 성장할 수도 있을 것이다(Friedmann, 1986; Meyer, 1986; Sassen, 1994; 2001; 2007). 그러면 한국은 인적 자본의 전 세계적인 흐름의 핵심에 위치하게 될 것이고, 상호적인 재능의 유입을 통해서 두뇌 유출을 두뇌 순환으로 전환시켜 산업화 경제의 한계를 넘어 새로운 경제사회 모델로의 진화 경로에 접어들 수 있다.

그러나 두뇌 순환은 한국 사회의 주체들이 추구하는 새로운 미래의 전략과 선택 그리고 구체적인 노력들을 통해서만 그 긍정적 효과를 기대할 수 있다. 이를 위해서는 한국이 초국가적 가교 역할을 할 수 있는 숙련 외국 인력을 유치해 그들 개인과 그들의 본국 그리고 한국 모두에 윈-윈-윈 상황을 만들 수 있는 전략적 기회들에 더 깊은 관심을 가질 필요가 있다.

글로벌 인적자원의 연결 고리는 새로운 사고와 정책의 전환에 필요한 첫 번째 실마리가 될 수 있다. 이를 위해서는 단순히 글로벌 인적자원을 받아들인다는 사고를 넘어 이들과 한국 사회의 유기적 순환 작용을 극대화할 수 있는 방안을 함께 고민해야 한다. 인력의 단순한 유입이 자동으로 사회적 자본의 혜택 또는 인적 자본의 혜택을 가져다주지 않기 때문이다. 더욱이, 그러한 개인들을 적절하게 활용하는 것은 국가주의와 엄격한 위계질서가 강한 한국에게는 어려운 도전이 될 것이다(Storper, 2007; Wang, 2015). 그러나 한국이 산업화 시대를 넘어 세계화와 정보화, 탈산업화 시대의 새로운 경제적 패러다임과 번영의 물결에 동승하거나 이를 주도하기 위해서는 여러 가지 어려움에도 인적자원과 사회적 자원으로서의 숙련 외국 인력을 활용할 수 있는 전략적 기회들을 간과해서는 안 될 것이다.

5. 결론 및 함의

한국의 민족주의적 국가 정체성은 숙련 인력을 유치하는 데 중요한 긍정적 요소이자 부정적 요소이다. 많은 연구자들은 한국인들이 다수의 숙련 외국 인력을 받아들이는 데 국수적이며 비관용적이라는 견해를 보인다. 한국은 전 세계에서 인종적으로나 언어적으로 가장 동질적인 국가들 중 하나로 여겨진다. 전통적으로 혈통의 순수성과 인종적 동질성은 국가 정체성에 대한 지배적인 개념의 핵심이었으며, 국가적 자부심의 원천이었다. 이러한 이유로 한국 정부는 때때로 한국으로의 이민을 제한하는 다양한 법률적인 규제를 취해왔다.

최근 들어 한국의 외국인 수는 상당히 증가했지만 수적 증가가 타문화와 가치에 대한 한국 대중들의 관용성 및 개방성으로 이어지지는 못하고 있다. 다른 곳에서도 지적되었듯이, 근대 한국 사회는 점점 더 다양화되어 가고 있는 반면 다양성에 대한 관용은 아직도 터무니없이 부족하다(Shin, 2012). 급속하게 다양성이 확대되는 사회에서 민족적 동질성의 개념과 배타적 국가 정체성은 한국에 심각한 문제가 되어왔는데, 한국인들이 '순수' 한국인이 아닌 '기타' 사람들에 대한 차별과 편견을 취해왔기 때문이다. 이러한 이유로, 한국의 한 싱크탱크는 한국이 외국인들을 채용하는 것보다는 국내의 숙련 인재풀을 확대하는 것에 초점을 두어야 한다고 제안하기도 한다(Bae, 2012).

그러나 한국인들은 분명한 경제적 타당성이 인정되면 숙련 외국 인력 유치의 필요성을 받아들이고자 할지도 모른다. 김은미·양옥경·이해영(2009)에 따르면 한국인들은 일반적으로 외국인에 대해 긍정적인 인식을 가지고 있지만(5점 만점에 평균 3.23점), 그런 긍정적인 인상은 한국에 사는 외국인(5점 만점에 2.35점), 혹은 이웃에 사는 외국인(5점 만점에 2.39점)에 대해 질문을 받았을 때에는 급격히 악화된다. 그럼에도 불구하고 이 연구는, 한국인의 절대 다수는 한국이 결국 다문화사회로 갈 것이라고 믿고 있음을 보여주었다. 즉, 20.8%의 응답자만이 한국이 현재 다문화사회라고 응답했지만, 69.1%의 응답자는 한국이 다문화사회로 가야 한다고 응답하거나 혹은 가게 될 것이라고 응답했다. 오직 6.8%의 응답자만이 한국이 다문화사회로 가지 않게 된다거나 혹은 그렇게 되어서는 안 된다고 응답했다. 따라서 비록 한국인들 사이에서의 인종적인 정체성에 대한 강한 의식이 글로벌한 인재를 채용하는 데에 있어 가장 큰 난제임을 잘 인식하고 있기는 하지만, 숙련 외국 인력의 유치가 국가적인 경쟁력 차원의 하나로서 제시된다면 한국인들은 수용적인 태도를 취할 것이라고 생각한다.

한국의 전통적인 사고방식으로부터 벗어나서 숙련 외국 인력을 활용할 창조적인 방법을 발견해내는 것이 중요하다. 민족적 동질성에 대한 강한 인식으로 인해 한국은 외국인들에게 덜 매력적인 국가이기는 하지만, 그러한 인식은 고국과 밀접한 결속력을 가져왔던 해외동포들을 불러오는 데 도움을 줄 수 있을 것이다. 더불어 한국의 문화유산은 대중문화의 한류 현상의 근저에 있으며, 이러한 문화유산은 아시아 전역을 통해 확산되고 외국인들로 하여금 한국 문화와 사회에 대해 더 잘 이해하도록 돕는다. 한류는 또한 아시아의 학생들을 한국의 대학으로 유치하는 데 큰 역할을 하고 있기도 하다.

이러한 요인들을 고려해보면, 한국 사회와 기업들은 자국민의 두뇌 유출을 두뇌 순환으로 전환시키고 또한 외국인 숙련 인력이 한국에 장기간 거주하지 않아도 이들의 두뇌를 연결하는 가교적 사회 자본으로 활용하는 것이 가능할 것이다. 한국은 숙련 외국 인력 현상에 대한 다양한 연구에 초점을 맞춰온 정착 사회와는 다르다. 공유된 민족성에 근거해 국가적인 정체성을 형성하는 동아시아 국가나 유럽 국가들과 비슷하다. 세계에서 가장 재능 있는 인재들을 채용해서 자연스럽게 혜택을 취해온 정착 국가들과는 달리, 한국을 포함한 이들 국가들은 숙련 외국 인력을 유치하는 혁신적인 방안을 찾아야만 한다는 것이다.

03 지식경제 시대의 정보통신기술과 사회적 자본

정동일

1. 머리말

2016년 3월. 전 세계의 이목이 서울의 한 호텔에 집중되었다. 우리 인류의 현재와 미래를 가늠해볼 수 있는 상징적 사건이 일어나고 있기 때문이었다. 인간계 최고의 바둑 고수 이세돌 9단과 SF 영화에나 등장할 법한 인공지능이 바둑 대결을 벌이고 있었다. 익히 아는 바와 같이 이 세기의 대결은 이세돌 9단의 완패로 마무리되었다. 인류 역사에서 가장 복잡하고 가장 창의적인 게임이라고 여겨지는 바둑에서 인간이 만든 창조물이 그 창조자인 인간을 상대로 승리를 거둔 것이다. 아슬아슬한 패배라면 차라리 위안이라도 되었을 것이다. 하지만 이세돌 9단이 네 번을 지고 단 한 차례만 승리를 거둔 '굴욕적'인 패배였다. 언론과 바둑계에서는 이세돌 9단이 제4국에서 던진 '신의 한수'와 그로 인한 단 한 번의 승리에 애써 커다란 의미를 부여하려는 듯 보인다. 하지만 이는 받아들이기 힘든, 그러나 받아들일 수밖에 없는 현실에 대한 당혹감을 에둘러 표현한 것이라고 보는 게 더 적절할 것 같다. 상상으로만 막연하게 그려보았던 세상, 즉 인간이 만든 그 무언가가 인간의 사고와 노동을 대체하는 그런 세상이 우리도 알아차리지 못하는 사이에 벌써 우리 곁에 바짝 다가와 있는 것이다.

어찌되었건 우리는 이 사건을 통해 실루엣처럼 보이던 지식경제 사회와 초연결 사회의 실체를 몸소 실감할 수 있었다. 알파고의 승리가 워낙에 상징적인 사건이기는 하지만, 사실 지식경제 사회는 우리 현실 곳곳에 깊숙이 침투해 있다. 모든 사물에 컴퓨터 칩을 장착해 사물들을 연결·통제하는 사물인터넷(IoT), 기기와 데이터들을 한 곳으로 통합하고 편집하는 클라우드 서비스, 기존 데이터베이스 관리도구로는 식별 불가능한 데이터를 처리하는 빅데이터 분석, 개별적 소유 개념의 개인용 컴퓨터에 더해 위치적 한계를 극복한 모바일 기기, '포케몬 고'라는 이름으로 전 세계를 들썩이게 했던 가상증강현실, 이외에도 하루가 다르게 발전하고 있는 각종 정보통신기술은 우리 생활과 경제 활동의 근간을 획기적으로 변화시키고 있다. 지난 두 세기를 규정해왔던 산업사회 패러다임이 저물고 지식경제 패러다임이 본궤도에 오르고 있다는 것을 누구도 부인할 수 없을 것이다(Powell and Snellman, 2004; Leydesdorff, 2013).

지식경제, 혹은 지식기반 경제는 흔히 지식과 정보에 대한 의존성이 높아지고, 공공부문과 비즈니스 부문 모두에서 지식과 정보에 대한 즉각적인 접근의 필요성이 높아지는 경제시스템으로 정의된다. 지식경제 사회에서는 토지, 자본, 노동 등 전통적인 생산요소의 중요성이 급격하게 감소하는 반면, 그 자리를 대신해 지식이 새로운 생산요소로 빠르게 부상하고 있다. 개인이든 기업이든 국가든 지식을 창출하고 획득하고 흡수하고 교환할 수 있는 역량과 위치를 차지해야 치열한 경쟁에서 살아남을 수 있는 시대가 되었다. 지식경제 사회에서는 혁신체계가 대량생산체계를 대체하고, 지식에 대한 투자가 기계, 시설에 대한 투자를 대체하며, 그러한 지식과 혁신이 글로벌 경쟁을 주도한다. 손으로 일하는 사람이 아니라 두뇌로 일하는 사람, 저숙련 육체노동에 기초해 표준화된 제품을 대량으로 생산하는 기업이 아니라, 고숙련 지식노동에 기초해 차별화된 맞춤형 제품을 생산하는 기업이 경쟁력을 획득하는 사회, 이것이 바로 지식경제 사회이다.

지식경제를 특징짓는 가장 중요한 요소는 정보통신기술(ICT)이다. 지식경제 사회의 기술적 기초가 바로 정보통신기술이기 때문이다. 지식경제 사회에서 정보통신기술이 중요한 이유는 크게 두 가지로 나누어 생각해볼 수 있다. 첫째, 정보통신기술이 혁신의 원동력이 된다는 점이다. 컴퓨터와 네트워크 기술은 정보 저장능력을 무한대로 확장시켰으며, 정보처리에 소요되는 시간을 획기적으로 단축시킴으로써 창조적 파괴의 폭과 깊이를 크게 확대했다. 인터넷과 모바일 기술로 인해 지식 획득과 교환의 장애물이었던 시공간적 제약이 거의 사라지게 되었다. 최근에는 페이스북이나 트위터 등과 같은 소셜미디어가 삶의 풍경을 변화시키고 있을 뿐만 아니라, 경제적 가치를 생산할 수 있는 새로운 영역으로 빠르게 자리를 잡아나가고 있다. 소셜미디어에 저장된 빅데이터는 서로 무관해보이던 지식의 결합을 가능하게 함으로써, 이전에는 상상하기 힘들었던 창조적 혁신을 가능하게 하는 핵심적 원천이 되었다. 요컨대 정보통신기술은 지식의 교환, 획득, 결합, 창출을 가능하게 하는 기술적 기반을 제공해 혁신적 가치창출을 견인하고, 궁극적으로 경제적 성공, 성장, 발전의 엔진이 되어가고 있다. 이런 이유로 세계 각국과 기업은 정보통신기술에 대한 인프라를 구축하기 위해 막대한 투자를 단행하고 있다(Garcia-Muniz and Vicente, 2014).

둘째, 다른 형태의 기술과 달리 정보통신기술은 특정 산업이나 조직, 개인에만 적용되는 특화 기술이 아니라, 모든 산업, 모든 조직, 모든 개인에 두루 활용될 수 있는 범용기술(GPT: General Purpose Technology)이라는 점에 주목할 필요가 있다(Bresnahan and Trajtenberg, 1995). 따라서 정보통신기술에 대한 투자는 일차적으로 정보통신 관련 산업의 성장을 이끌 수 있을 뿐만 아니라, 여러 다른 산업이나 분야로의 파급효과가 매우 크다. 정보통신기술을 도입한 조직은 그 조직이 속한 국가가 어디이며, 그 산업이 무엇이든 간에, 정보통신기술을 활용해 조직 내부의 프로세스를 개선하고 제품과 서비스의 전달 방식을 바꾸며, 정보처리 및 관리의 질을 향상시킬 수 있다. 나아가 범용기술로서 정보통신기술은 공급사, 구매사, 고객, 정부, 기타 다양한 사회 구성원을 하나의 네트워크 안에 연결시킬 수 있다. 이는 계층, 조직, 산업, 지역, 국가 간 존재하던 경계를 허물어뜨리고 스필오버 효과를 낳음으로써 폭넓은 혁신을 이룰 수 있는 기초가 된다.

이러한 입장에 근거해 많은 연구들은 정보통신기술이 조직, 지역, 국가의 혁신성과와 경제발전을 견인하는 데 커다란 기여를 하고 있다는 점을 밝혀왔다. 정보통신기술에 대한 투자가 많고, 그 인프라가 잘 구축되어 있으며, 다양한 산업에서 정보통신기술이 활용되고 있는 지역이나 국가는 경제적·사회적으로 풍요롭다는 것이다(Pick and Azari, 2011).

하지만 경험적 연구 결과에도 불구하고, 과연 정보통신기술이 혁신과 경제발전을 위한 충분조건인가에 대해서 의문을 제기하는 학자들도 있다. 먼저 경험적 연구들을 자세히 들여다보면, 정보통신기술과 혁신 및 경제발전 간에 높은 상관관계가 존재하는 것은 사실이지만, 이 관계가 단선적이지만은 않다는 것이다(Rutten and Boekema, 2007). 이들에 따르면, 지식경제 사회에서는 기술 획득이 이전보다 훨씬 쉬워졌고 정보통신기술에의 접근 가능성이 높아졌기 때문에, 기술을 '소유'하고 있다는 것 그 자체가 생각만큼 커다란 이점이 되지는 못한다. 오히려 중요한 것은 습득한 지식을 결합하고 가공하며 이를 새로운 가치로 전환하는 과정인데, 이 과정은 한 사회의 제도적·문화적·사회적 측면과 밀접하게 관련되어 있다. 혁신은 단순한 지식과 정보의 결합에 의해서 만들어지는 것이 아니다. 수치와 언어에 불과한 정보를 의미 있는 지식으로 변환하는 과정, 그리고 파편화되어 있는 지식을 결합하는 과정에는 인간의 해석과 의식적인 의미 부여가 개입된다. 특히 그 지식이 쉽게 코드화될 수 있는 지식이 아니라, 기록과 발화만을 통해서는 다른 사람에게 온전히 전달될 수 없는 암묵지(tacit knowledge)라면 더더욱 그렇다(Polanyi, 1967). 따라서 지식을 습득하고 교환하며 전달하는 과정, 그리고 이를 통해 지식을 결합하고 창출하는 과정에는 정보통신기술뿐만 아니라 사람들 간의 사회적 관계가 개입될 수밖에 없다. 정보통신기술에 엄청난 혁신 잠재력이 있더라도 이 잠재력을 현실로 만들기 위해서는 사회적 관계가 윤활유와 같은 작용을 해야 한다.

이 글은 지식경제 사회의 핵심적 혁신 요소인 지식과 정보가 정보통신기술에 의해 만들어지는 기술적 네트워크에 배태되어 있을 뿐만 아니라, 사회를 구성하는 행위자들 간에 구축된 사회적 관계의 네트워크에도 배태되어 있다는 관점을 채택한다(Granovetter, 1985). 지식과 정보가 이 두 가지 네트워크에 배태되어 있다는 의미에서 이를 '중층적 배태성'이라고 부를 수 있을 것이다. 기술적 네트워크는 분명 혁신의 핵심 조건이다. 정보통신기술을 통해 서로 관련이 있는 지식 및 정보가 결합되면 무수한 혁신이 가능하기 때문이다. 하지만 이는 대체로 과거의 지식이나 제품, 서비스와 크게 차별화되지 않는 연속적·점진적 혁신(incremental innovation)에 해당하는 경우가 많다. 과거의 지식과 질적으로 차별화되면서 새로운 시장과 가치 네트워크를 창출하는 단속적·파괴적 혁신(disruptive innovation)은 기술적 네트워크와 사회적 네트워크의 상호 보완적 결합이 전제되어야 한다(Tushman and Anderson, 1986). 1200대의 컴퓨터가 네트워크로 연결되어 딥러닝이라 불리는 자체학습을 수행하는 알파고도 개발자, 운영자, 투자자들의 광범한 협력적 네트워크와 이 네트워크를 가능하게 하는 사회적 자본이 없었다면 세계의 주목을 끄는 인공지능이 되지는 못했을 것이다.

2. 혁신과 경제발전

경제학의 아버지라고 일컬어지는 애덤 스미스(Adam Smith) 이후 경제학은 국가의 부와, 이를 가능하게 하는 경제 발전에 지대한 관심을 가져왔다. 경제학은 개인이나 개별 기업의 행동을 성공적으로 예측하고 설명할 수 있으며, 개별 기업이 효율적으로 성과와 가치를 창출하는지, 그리고 이를 통해 지역이나 국가 수준의 경제발전이 어떻게 달라지는지 등에 대한 '깔끔한' 이론과 모델을 발전시켜왔다. 하지만 미시적 수준에서 개인과 기업의 성과를 가져오는 경제적 행위가 어떻게 거시적 수준에서 경제발전이라는 집합적 결과로 연결될 수 있는지를 설명하는 데에는 일정한 한계를 보였던 것이 사실이다. 크루그먼(Krugman, 1989)이 고백한 바와 같이, "경제학에서 인간과 인간의 동기를 바라보는 방식은 놀라울 정도로 조잡하다 …… 경제학자들은 실제로 사람들이 어떻게 생각하고 느끼는지에 대해 무관심하다는 점에서 특별히 악명이 높다." 사실 경제학 내에서도 제도, 신뢰 등과 같은 사회적 요소들을 고려해야 한다는 주장이 끊임없이 제기되어왔으며, 이러한 주장은 신고전파 경제학과 함께 유력한 경제학적 관점으로 그 영향력을 지속적으로 확대하고 있다. '제한된 합리성', '지대추구',

'기회주의적 개인' 등과 같이 여전히 전통적 경제학적 관점을 유지하고는 있지만, 개인과 기업의 미시적 행동과 거시적 차원의 경제적 성과를 연결하려는 시도는 적지 않은 성과를 거두었던 것 또한 사실이다.

그 성과 중 가장 흔히 거론되는 것이 혁신일 것이다. 신고전주의 경제학적 틀에서 볼 때 혁신은 신뢰나 제도 등 여타 사회적 변수들과 마찬가지로 외생변수로 여겨진다. 하지만, 슘페터(Schumpeter, 2013)가 개인과 기업 등 미시적 수준의 행위자들이 수행하는 혁신이 경제 발전의 엔진이라고 주장한 이래, 혁신에 대한 경제학자들의 관심은 꾸준히 증가했다. 그 논리의 뼈대는 다음과 같다. 경제 주체들 간의 무한 경쟁은 수익률의 하락을 가져올 수밖에 없다. 이러한 상황에서 기업은 새로운 제품이나 서비스를 개발해 새로운 기회를 창출해야 한다. 또 생산과정 및 기업 운영 과정에서의 혁신은 한정된 자원을 효율적으로 활용할 수 있게 함으로써 기업의 경쟁력을 제고하는 데 기여한다. 따라서 혁신은 개별 기업의 경쟁력을 향상시킬 뿐만 아니라, 경제의 동맥을 확장시킴으로써 경제 발전을 가져오고 사회 전체의 후생 수준을 향상시킬 수 있다는 것이다(Solow, 1957; Aghion and Howitt, 2007; Drucker, 1994). 그런 의미에서 충분한 혁신 잠재력이 있는 경제는 지속적으로 성장할 수 있다.

그렇다면 무엇이 혁신을 가져오는가? 혁신은 단순히 기술적 진보만을 의미하는 것이 아니다. 혁신은 과거의 지식을 통해 새로운 지식을 창출하는 과정이다(Romer, 1990). 따라서 지식은 혁신의 결과물인 동시에 혁신의 원천이라고 할 수 있다.[1] 가치 있는 지식을 획득하고, 이를 새로운 지식으

---

1 지식과 정보의 차이에 대해서는 뒤에서 상세히 다룰 것이다. 혁신에 필요한 것은 단순한 정보가 아니라, 정보에 대한 인간의 해석과 맥락화가 포함된 지식이다.

로 변환시킬 수 있는 기업은 혁신에서 앞서 나갈 수 있다. 이러한 관점에 기초해 그 동안 혁신에 관한 여러 이론들이 제시되어왔다(Landry, Amara and Lamari, 2002).

첫째, 가장 고전적인 혁신 이론은 엔지니어링 이론(engineering theory)이다. 이 이론에 따르면 혁신은 지식과 결합된 인적자본 그리고 지식 생산을 위한 연구개발투자의 함수이다. 기업, 지역, 국가, 경제체계의 혁신 역량은 기술적·물리적·인적·재정적 자본 등에 의해 설명된다는 것이다. 독립된 연구자의 역량과 기술개발을 위한 재정 투자가 중요하기 때문에, 유능한 연구자 및 개발자를 유치해 이들에게 훌륭한 연구 시설을 제공하는 것이 혁신의 지름길이라는 관점이다. 고전적 이론이기는 하지만, 엔지니어링 이론은 요즘에도 여전히 커다란 위력을 발휘한다. 세계 각국이 연구개발에 대한 투자를 지속적으로 확대하고, 연구개발 인력 양성에 힘을 쏟는 것은 바로 이러한 엔지니어링 관점에 근거한 것이다. 연구개발투자와 인적자본의 수준이 경제 단위의 혁신 성과와 긍정적 상관관계를 보인다는 연구 결과들이 이 이론의 강력한 경험적 근거를 제공한다.

둘째, 시장견인 이론(market-pull theory)으로서 시장의 요구가 혁신을 견인한다는 주장이다. 개방적 체계로서 기업은 환경, 특히 고객이 모여 있는 시장과 상호작용한다. 혁신을 위한 핵심적 지식은 시장으로부터 획득된다는 것이다. 아무리 좋은 연구개발 시설을 갖추고, 훌륭한 연구자를 보유하고 있더라도 시장의 신호를 감지하지 못하고 시장의 요구를 충족시키지 못하는 기업은 경쟁력을 상실한다. 따라서 혁신을 위해서는 내부적으로 지식을 창출하는 기술역량뿐만 아니라 시장에 대한 데이터를 분석하고 이를 활용할 수 있는 조직 역량을 갖추고 있어야 한다.

셋째, 가치사슬 이론(chain-like theory)으로서 혁신은 단순한 연구개발투자나 시장에 대한 분석의 결과로 얻어지는 것이 아니라, 조직 내·외부에 형성된 가치사슬에서 지식을 결합하는 과정을 통해 달성될 수 있다는 입장이다. 연구개발에 막대한 자원을 투입하고 시장의 요구를 철저히 분석한다고 해서 곧바로 혁신에 필요한 지식이 창출되는 것은 아니다. 그보다는 엔지니어링, 생산, 연구개발, 마케팅, 판매 등 기업을 구성하는 다양한 기능들 간의 조정과 협력을 통해 시장의 지식과 기초연구 역량을 개선할 뿐만 아니라, 가치사슬의 전후방에 존재하는 공급사와 고객을 연결해 이들의 지식을 흡수할 수 있어야 혁신이 가능하다는 것이다. 이 입장에 따르면 고객과 공급사에 관한 정보가 가장 핵심적인 혁신 자산이다.

비록 맥락은 조금 다르지만 시장견인 이론과 가치사슬 이론은 윌리엄슨(Williamson, 1975)이 제시한 시장과 위계의 이분법과 대체로 일치한다. 시장견인 이론에 따르면, 혁신적인 기업은 시장에 적극적으로 참여해 폭넓은 지식을 획득하고, 지속적인 시장변화에 대응하기 위해 다양한 경제주체들과 원거리(arm's length) 거래 관계를 형성해 혁신에 나선다. 가치사슬 이론에서는 공급사-고객으로 이어지는 공급사슬 혹은 가치사슬의 연쇄를 고려해야 한다는 입장이다. 여느 자산과 마찬가지로 혁신자산도 자산특수적인(asset specificity) 특성이 있기 때문에 가치사슬을 벗어나는 곳에 존재하는 지식은 쓸모가 별로 없으며, 이런 지식에 의존하는 것은 효율적이지 못하다는 것이다. 따라서 혁신을 위해서는 전방-후방 통합과 위계적 형태의 조정이 필수적이라고 할 수 있다.

엔지니어링 이론부터 가치사슬 이론까지를 포괄하는 전통적인 혁신이론은 몇 가지 공통점이 있다. 우선 혁신의 원천인 지식은 누군가의 '소유'이고 혁신을 한다는 것은 배타적으로 소유할 수 있는 지식의 재고(stock)를 증가시키는 것이라고 본다. 내가 소유하지 못하면 다른 경제 주체가 소유하기 때문에, 혁신은 본질적으로 무한한 경쟁만이 존재하는 영역이다. 중소기업이 이루어낸 혁신 성과를 대기업이 가로채는 일이 일어나는 것도 혁신과 지식을 소유권 차원에서 바라보기 때문이다.

두 번째로 발견되는 공통점은 지식을 고정성이 매우 높은 실체로 바라본다는 점이다. 예를 들어 특허는 특허청에 등록되어 있는 고정된 지식이다. 이 관점에 따르면 고정된 지식인 특허를 많이 가지고 있는 기업이 혁신적 기업이다. 인간의 두뇌 속에 있는 지식도 마찬가지로 고정적 실체로 여겨진다. 따라서 그런 지식을 두뇌 속에 많이 축적한 인재가 혁신적 인적자원이며, 이러한 인적자원을 얼마나 많이 끌어들이느냐가 혁신 성과를 좌우한다고 할 수 있다. 마지막으로 전통적인 혁신 이론은 혁신이 대체로 기업이나 발명가와 같은 경제적 행위자 내부에서 발생한다고 본다.

최근에 등장한 혁신 이론은 전통적인 혁신 이론이 가지고 있는 이상의 세 가지 공통점 모두에 의문을 제기한다. 먼저 지식은 배타적 소유권에 귀속되지 않는 유사공공재(quasi-public good)의 성격을 가지고 있으며, 따라서 혁신은 무한 경쟁 게임이 아니라 경쟁과 협력이 공존하는 코아피티션(co-opetition) 게임이다(Yami et al., 2010). 일단 지식이 생산되면 이른바 스필오버 현상이 나타난다(Becker and Dietz, 2004). 논문이나 특허에 기록된 지식은 적절히 인용만 한다면 모든 사람에게 개방된 지식이 된다. 또 전통적 혁신 이론들과는 달리 최근의 혁신 이론은 지식이 명확한 경계를 가진 고정된 실체가 아니라, 그 지식을 활용하는 사람들에 의해서 해석되고, 의도적인 의식 작용에 의해서 끊임없이 구성·재구성되는 유동적 구성물이라고 본다. 후술하겠지만, 그런 의미에서 지식은 객관적 데이터나 정보와는 다르게 다루어져야 한다. 마지막으로 혁신은 분절된 경제 행위자 내부에서 발생하는 경우는 매우 드물고, 사람과 사람, 조직과 조직, 정보와 정보를 연결하는 그물망, 즉 네트워크에서 발생하는 것이 일반적이다. 따라서 혁신의 단위는 개별적인 경제 행위자가 아니라, 행위자들이 연결된 네트워크가 된다. 유사공공재인 지식은 네트워크를 통해 지속적으로 흘러다니면서 행위자들에 의해서 해석되고 재가공된다. 이러한 해석과 재가공 과정에서 상호 보완성과 결합 가능성을 지닌 지식이 발견되면, 이 지식은 혁신을 위한 지식 재료가 된다. 이렇게 볼 때, 연구개발 인프라나 연구개발 인력과 같은 혁신 자산을 얼마나 보유하고 있는지도 중요하지만, 혁신을 촉발할 수 있는 네트워크가 확보되어 있는지, 네트워크로 연결된 다른 사람이나 기업이 어떤 지식을 가지고 있는지, 그 네트워크에서 자신이 어떤 위치를 점하고 있는지, 그리고 네트워크를 통해 흘러 다니는 지식을 효과적으로 해석하고 흡수할 수 있는 역량을 가지고 있는지 등도 그에 못지않게 중요하다고 할 수 있다.

종합적으로 정리하면, 최근의 혁신 이론의 핵심은 네트워크라고 할 수 있다. 지식경제 사회에서 지역이나 국가의 경제 발전이 혁신 역량에 따라 좌우된다는 점을 고려할 때, 지역이나 국가의 경제 행위자들을 연결하는 네트워크가 어떤 모습을 갖추고 있느냐가 경제 발전에 매우 중요한 요소로 등장하고 있다고 보아도 무방하다. 지식경제 사회를 일컫는 다른 이름으로 네트워크 사회, 초연결 사회가 흔히 사용되는 것도 바로 네트워크가 지식경제 사회의 핵심적 구성 요소이기 때문이다.

혁신과 경제발전의 핵심 요소인 네트워크는 일반적으로 두 가지로 분류될 수 있다. 하나는 기술적 네트워크로서 기술이나 기술적 도구들 간의 네트워크를 의미한다. 예를 들어 컴퓨터들 간의 네트워크나 데이터베이스들 간의 연결을 통해 접근 가능한 정보의 양을 무제한으로 늘리고 정보처리 속도를 0에 가깝게 줄이는 것이 이에 해당한다. 네트워크로 연결된 모바일 기기를 통해 실시간으로 의사결정에 이를 수 있도록 하는 것이거나, 인터넷으로 연결된 컴퓨터를 통해 여러 제품 디자이너가 신제품 디자인을 개발하는 것, 또 빅데이터 기술로 빠르게 변화하는 시장 상황에서 새로운 기회를 창출하는 것도 이에 포함될 수 있다. 오늘날 기술적 네트워크는 일반적으로 정보통신기술을 통해 구현된다.

다른 하나는 사람과 사람 사이의 연결을 통해 만들어지는 사회적 네트워크이다. 극단적인 경우를 제외하고는 기업에서 이루어지는 대부분의 일은 작업자들 간의 결합을 필요로 한다. 명령과 보고라는 위계적 관계일 수도 있고, 대등한 위치에 있는 연구자 및 작업자들 간의 수평적 협력관계일 수도 있다. 나아가 기업 간의 거래나 전략적 제휴, 플랫폼이나 가상 공동체 상의 협력도 사람들 간, 혹은 조직들 간의 사회적 관계를 필요로 하기 때문에, 사회적 네트워크의 한 형태라고 볼 수 있다. 사회적 네트워크는 사회적 관계 속에 배태된 자본, 즉 사회적 자본과 밀접한 관계를 갖는다. 이에 대해서는 뒤에서 좀 더 상세히 다룰 것이다.

여기서 핵심적 질문이 제기될 수 있다. 혁신이란 관점에서 볼 때, 기술적 네트워크와 사회적 네트워크는 제로섬의 관계인가, 아니면 포지티브섬의 관계인가? 달리 말하면, 지식경제 사회에서 기술적 네트워크가 혁신의 핵심적 요소가 된다면 사회적 네트워크가 혁신에서 지닌 중요성은 감소할 것인가, 아니면 기술적 네트워크의 중요성이 증가하더라도 여전히 사회적 네트워크가 혁신에 미치는 영향은 그대로 유지되거나 오히려 강화될 것인가? 기술적 네트워크와 사회적 네트워크를 제로섬의 관계로 인식하는 시각은 기술과 사람이 대척점에 놓여 있다는 일반적인 상식에 기초하며, 따라서 상당히 폭넓은 지지를 받는다. 예컨대, 역사적으로 기술의 발전은 사람의 노동을 대체해왔고, 알파고와 같은 인공지능이 보편화되면 사람의 '근육'뿐만 아니라 '두뇌'마저도 할 일을 잃어버릴 것이라는 우려도 넓게 보면 이와 궤를 같이 한다. 사람을 통해서 얻을 수 있는 지식을 이제는 인터넷을 통해 얻을 수 있게 되었으며, 따라서 골방에 혼자 앉아서도 얼마든지 다양한 지식을 획득해 혁신을 일구어낼 수 있다는 것이다.

하지만 상식이 항상 진실과 일치하는 것은 아니다. 이 글에서는 이 두 가지 네트워크가 상호보완적 측면을 가지고 있으며, 지식경제 사회에서 기술적 네트워크가 점점 더 중요해진다고 하더라도 사회적 네트워크가 혁신에 있어서 여전히 중요한 자리를 차지하고 있다는 점을 보이고자 한다. 기업, 지역, 국가의 혁신 역량은 기술적 네트워크의 고도화만으로는 달성될 수 없다. 물론 사회적 네트워크만으로도 충분하지 않은 것 또한 사실이다. 기술적 네트워크와 사회적 네트워크, 혹은 정보통신기술과 사회적 자본이 모두 필요하며, 이 두 가지 네트워크가 상호 보완적으로 결합될 때 혁신이 가능하다는 것이 이 글의 핵심 주장이다. 이를 보이기 위해 기술적 네트워크와 사회적 네트워크 각각이 혁신과 어떻게 관련되는지를 설명하고, 이 둘의 조화로운 공존이 왜 필요한지를 생각해볼 것이다.

3. 기술적 네트워크, 정보통신기술 그리고 혁신

지식경제 사회에서 기술은 경제 시스템을 구성하는 핵심 요소들 중 하나임에 틀림없다. 그러나 많은 학자들은 오늘날 기술이 일종의 '역설'에 놓여 있다고 주장한다. 기술은 기업이 성장하고 지역이나 국가가 발전하는 데 없어서는 안 될 핵심 요소이지만, 과거 산업사회와 비교해볼 때, 기술이 고도로 발전한 오늘날 기업이나 국가의 경쟁력에 미치는 기술의 영향력은 오히려 줄어들었다는 것이다(Best, 1990).

이에 대해서는 두 가지 이유가 제시된다. 첫째는 기술의 편재성과 가용성이 늘어났기 때문이다. 누구나 비교적 손쉽게 기술에 접근할 수 있게 되었고, 기술, 특히 복잡한 고급기술을 구매하는 데 들어가는 비용도 현저하게 감소했다(Eskelinen et al., 1998). 따라서 기술은 더 이상 경쟁자와 자신을 구분하는 핵심 요소가 되지 못한다는 것이다. 심지어 일반인들도 공개된 소스코드를 통해 앱을 개발해 스마트폰에 탑재할 수 있는 세상이 되었다.

두 번째 이유는 혁신 과정이 매우 복잡해졌으며, 혁신에 필요한 지식의 범위와 종류가 크게 확장되었다는 것이다. 산업사회의 대량생산체제에서는 기계의 생산 효율성을 높이는 것이 가장 중요한 혁신의 방향이었다. 이러한 상황에서 혁신은 주로 기계에 정통한 엔지니어의 몫이었고, 혁신이 일어나는 장소는 주로 기업이나 대학의 실험실이었다. 오늘날 새로운 기술을 사용하는 것만으로는 성공적 혁신을 이루기 어렵다. 애플의 아이폰에서 극명하게 드러나듯이, 오늘날의 고객은 기술 그 자체뿐만 아니라 생활양식, 패션, 트렌드, 감성, 가치 등 다양한 요소를 고려해 제품과 서비스를 선택한다. 기업이 최고의 기술을 가지고 있더라도 고객의 선호나 시장에 대한 지식을 획득하지 못하거나 활용하지 못한다면 성공적인 혁신을 달성하기 어렵게 된 것이다(Rutten and Boekema, 2007). 따라서 오늘날의 혁신은 단순히 기술적 효율성을 높이는 것이 아니라, 다양한 지식을 결합하는 과정이며, '실천에 의한 학습', '활용에 의한 학습', '공유에 의한 학습'을 포함하는 지속적인 학습의 과정이라고 할 수 있다(Landry, Amara and Lamari, 2002).

이런 의미에서 지식경제 사회에서는 기술 그 자체가 아니라, 기술과 기술, 지식과 지식, 기술과 지식을 이어주는 기술적 네트워크가 경쟁력의 원천이 된다. 그리고 이러한 기술적 네트워크를 가능하게 하는 것이 바로 정보통신기술이다. 정보통신기술을 통해 다양한 지식과 정보가 결합하면서 혁신의 속도가 엄청나게 빨라졌고, 그에 따라 정보통신기술에 대한 투자가 곧 기업, 국가를 비롯한 경제 주체들의 경제적 성과를 결정하는 시대가 되었다는 주장이다.

여러 연구에 따르면 정보통신기술은 혁신과 경제발전에 매우 커다란 영향을 준다. 예로, 정보통신기술 분야의 자본 축적은 전 세계적으로 경제성장률을 대략 1% 가량 끌어 올리는 것으로 추정된다. 정보통신기술은 정보처리 역량, 메모리 용량, 정보전달 역량, 센서링 역량을 폭발적으로 증가시킨다. 일례로 정보처리 역량은 지난 세기 동안 1조 배 이상 증가했고, 계산 역량은 매년 대략 50% 이상씩 증가하고 있다(Zysman and Breznitz, 2012). 기업은 컴퓨터 수치제어(CNC: Computerized Numerical Control), 시설물종합관리시스템(FMS: Facility Management System), 전사적자원관리(ERP: Enterprise Resource Planning), 공급사슬관리(SCM: Supply Chain Management), 고객관계관리(CRM: Customer Relation Management) 등 정보통신기술이 내장된 기계나 기술을 통해 생산과정, 경영 과정을 고도로 효율화한다. 생산이나 서비스 전달 과정에 들어가는 각종 비용을 줄이고, 내부 효율성을 개선해 생산성을 향상시킬 수 있다. 작업이 이루어지는 과정을 단순화하고, 재고에 필요한 공간을 절약하며, 생산시설을 효율적으로 활용할 수 있기 때문에 자본 수요도 감소한다. 커뮤니케이션 과정을 효율화해 조정 비용을 줄이고, 보다 정확하고 객관적인 자료에 기반을 둔 의사결정을 내릴 수도 있다. 또 제품과 서비스 품질을 개선하고 혁신 성과를 창출함으로써 시장을 확대할 수 있다(Cardona, Kretschmer and Strobel, 2013).

정보통신기술의 효과는 기업 내부의 효율성을 향상시키는 데 머물지 않고 경제 시스템 자체의 재구조화를 가능하게 한다. 여기에는 계산 능력이나 정보처리 능력과 같은 기술적 우월성 이외에도, 다른 형태의 기술과는 다른 정보통신기술만의 독특한 특성이 자리 잡고 있다. 우선 정보통신기술은 어느 국가, 어느 산업, 어느 조직, 어떤 직무에도 적용될 수 있는 범용기술이다(Stiroh, 2002). 하지만 정보통신기술은 단순한 범용기술이 아니다. 이 기술을 사용하는 경제적 단위들을 서로 엮어주는 네트워크 기술이기도 하다. 즉, 개별 기업 단위로 생산 및 운영 효율성을 제고하고 제품 혁신이나 과정 혁신을 이루기만 하는 것이 아니라, 기업과 기업, 개인과 개인을 이어주는 네트워크 기술이라는 것이다. 정보통신기술은 메인프레임, PC, 인터넷, 클라우드 등을 통해 다양한 기술 플랫폼을 창출하고, 혁신 생태계를 조성하는 기술적 기반이라고 할 수 있다. 수직적이고 위계적인 공급사슬은 정보통신기술을 통해 수평적이고 협력적인 공급 네트워크로 빠르게 변화하고 있다. 단순한 가치사슬과는 다른 형태의 다양한 가치 네트워크가 등장하면서 혁신의 범위가 훨씬 넓어지고 그 깊이는 훨씬 깊어지고 있다. 비즈니스가 이루어지는 방식 자체가 완전히 변화되었으며, 시장이 기능하는 방식, 기업이 협력하는 방식, 혁신이 이루어지는 방식이 과거와는 판이하게 달라졌다(Powell and Snellman, 2004).

이렇듯 정보통신기술은 경제 주체들의 혁신 성과에 지대한 영향을 미친다. 〈그림 3-1〉은 'The Global Innovation Index 2015'의 자료를 활용해 ICT 활용이 각 국가의 혁신 성과와 어떠한 관계에 있는지를 살펴본 것이다. 전체적으로 ICT 활용은 다양한 측면에서 혁신과 밀접한 관계를 가지고 있는 것으로 나타났다. 이 그림에 활용된 모든 변수는 0 ~ 100점까지의 표준화 점수로 변환된 것이다. 먼저 위쪽 왼편에 있는 그림은 ICT 활용도와 특허 신청 점수 간의 관계를 보여주고 있다. ICT 활용도가 높은 나라들

〈그림 3-1〉 ICT 활용에 따른 혁신 성과

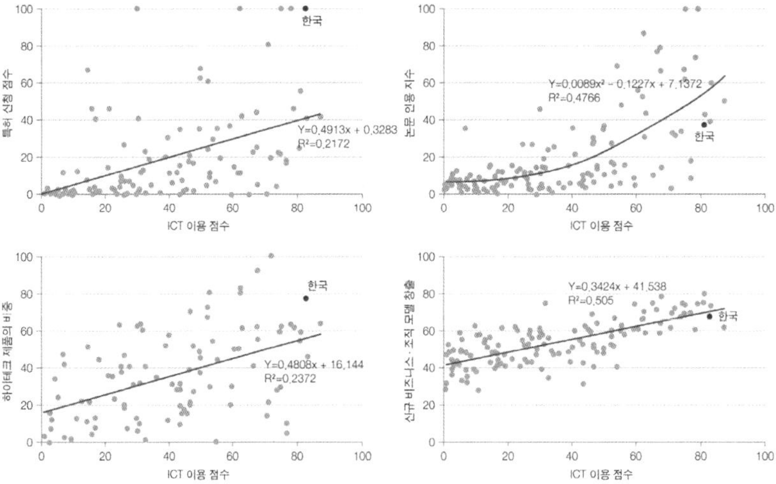

자료: 「The Global Innovation Index」(2015).

은 대체로 특허 신청 건수가 많은 것으로 나타났다. 한국의 경우 ICT 활용 점수는 덴마크, 스웨덴에 이어 세 번째로 높은 국가로, 또 특허 신청 건수는 100점 만점으로 세계에서 가장 높은 국가로 조사되었다. 위쪽 오른편의 그림은 논문 인용 지수가 ICT 활용도와 어떤 관계에 있는지를 보여준다.[2] 혁신의 질을 나타내는 논문 인용 지수도 ICT 활용도와 긍정적인 관계를 보이고 있다. 특히 ICT 활용도가 증가할수록 논문 인용 지수는 지수적으로 증가하는 모습을 보인다는 점을 주목해볼 필요가 있다. ICT 활용도가 증가할수록 우수한 혁신 성과가 폭발적으로 증가한다는 것을 의미하기

2 흔히 특허 신청 및 출원은 혁신의 양을, 특허나 논문 인용 지수는 혁신의 질을 평가하는 데 활용된다. 한국은 특허 신청 건수에서는 전 세계 최고 수준이지만, 논문 인용 지수는 19위로 나타났다. 혁신의 양에 비해 영양가 있는 혁신은 크게 모자란다는 의미로 해석될 수 있다.

때문이다.

아래쪽 왼편에 위치한 그림은 전체 제조업 생산품 중 하이테크 관련 제품의 비중에 관한 것이다. 역시 ICT 활용도가 증가할수록 하이테크 관련 제품의 비중도 증가하는 것을 알 수 있다. 마지막으로 아래쪽 오른편 그림은 ICT가 새로운 비즈니스 혹은 조직 모델 창출에 기여하는지를 보여주는 것이다. 역시 ICT 활용도와 신규 비즈니스·조직 모델 창출은 정의 관계를 가지고 있는 것으로 나타났다.[3] 이러한 분석에서도 나타나듯이 ICT 활용도는 각종 혁신 성과와 밀접한 관련을 가지고 있다. 한국의 경우에 특히 주목해야 할 것은 혁신의 양이라는 측면에서는 매우 뛰어나지만, 혁신의 질 측면과 조직 및 비즈니스 혁신 측면에서는 ICT 활용도에 비해 그 성과가 다소 떨어진다는 점이다. 이에 대해서는 뒤에서 다시 논의할 것이다.

그렇다면 범용적 네트워크 기술로서 정보통신기술이 엄청난 혁신 잠재력을 갖는 이유는 무엇일까? 다음과 같이 크게 세 가지로 나누어 생각해볼 수 있다. 첫째, 정보통신기술은 시공간적 제약에 구애받지 않고 협력의 단위와 범위를 대폭 확대해 새로운 지식을 창조하는 데 기여한다. 결합을 통한 혁신의 가능성은 있으나 존재조차 알지 못해 접근하지 못했던 지식을 적은 비용과 짧은 시간에 획득하는 것이 가능해졌고, 이를 통해 새로운 실험을 시도할 수 있는 가능성이 대폭 확대되었다. 정보통신기술을 활용하는 기업은 우선 기업 내부의 혁신 창출 과정을 촉진한다. 서로 다른 부서

---

3 한국의 경우는 신규 비즈니스 및 조직 모델 창출 면에서 전 세계 국가 중 19위를 차지했다. 기술적 혁신이 가치 창출로 이어지기 위해서는 혁신적 비즈니스 모델과 조직 모델이 필요하다는 것이 일반적인 주장이다. 한국은 특허 출원과 같은 기술적 혁신은 세계적 수준이지만, 이런 혁신 성과를 시장 경쟁력 확대로 연결하는 데에는 부족한 점이 적지 않다고 볼 수 있다.

에 속한 조직 구성원들로 하여금 지식을 교환하고 신속한 의사소통을 할 수 있도록 지원한다. CAD나 CAM과 같은 정보통신기술 도구를 활용해 신제품을 설계하고 유연한 생산시스템을 구축할 수도 있다. 또 외부의 혁신 파트너들, 특히 대학, 연구개발 파트너, 다른 기업, 고객, 공급자와의 지식 교환도 훨씬 용이해진다. 또한 커뮤니케이션 기술은 지리적 경계를 거의 무의미한 것으로 만든다. 데이터베이스 기술, 메모리 기술 덕분에 수십 년간 누적되어온 정보와 지식을 찾기 쉽게 재배열하고 그중에서 유용한 정보를 끄집어내어 새로운 지식과 결합하는 것이 훨씬 손쉬워졌다. 이러한 변화는 지식의 결합 가능성을 대폭 확대시켰다.

둘째는 스필오버 효과이다. 네트워크를 통해 엄청난 양의 정보가 유통되고 있으며, 커뮤니케이션 기술의 발달로 인해 정보에 대한 접근 가능성은 증가하고 정보 획득 비용은 크게 감소했다. 이에 따라 지식과 정보에 대한 소유권 개념은 점차로 약화되고 있는 반면, 지식의 공공재적 성격은 점점 강화되고 있다. 정보통신기술 사용자 수가 증가하면 이들이 생산하는 정보나 지식은 그 수에 비례해 증가하게 된다. 하지만 네트워크 전체로 보았을 때 정보의 가용성은 기하급수적으로 증가한다. 왜냐하면 생산된 정보는 네트워크상에서 직·간접적으로 연결된 행위자들로 급속히 확산될 수 있기 때문이다. 따라서 정보통신기술 사용자 한 사람이 늘어나게 되면, 이 사용자와 직접적으로 연결된 사용자뿐만 아니라, 몇 다리 걸쳐 간접적으로 연결되어 있는 다른 사용자에게도 유의미한 영향을 줄 수 있다. 이러한 스필오버 효과는 곧 지식을 매개로 한 협력의 가능성을 증가시킨다. 의도적이고 합목적적인 협력도 증가하겠지만, 생태학적 의미의 협력 혹은 공생적 협력도 셀 수 없이 많이 일어날 수 있다(Hannan and Freeman, 1989). 혁신이 지식의 결합을 통해서 생성되는 것이라고 할 때, 정보통신기술은 가용한 정보의 양을 획기적으로 증가시키고, 의미 있는 정보를 추출해내도록 함으로써 혁신의 잠재력을 폭발적으로 향상시켰다고 할 수 있다.

셋째, 범용적 네트워크 기술로서 정보통신기술은 산업과 산업, 부문과 부문, 제품과 제품 등 서로 다른 지식 영역을 연결하는 교량(bridge) 역할을 한다는 점이다. 호환성이 높은 범용기술로서 정보통신기술은 어느 산업, 어느 부문에서나 활용될 수 있다. 네트워크 기술로서 정보통신기술은 산업과 부문을 연결한다. 산업 간 투입-산출 현황을 보고하는 산업연관표를 분석한 연구들에 따르면, 정보통신산업은 다양한 산업들 간의 구조적 공백(structural hole)을 메우는 역할을 하는 것으로 나타난다(Garcia-Muniz and Vicente, 2015). 다시 말해서, 직접적으로 관련이 없는 산업들을 연결하는 교량 역할을 한다는 것이다. 이는 두 가지 의미를 지닌다. 그 하나는 다른 산업에 미치는 파급력이 높은 대신, 다른 산업에 의한 제약이 적기 때문에 탄력성이 매우 높다는 점이다. 실제로 2000년대 후반 전 세계적인 경제위기에도 불구하고 그 충격을 가장 적게 받은 산업 중 하나가 바로 정보통신산업이었다. 이 시기에도 정보통신산업은 지속적인 성장을 거듭했다(Garcia-Muniz and Vicente, 2015).

이 글의 논의와 관련해 특히 눈여겨볼 것은 두 번째 측면이다. 네트워크 연구자인 버트(Burt, 1992: 19)에 따르면, 구조적 공백을 메우는 교량 역할을 하는 행위자는 "이질적인(non-redundant) 정보를 획득하고 주변의 행위자들에게 영향력을 행사"할 수 있다. 서로 직접적으로 연결되어 있지 않는 행위자들로부터 서로 다른 정보를 획득할 수 있기 때문에 보유하고 있는 정보의 양과 질이 뛰어나고, 이러한 정보를 지렛대 삼아 이들에게 영향력을 행사할 수 있다는 것이다. 혁신이 지식의 결합을 통해 만들어진다고 할 때, 지식의 거리가 멀수록 그 혁신은 더욱 창조적이다. 동종 산업에서 통용되는 지식을 활용한 혁신보다 이질적인 산업에서 사용되는 서로 다른 지식을 결합한 혁신이 더 새롭고 더 극적이다(Edquist, 1997). 서로 다른 산업 간의 교량 역할을 하는 정보통신산업은 이질적인 지식을 결합하고, 신선한 정보를 서로에게 전파함으로써 전 산업에 걸쳐 창조적 혁신을 촉진할 수 있다.

이런 논의를 종합해볼 때, 정보통신기술에 기반을 둔 기술적 네트워크는 지식의 공유와 지식의 결합을 가능하게 함으로써 지식경제 사회에 풍부한 혁신 잠재력을 만들어내고 있다. 하지만, 정보통신기술이 혁신과 경쟁력을 위한 만병통치약이 될 수 있을 것인가에 대해서 의문을 제기하는 학자들도 적지 않다. 앞서 지적한 바와 같이 정보통신기술에 대한 접근성은 지속적으로 상승하고 있다. 어느 기업, 어느 누구라도 비교적 싼 가격에 정보통신기술에 접근할 수 있고, 정보통신기술을 통해 가치 있는 정보와 유용한 지식을 손쉽게 획득할 수 있다. 조직 경쟁력의 원천을 연구하는 자원기반 이론가들에 따르면, 기업의 경쟁력은 다른 기업이 모방할 수 없는 차별화된 역량에 기초한다(Barney, 1991; Peteraf, 1993). 정보통신기술의 편재성(ubiquity)을 고려할 때, 정보통신기술을 도입하고 활용하는 것만으로는 경쟁력을 확보하기 어렵다는 뜻이다. 실제로 경험적 연구에 따르면 정보통신기술 투자에 따른 수익은 최근 몇 년간 지속적으로 감소하고 있다(Cardona, Kretschmer and Strobel, 2013). 더 이상 정보통신기술만으로는 기업, 지역, 국가의 경쟁력을 확보하는 것이 어려워지고 있다는 것이다. 또 다른 연구들은 정보통신기술의 확대가 혁신 성과에 단선적인 영향을 미치지 않는다는 것을 보여주었다. 대신에 조직적·사회적·국가적 맥락에 따라서 정보통신기술이 혁신에 미치는 영향이 달라진다. 예를 들어, 사회적 개방성의 정도에 따라 정보통신기술의 활용도와 혁신 성과 간 관계의 양상이 달라질 수 있다(Pick and Nishida, 2015). 시민적 자유와 정치적 권리, 사법부의 독립과 같은 제도적·규범적 분위기가 형성되어 있지 않다면, 정보의 자유로운 교환과 활용이 억제될 수 있다는 것이다. 이런 문제 제기에 기초해 다음 절에서는 사회적 관계의 네트워크 그리고 그 속에 배태되어 있는 사회적 자본이 지식경제 사회에서의 혁신에 어떠한 영향을 미치는지 살펴본다.

4. 사회적 네트워크, 사회적 자본 그리고 혁신

지식을 획득하고 교환하고 생산하고 유통하는 과정 그리고 이를 기반으로 하여 혁신이 일어나는 과정에는 기술적 네트워크가 중요한 역할을 한다. 하지만 기술적 네트워크가 혁신 잠재력을 폭발적으로 향상시켰다고 하더라도, 이것만으로 혁신의 잠재력이 현실화되기는 쉽지 않다. 그 이유는 무엇보다 혁신이 일어나는 데에는 기술적 과정과 함께 사회적 과정이 개입되기 때문이다.

먼저 논의를 진전시키기 전에 정보와 지식을 구분하고 지식이 가지고 있는 특성을 이해하는 작업이 선행되어야 한다. 앞서 기술적 네트워크를 논의하는 과정에서는 이 두 가지 개념을 명확히 구분하지는 않았다. 하지만 왜 혁신에서 사회적 과정이 중요한지를 논하려면 이들을 구분해보는 것이 매우 유용하다. 먼저 정보는 상징적 수단(글이나 숫자)을 통해 기록된 데이터를 가리킨다. 이에 반해 지식은 맥락에 대한 이해, 경험이나 직관, 반성과 해석이 결합된 정보를 가리킨다. 예를 들어, 평균이나 분산과 같은 통계적 수치들, 한 국가의 GDP나 인터넷 사용자 수와 같은 자료는 정보이다. 그러한 수치에 통계적·맥락적·이론적 해석이 곁들여지면 이는 지식이 된다. 따라서 모든 지식은 정보에 기초해 있지만, 모든 정보가 다 지식이 되는 것은 아니다.

그렇다면 지식은 어떤 특성을 가지고 있는가? 룬드벌과 존슨(Lundvall and Johnson, 1994)에 따르면 혁신에 필요한 지식은 크게 네 가지 요소, 즉 무엇(know-what), 왜(know-why), 누구(know-who), 어떻게(know-how)로 구성되어 있다. 여기서 '무엇'은 말 그대로 사실 혹은 객관적인 형태로 존재하는 정보를 가리킨다. 가령 사과가 떨어졌다는 것은 정보 그 자체이다. '왜'는 자연현상과 사회현상의 인과관계에 대한 (과학적) 지식을 가리킨다. 사과가 떨어진 것은 중력이 작용했기 때문이라고 해석한다면 이는 '왜'와 관련된 지식이 된다. '누구'는 누가 특정한 정보를 가지고 있으며, 이를 활용할 수 있는지를 아는 것이다. 중력의 작용에 대해서 잘 설명해줄 수 있는 사람이 누구인지를 아는 것이 여기에 해당한다. 마지막으로 '어떻게'는 특정한 현상을 어떻게 활용할 수 있으며, 효과적으로 활용하는 방법은 무엇인지에 관한 것이다. 어떤 기계를 설계하는 데 중력의 원리를 어떻게 활용하면 좋을지를 아는 것이 그 한 예이다. '무엇'은 객관적인 현상에 대한 기술이므로 이는 정보와 일치할 수 있다. '왜'도 만약 잘 검증된 원리에 기초해 있다면 정보가 될 수도 있다. 하지만 '누가'와 '어떻게'는 인간의 해석과 경험, 맥락에 대한 이해 등이 들어가기 때문에 쉽게 코드화되거나 기록되기 쉽지 않다. 이러한 요소가 차지하는 비중이 커질수록 해당 지식은 암묵지에 가까워지고 쉽게 전이되지 않는 특성을 띠게 된다. 따라서 암묵지를 습득하고 활용하기 위해서는 인간의 적극적 개입이 필수적이라고 할 수 있다.

이렇게 볼 때, 정보통신기술에 기초를 둔 기술적 네트워크가 스필오버와 외재성을 창출하고, 혁신 잠재력을 극적으로 높인다고 하더라도, 혁신이 현실화되기 위해서는 인간적·사회적 요소가 반드시 필요하다고 할 수 있다. 여기에는 인간의 창조성이나 숙련, 경험도 포함되지만 그것들에만 국한되는 것은 아니다. 혁신이 지식의 결합을 통해 나타난다는 점을 감안하면, 오히려 중요한 것은 사회적 관계 그리고 사회적 관계가 그물망처럼 얽혀 만들어지는 사회적 네트워크이다. 정보통신기술을 통해 지식이 전이될 때에는 지식 전달자의 해석과 의미 부여가 함께 전달되고 지식 수용자가 해석된 지식에 새로운 해석을 덧붙이게 된다. 따라서 지식 전달자와 지식 수용자 간 관계의 질이 해당 지식을 의미 있는 지식으로 만들 수도 있고, 전혀 무의미한 지식이나 왜곡된 지식으로 만들 수도 있다. 예컨대 의미를 공유하고 협조적 신뢰 관계를 유지하는 사람들 사이에서는 지식 전달과 지식 결합이 보다 쉽게 일어날 수 있는 반면, 갈등관계에 놓여 있거나 이기적 경쟁에 몰두하는 사람들 사이에서는 아무리 좋은 정보나 지식도 왜곡되거나 버려질 가능성이 높다.

기술적 네트워크가 정보통신기술과 깊은 관련이 있다면, 사회적 네트워크와 관련해서 주목해야 할 것은 사회적 자본이다. 정보통신기술이 시간적·공간적 제약을 극복하고 단위당 정보처리의 양을 대폭 확대함으로써 정보 전달의 효율성을 높인다면, 사회적 자본은 사람들 간의 사회적 거리를 좁히고 관계의 질을 개선함으로서 정보 전달의 효과성을 제고한다.

사회적 자본이라는 개념은 제이컵스(Jacobs, 1965)의 지역사회 공동체 연구에서 비롯되었다. 그는 강하고 횡단적인 사회적 관계가 시간이 지남에 따라 발전되어 지역사회 내에서 공고한 신뢰관계가 형성된다는 것을 발견하고 이러한 신뢰관계를 사회적 자본이라고 불렀다. 하지만 사회적 자본의 개념적 단초는 사회학의 탄생과 궤를 같이한다. 사회학의 기초를 놓은 뒤르켐(Durkheim, 1997: 140)은 “다른 사람과의 정기적인 접촉은 언제나 집단 전체에 대한 어떤 감정을 만들어내고 일체감을 형성하게 만든다 …… 개인을 넘어서는 무언가에 대한 일체감은 곧 도덕적 행위의 원천이 된다”고 주장하면서 사회적 관계가 도덕성이나 공공성의 기초가 된다는 관점을 지적했다.

사회적 자본에 관한 최근의 논의는 그 분석 단위가 개인, 집단, 기업, 공동체, 지역, 국가 등 다양하지만, 대체로 사회적 자본이 경제적 성과에 어떤 영향을 주는지에 초점을 두고 있다. 그럼에도 불구하고 사회적 자본이 어떻게 경제적 성과와 관련되는지에 대해서는 연구자마다 조금씩 다른 관점을 견지한다. 이런 차이의 근본적인 원인은 사회적 자본에서 ‘사회적’에 방점을 찍느냐 아니면 ‘자본’에 방점을 찍느냐에 있는 것으로 보인다.

먼저 ‘자본’에 방점을 찍는 관점에서는 사회적 자본을 (네트워크 이론에서는 흔히 노드라고 표현되는) 행위자가 전용할 수 있는 사적인 자원, 즉 사유재로 바라본다. 합리적 선택이론의 관점을 수용하는 이러한 시각에서는 사회적 관계에 대한 투자는 시장에서의 기대 수익과 밀접하게 관련이 된다(Lin, 2001; Coleman, 1990; Burt, 1992). 인간은 기본적으로 모두 자신의 이익을 추구하며, 사회적 교환관계에서도 결국은 자신의 이익을 최적화하기 위한 선택을 한다는 것이다. 예를 들어, “사회 구조 속에 배태되어 있으며 목적 지향적인 행위를 할 때 접근할 수 있고 동원할 수 있는 자원”을 사회적 자본이라고 부른 린(Lin, 2001: 29)의 정의는 이러한 시각을 잘 드러낸다. 이와 비슷한 맥락에서 포르테스(Portes, 1998: 7)는 “경제적 자본이 사람들의 은행계좌 속에 있고, 인적자본이 사람들의 머릿속에 존재한다면, 사회적 자본은 관계의 구조 속에 내재해” 있는 자원으로서 “사회적 네트워크를 비롯하여 사회 구조 속에 참여함으로써 이득을 확보할 수 있는 개인의 역량"이라고 보았다. 경제적 자본이나 인적 자본처럼 사회적 자본도 개인의 필요에 따라 꺼내 쓸 수 있는 자원이라는 것이다. 부르디외(Bourdieu, 1985)의 정의는 보다 명시적으로 자원 관점을 지지한다. 그는 사회적 자본이 "제도화된 상호 관계의 지속적 네트워크에 접근하고 소유할 수 있는 특수한 형태의 실제적, 잠재적 자원"이라고 보았다.

사회적 자본을 자원이라고 보는 관점은 정교한 모형화를 가능하게 하고, 경제학이나 기타 행동과학 분야에서 축적된 이론적 지식을 활용해 연구의 지평을 확대할 수 있다는 장점이 있다. 하지만 한계도 있다. 최초에 관계가 형성되는 과정에 대한 적절한 답을 내놓지 못한다는 점이다. 합리적 선택 이론에 따르면 관계를 형성한다는 것은 행위자에게 매우 커다란 부담을 동반한다. 인간이 기본적으로 자기 이익에 충실하다면, 자신뿐만 아니라 상대편도 언제나 기회주의적 행동을 할 가능성이 존재한다. 아무런 관계도 없는 상태, 따라서 상대편에 대한 정보가 부족한 정보 비대칭 상태에서 상대편의 기회주의적 행동 가능성 혹은 협조의 가능성을 어떻게 합리적으로 판단할 수 있을까? 사회적 자본에서 '자본'에 방점을 찍는 관점은 이러한 딜레마를 해결하지 못한다.

한편 '사회적'에 방점을 찍는 관점은 사회적 자본이 신뢰와 호혜성의 규범이며, 따라서 사유재가 아니라 공공재라는 점을 강조한다. 이 입장에 따르면 합리적 선택 이론의 관점은 '과소 사회화된' 인간을 가정하지만, 이는 현실적인 근거를 전혀 가지고 있지 않다. "행위자는 사회적 맥락을 벗어나 행동하거나 의사결정을 하지 않는다 …… 이들이 수행하는 의도적 행위는 지속적인 사회적 관계의 시스템 내에 배태되어 있다"(Granovetter, 1985). 퍼트남(Putnam, 2000: 19)은 이러한 입장을 대변하는 대표적인 학자이다. 지역, 국가 등 주로 집합체적 단위에서 사회적 자본을 연구한 그는 사회적 자본을 "신뢰, 규범, 네트워크 등과 같이 구성원의 행동을 조정함으로써 사회 전체의 효율성을 향상시킬 수 있는 사회 조직의 특성"이라고 정의했다. 이와 유사하게 후쿠야마(Fukuyama, 1995)는 사회적 자본을 "둘 이상의 사람 사이에 협력을 촉진하는 비공식적 규범"이라고 정의했으며, 울콕(Woolcock, 1998)은 "사회적 네트워크에 내재해 있는 정보, 신뢰, 호혜성의 규범"이라고 정의했다. 조금씩 정의는 다르지만, 이들이 강조하는 것은 사회적 자본이 사회, 집단 혹은 네트워크 단위에서 긍정적 외재성을 창출하는 공공재라는 점이다.

합리적 선택 관점에 비해 이 관점은 사회적 관계의 그물망이 어떻게 형성될 수 있는지를 설명하는 데 유용하다. 즉, 신뢰와 호혜성의 규범은 다양한 형태의 사회적 관계를 촉진하는 핵심적인 기제라는 것이다. 한 사회 체계 혹은 네트워크 내에서 동일한 규범을 공유하고 있다는 믿음이 있기 때문에 전혀 알지 못하는 사람에 대해서도 기본적인 신뢰성(trustworthiness)을 갖게 된다. 이러한 신뢰는 구성원들 사이의 광범한 협력을 촉진하여 사회 전체의 경제적 성과를 가져오는 데 중요한 역할을 한다(Woolcock, 1998). 예컨대, 몬드라곤이나 이태리 북부지역에 대한 고전적 연구들에 따르면, 공공재로서의 사회적 자본이 이 지역의 경제 발전에 핵심적 요인이었다(Putnam, 1994). 그럼에도 불구하고 이 시각은 사회적 자본을 특정 지역이나 사회 체계, 혹은 네트워크에 주어진 것이며 그 효과는 사회 구성원들 사이에 골고루 분배된다고 파악함으로써, 개별 행위자의 사회적 자본 활용의 변이를 제대로 설명하지 못하는 한계를 가지고 있다.

이상의 두 시각은 사회적 자본이 경제적 성과라는 측면에서 매우 중요한 요인임을 지적하고는 있지만, 하나는 사회적 자본을 사유재로, 다른 하나는 공공재로 전제하고 있다는 점에서 커다란 차이가 있다. 사회적 자본은 네트워크에 배태되어 있다는 측면에서 개별 행위자가 온전히 소유하고 있는 사유재는 분명 아니다. 개별 행위자가 접근할 수 있는 사회적 자본의 양이 서로 다르고, 인센티브 구조에 따라서 접근 여부나 정도가 달라지기 때문에 순순한 의미의 공공재도 아니다. 그런 의미에서 우리는 사회적 자본을 '의사-공공재'(pseudo-public good)로 부를 수 있을 것이다.

다른 유형의 자본과는 달리 사회적 자본은 과도한 사용이 아니라 과소한 사용에 의해서 고갈된다는 독특한 특성을 가지고 있다. 반대로 많이 사용하면 할수록 더 많이 축적되는 것이 바로 사회적 자본이다. 이렇게 볼 때, 사회적 자본의 축적을 위해서는 사회적 자본에 접근해 이를 사용하게 하는 인센티브가 있어야 한다(Cainelli, Mancinelli and Mazzanti, 2007). 그리고 그렇게 축적되어야 다른 행위자에 의해 또 다시 활용될 수 있다. 다시 말하면 사회적 자본은 사적인 이익을 추구하기 위해 의도적으로 협력하고 지식을 공유할 때 생산될 수 있으며, 이러한 사적이고 자발적인 협력에 대한 투자에 의해서 지속적으로 축적된다. 그리고 이렇게 생산된 사회적 자본은 네트워크 내에 배태되면서 공공재적 성격을 갖는 자원이 되고, 다른 행위자에 의해서 다시 활용될 수 있다는 것이다.

사회적 자본을 의사-공공재로 보는 새로운 관점은 지식경제 사회에서 사회적 자본이 혁신과 경제적 성과에 미치는 영향을 살펴보는 데 매우 유용한 시각을 제공한다. 주지하는 바와 같이 혁신이 일어나려면 다양한 행위자들이 협력해 지식을 공유하고 결합해야 한다. 이때 행위자들은 상대방과 협력하고 지식을 교환할 것인지를 결정해야 하는데, 이러한 결정은 다음과 같은 두 가지를 전제로 한다. 첫째, 상대방과 협력하고 지식을 교환하는 것이 경제적 이득을 가져다 줄 것인가 하는 점이다. 상대방이 가지고 있는 지식이 내가 가지고 있는 지식과 비교할 때 적어도 등가의 가치가 있어야 하고, 지식 교환의 기대 수익이 사회적 자본에 대한 투자에 비해 높아야 한다는 것이다. 둘째, 상대방을 신뢰할 수 있는가 하는 문제이다. 상대방이 다른 행위자와 맺었던 과거의 협력 관계에서 좋은 평판을 가지고 있다면 신뢰성은 상당 부분 해소될 수 있다. 또 그러한 신뢰성이 네트워크 속에 광범하게 축적되면 신뢰와 호혜성의 규범이 네트워크에 강하게 뿌리내리게 된다. 이때에는 상대방의 신뢰성을 검증하기 위해 상대방의 평판을 일일이 검증하는 수고는 크게 감소한다. 이렇게 볼 때 경제적 유인이 있더라도 신뢰가 전제되지 않는다면 혁신을 위한 협력이 발생할 가능성은 상당히 줄어들고, 협력이 발생하더라도 기회주의적 행태가 혁신의 성공을 무력화시킬 수 있다. 반대로 신뢰의 네트워크가 있지만 경제적 유인이 없는 경우에도 혁신 발생 가능성과 성공 가능성은 크게 감소한다.

이러한 시각에 입각해 의사-공공재로서의 사회적 자본이 혁신과 경제 발전에 어떠한 역할을 하는지 보다 구체적으로 살펴보자. 첫째, 사회적 자본은 혁신에 대한 투자 위험을 감소시킨다. 한편으로 기업은 혁신에 대한 투자를 전적으로 내부화하고 그에 따른 결과를 전취하는 전략을 취할 수 있다. 이와 달리, 기업은 의도적이든 의도적이지 않던 간에 외부와의 협력을 통해 혁신하고, 혁신에 대한 투자로부터 획득하는 기술, 지식, 역량을 부분적으로만 소유할 수도 있다. 예를 들어 기업은 다른 기업과 공동으로 기술개발을 수행하거나, 외부의 지식과 내부 지식을 결합함으로써 혁신 결과를 창출한다. 이렇게 얻어진 지식이나 기술은 기업의 제품, 서비스, 과정을 개선하는 데에도 쓰이지만, 동시에 이 지식이나 기술은 파트너에 전이되거나, 특허, 논문, 입소문 등을 통해 공적인 성격을 갖는 지식과 기술이 된다. 따라서 혁신에 대한 투자의 일부는 투자 기업의 혁신 역량에 대한 투자가 되지만, 다른 일부는 공적인 투자라고 할 수 있다(Cainelli,

Mancinelli and Mazzanti, 2007). 그렇기 때문에 사회적 자본이 충분히 존재하지 않는다면, 기업은 혁신 투자를 내부화하고 그 결과를 독식하려는 경향을 갖게 될 가능성이 높다. 반대로 사회적 관계의 네트워크 속에 신뢰와 호혜성에 기반을 둔 사회적 자본이 충분히 축적되어 있다면, 협력적 혁신에 대한 유인이 높아질 것이라고 생각할 수 있다. 따라서 혁신 투자에 대한 의사결정은 경제적 유인에 의해 좌우되지만, 경제적 기대에 대한 규칙을 제공하고, 실질적인 행동을 이끄는 것은 신뢰와 호혜성의 규범이라고 할 수 있다. 그런 의미에서 정보통신기술에 기초한 기술적 네트워크가 혁신 잠재력을 폭발적으로 증가시킬 수는 있으나, 실질적인 혁신 투자를 이끌기 위해서는 사회적 자본이 필수적이라고 보아야 할 것이다. 따라서 풍부한 사회적 자본을 내재한 사회적 네트워크가 기술적 네트워크를 뒷받침하지 못한다면 혁신이 일어날 가능성은 크게 줄어들 수 있다.

둘째, 사회적 자본은 혁신에 대한 투자뿐만 아니라 혁신의 원천인 지식의 전이를 쉽게 한다. 앞서 밝힌 바와 같이 정보통신기술 그리고 정보통신기술 위에서 구축된 기술적 네트워크는 정보 전파의 속도와 폭을 대폭 향상시켰다. 하지만 정보는 그 자체로 혁신을 이끌어내기 어렵다. 왜냐하면, 혁신이 이루어지기 위해서는 정보를 활용하는 사람들의 해석과 상황 이해, 활용 방식에 대한 과거의 경험과 숙련, 창조적 아이디어 등이 있어야 정보가 유용한 지식이 되고 그래야 부가가치가 발생하기 때문이다. 즉, 가치 있는 혁신이 발생하기 위해서는 대부분 형식지(explicit knowledge)뿐만 아니라 암묵지(tacit knowledge)를 필요로 한다. 신뢰와 호혜성에 기초한 사회적 자본은 사회적 네트워크 속에서 암묵지가 원활히 흘러갈 수 있도록 윤활유와 같은 역할을 한다. 또 서로에 대한 이해를 공유하고 서로를 신뢰하는 사람들 사이에서는 가급적 상대편이 원하는 정보와 지식을 전달하고자 하기 때문에, 그 정보와 지식의 질과 가치가 훨씬 높아질 수 있다. 사회적 참여를 통해 정보가 생산되고 교환되는 사회적·기술적 맥락에 대한 풍부한 이해를 축적해야만, 해당 정보를 어떻게 활용할 수 있을지에 대한 날카로운 통찰력을 얻을 수 있다. 기술적 네트워크를 통해 획득되는 정보는 엄청나게 많기 때문에 이로부터 유용한 정보를 선별해내기가 쉽지 않다. 데이터마이닝, 빅데이터와 같은 기술이 꾸준히 발전하고는 있지만, 이 역시 가치 있는 정보나 지식을 효과적으로 선별하기에는 역부족이다. 사회적 자본은 효율적·효과적으로 가치 있고 유용한 정보를 교환하도록 하는 기제이기 때문에, 혁신에서 매우 중요한 역할을 한다고 할 수 있다.

셋째, 혁신과 관련해 최근 부상하고 있는 개념이 흡수 역량인데, 사회적 자본은 기업과 개발자를 비롯한 다양한 혁신 주체의 흡수 역량을 제고하는 데 중요한 역할을 수행한다. 흡수 역량은 외부 지식의 가치를 판단하고 이를 습득해 자기 것으로 만든 뒤 가공하여 활용함으로써 가치 있는 생산물로 바꿀 수 있는 역량을 가리킨다(Cohen and Levinthal, 1990). 일반적으로 흡수 역량은 잠재적(potential) 흡수 역량과 현실화된(realized) 흡수 역량으로 구분된다. 제임스 마치(March, 1991)의 유명한 탐색-활용 이분법과도 대체로 일치하는 구분으로서, 잠재적 흡수 역량은 새로운 지식을 탐색하고 획득하는 것과 관련되고, 현실화된 흡수 역량은 획득된 지식을 내재화하여 가치 있는 산출물로 변환시키는 역량을 말한다. 사회적 자본과 관련해 잠재적 흡수 역량은 약한 연결을 통한 교량형 사회적 자본(bridging social capital)에 의해 뒷받침된다. 즉, 약하기는 하지만 사방으로 뻗어 있는 연결을 통해 형성된 사회적 자본은 지식 탐색에 유용하게 활용될 수 있다는 것이다. 이러한 과정에는 기술적 네트워크도 중요한 역할을 할 수 있지만, '누구'에 관한 지식이나 '어떻게'에 관한 지식처럼 암묵지에 해당하는 지식도 중요하기 때문에 사회적 네트워크의 역할도 결코 무시할 수 없다. 현실화된 흡수 역량을 강화하는 데에는 강한 신뢰와 끈끈한 연결을 통해 형성되는 결속형 사회적 자본(bonding social capital)의 역할이 중요하다. 예를 들어, 기업의 혁신 과정을 연구한 펑크(Funk, 2014)는 실리콘밸리와 같은 클러스터 내에 있는 기업들 중 혁신 성과가 높은 기업은 외부와의 폭넓은 정보 교환과 인력 교류를 통해 새로운 지식을 습득하는 한편, 기업 내부 개발자들 간에는 결속형 사회적 자본에 기초한 밀도 높은 개발 네트워크를 가지고 있다는 것을 보여주었다. 컨소시엄이나 전략적 제휴와 같은 지속적인 협력 관계를 통해 만들어지는 조직 간의 결속형 사회적 자본도 지식의 활용을 통한 혁신에 기여할 수 있을 것으로 판단된다. 물론 결속형 사회적 자본만으로는 혁신 성과를 내기가 어렵다. 플로리다, 쿠싱, 게이츠(Florida, Cushing and Gates, 2002)는 사회적 자본이 풍부한 지역이 혁신과 창조 역량이 가장 낮은 지역이라고 지적했지만, 이는 결속형 사회적 자본만을 염두에 둔 것이다. 결속형 사회적 자본과 교량형 사회적 자본이 균형을 갖추고 있다면 혁신 성과는 크게 향상될 수 있다.

종합적으로 살펴보면, 사회적 자본은 사회적 네트워크에 참여하는 각 행위자의 경제적 성과를 향상시킬 뿐만 아니라, 네트워크 전체의 효과적 기능을 도움으로써 혁신을 촉진하는 역할을 수행한다. 사회적 자본은 거래 비용, 탐색 비용, 정보 획득 비용, 협상과 의사결정 비용 등 다양한 형태의 비용을 감소시킴으로써 정보와 지식에 대한 접근성, 가용성, 활용성을 촉진하는 역할을 한다. 이런 의미에서 사회적 자본은 개별 행위자가 (부분적으로) 소유하고 있는 핵심적인 혁신자원이라고 할 수 있다. 하지만 동시에 개별 행위자들 사이의 사회적 관계를 통해 축적되는 사회적 자본은 사회적 네트워크를 통해 확산됨으로써 네트워크 참여자들의 혁신 행위

〈그림 3-2〉 ICT 자본 및 사회적 자본과 혁신 성과의 관계

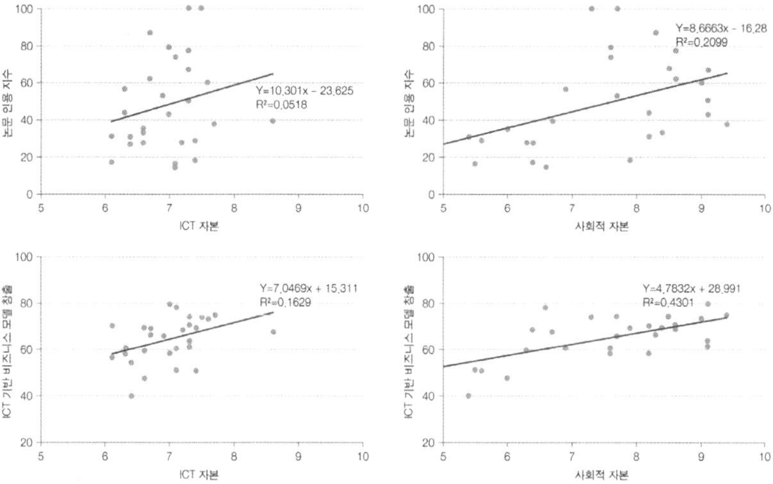

자료: ICT 자본과 사회적 자본은 현대경제연구원(2013), 논문인용지수와 비즈니스·조직모델 창출 점수는 「The Global Innovation Index」(2015).

에 긍정적 외재성을 창출하는 공공재이기도 하다.

기술적 네트워크의 근간을 이루는 정보통신기술이 혁신의 잠재력을 대폭 확대하고, 혁신의 양을 폭발적으로 증가시킨다면, 사회적 네트워크 속에 내재해 있는 사회적 자본은 혁신의 질을 향상시키고 혁신을 가치창출로 연결하는 데 지대한 영향을 미친다는 점에 주목할 필요가 있다. 〈그림 3-2〉는 OECD 국가들을 대상으로 혁신의 질을 측정하는 논문 인용 지수와 ICT 기반 비즈니스 모델 창출 정도가 ICT 자본 및 사회적 자본과 어떤 관계를 가지고 있는지를 보여준다.[4] 먼저 위쪽 왼편 그림과 위쪽 오른편

4 ICT 자본 지수는 GDP 대비 텔레커뮤니케이션 투자 비중, ICT가 서비스 및 제품에 미치는 영향, ICT 수출 비중, 커뮤니케이션 기술력, 유선 고속통신망 이용료 및 가입자 수, 정보기술력, 인터넷 사용자 수 등을 활용해 작성되었고, 사회적 자본 지수는 개인보안과 사적재산권, 사

그림은 각각 ICT 자본과 논문 인용 지수, 사회적 자본과 논문 인용 지수 간의 관계를 보여준다. 그림에서 확인할 수 있는 바와 같이 ICT 자본에 비해 사회적 자본이 논문 인용 지수와 더 강한 관계를 가지고 있다. ICT 자본은 논문 인용 지수 변이의 5%를 설명하는 반면, 사회적 자본은 21%를 설명하고 있다. 이렇게 볼 때 한 사회에 축적된 사회적 자본이 혁신의 질에 매우 커다란 영향을 미친다고 볼 수 있을 것이다. 다음으로 아래쪽의 두 그림은 ICT 자본과 사회적 자본이 ICT 기반 비즈니스 모델 창출과 어떤 관계를 가지고 있는지를 보여준다. 이 분석에서도 ICT 자본에 비해 사회적 자본의 효과가 더 큰 것으로 나타났다. ICT 자본은 비즈니스 모델 창출 관련 변이의 16%를 설명하는 반면, 사회적 자본은 43%를 설명하고 있다. 이와 같은 결과는 ICT 자본과 사회적 자본을 독립변수로, 논문 인용지수와 ICT 기반 비즈니스·조직 모델 창출 점수를 종속변수로 한 회귀분석 결과와도 일치한다(〈표 3-1〉). 혁신의 질을 나타내는 논문 인용 지수에서 ICT 자본은 유의미한 효과를 나타내지 않았으며 모델 설명력은 4%에 그쳤다. 하지만 사회적 자본이 모형에 포함되면 모델 설명력은 17%로 크게 증가했으며 사회적 자본의 계수는 논문인용 지수와 높은 상관관계를 가지고 있는 것으로 나타났다. ICT 기반 비즈니스·조직 모델 창출 점수의 경우도 패턴은 유사하다. 다만 사회적 자본뿐만 아니라 ICT 자본도 비즈니스·조직모델 창출에 중요한 역할을 하는 것으로 나타났다는 점이 다르다. 이렇게 볼 때, 사회적 자본은 혁신의 질을 향상시키고 새로운 비즈니스 모델과 조직혁신 모델을 창출하는 데 매우 커다란 중요성을 갖는다고

회적 응집력, 사회적 정의, 삶의 질, 지니계수, 범죄와 폭력 비용, 부패지수, 기회평등 지수 등을 활용해 작성된 것이다.

〈표 3-1〉 ICT 자본 및 사회적 자본이 혁신 성과에 미치는 영향

변수	논문 인용 지수		비즈니스·조직 모델 창출	
	Model 1	Model 2	Model 1	Model 2
ICT 자본	7.09(8.09)	2.16(7.92)	8.79(3.02)**	5.78(2.48)*
사회적 자본		7.43(3.43)*		4.60(1.07)***
R2	0.04	0.17	0.23	0.54

주1: * p 〈 0.05, ** p 〈 0.01, *** p 〈 0.001
주2: OECD 31개 국가를 대상으로 했으며, 괄호 안의 수치는 표준오차이다.
자료: ICT 자본과 사회적 자본은 현대경제연구원(2013), 논문인용지수와 비즈니스·조직모델 창출 점수는 「The Global Innovation Index」(2015).

할 수 있다.

지식경제 사회가 도래하면서 혁신과 경제발전을 바라보는 기술주의적 관점의 영향력이 점점 더 커지고 있다. 이와 동시에 혁신에서 사회적 요소가 갖는 중요성은 점차로 관심의 영역에서 사라지는 듯이 보인다. 과거에는 사람들 간의 관계가 정보와 지식을 전달하는 핵심 수단이었다면, 이제는 인터넷, 모바일 기술, 심지어는 사물인터넷 등이 이를 대체하고 있다는 것이다. 나아가 빅데이터 기술을 비롯해 가치 있는 정보를 캐내는 기술도 빠르게 발전하고, 심지어 무한대의 정보를 자체 생산하고 내장할 수 있으며, 이를 활용해 스스로 학습할 수 있는 인공지능이 등장하면서 사람의 노동력뿐만 아니라, 사람들 간 관계의 중요성은 점차로 주변화될 것이라고 예측하기도 한다. 하지만 위에서 본 바와 같이 지식경제 사회에서도 사회적 자본은 여전히 중요한 위치를 차지하고 있으며 앞으로도 그 중요성은 결코 줄어들지 않을 것이라고 판단된다.

5. 결론: 중층적 네트워크와 혁신

이 글에서는 지식경제 사회에서 혁신을 가능하게 하는 두 가지 네트워크에 대해서 살펴보았다. 정보와 지식이 곧 경쟁력의 원천이 되는 사회에서 정보통신기술에 기초한 기술적 네트워크는 정보 전달, 저장, 처리에서의 효율성을 높이고, 스필오버 효과를 통해 정보에 대한 접근성을 크게 향상시켰다. 이와 더불어 범용기술로서 정보통신기술은 이질적 정보 간의 교량 역할을 수행함으로써 극적인 혁신을 이루기 위한 기술적 기반을 제공하고 있다. 하지만 이것만으로는 충분치 않다. 혁신의 원천이 되는 지식은 단순한 정보가 아니라, 사람들 간의 상호작용을 통해서 해석되고 의미가 부여된 지식이기 때문이다. 다시 말해, 기술적 네트워크를 통해 무수히 많은 정보가 끊임없이 흘러 다닌다고 하더라도 이 정보가 모두 가치 있는 지식은 아니라는 것이다. 지식경제 사회에서 가치 있는 혁신은 생활양식, 패션, 가치, 삶의 의미 등 '손에 잡히지 않는'(intangible) 지식에 기초한다. 그러한 지식을 교환하고 결합하려면 필수적으로 기업, 고객, 공급사, 개발자 등 다양한 혁신 주체들 간의 긴밀한 협력과 관심 공유가 필수적이다. 이를 가능하게 하는 것이 바로 사회적 네트워크이며, 사회적 네트워크 속에 배태되어 있는 사회적 자본이라고 할 수 있다.

물론 지식경제 사회에서 사회적 네트워크만으로 혁신을 이룰 수는 없다는 점은 분명한 사실이다. 혁신 경쟁이 곧 속도 경쟁인 시대에 획득되는 정보의 양과 정보처리의 속도 또한 매우 중요하기 때문이다. 이와 더불어 사회적 자본은 자칫 폐쇄적 형태의 사회적 네트워크로의 진화를 가져올 수 있다는 점 또한 지적되어야 한다. 이에 대해서 조금 더 상세히 알아보자. 위에서 사회적 자본을 교량형 사회적 자본과 결속형 사회적 자본으로 나누었다. 교량형 사회적 자본은 다양한 집단을 가로지르는 연결이 풍부하게 존재하는 사회적 네트워크에서 주로 나타난다. 집단 내의 사회적 관계는 다소 약하더라도 집단을 연결하는 교량을 통해서 신선한 지식과 아이디어를 획득할 수 있다. 한편 결속형 사회적 자본이 풍부한 사회적 네트워크는 집단 내에 강한 연결이 중첩적으로 형성되어 있는 특징을 지닌다. 따라서 집단 구성원들 사이에는 강한 신뢰와 호혜성으로 묶여 있으나, 다른 집단에 대해서는 일정한 정도 폐쇄적인 형태를 보인다. 이 두 가지 사회적 자본의 균형은 혁신에 매우 중요하다. 그런데, 문제는 새로운 연결은 과거의 연결을 반복하거나, 단거리 연결을 통해 형성되는 경우가 많다는 것이다(Gulati, 1995; Li et al., 2008). 특히 과거의 협력 성과가 좋은 경우, 협력 파트너에 대한 만족도가 증가하게 되고, 또다시 협력이 필요한 일이 생기면 이전의 파트너와 다시 협력하는 것이 일반적이다. 새로운 파트너를 물색하더라도, 대체로 기존의 협력 파트너를 통해 입수한 정보에 기초하기 때문에, 두 세 다리 이내의 단거리 연결이 압도적으로 많다는 것이다. 동일한 연결이 반복되고, 지근거리에서 파트너를 찾게 되면, 사회적 네트워크는 시간이 지남에 따라 결속형 사회적 자본을 축적하게 되고, 교량적 사회적 자본의 양은 점차로 줄어들 수 있다. 이렇게 되면 결속형 사회적 자본이 교량적 사회적 자본을 압도하고 사회적 네트워크는 점차로 폐쇄적 형태로 진화할 수 있다. 극단적인 경우, 네트워크가 몇 개의 하위 네트워크로 쪼개지면서 서로 간 정보 및 지식의 교환이 완전히 단절될 수도 있다. 이렇게 되면 새로운 정보와 지식, 아이디어를 획득할 수 있는 기회가 줄어들기 때문에, 이전의 지식과는 단절적인 파괴적 혁신은 점점 더 어려워지게 된다.

이런 이유로, 사회적 네트워크는 기술적 네트워크에 의해서 보완되어야

〈그림 3-3〉 사회적 네트워크와 기술적 네트워크에 따른 유형 분류

		사회적 자본 (사회적 네트워크)	
		낮음	높음
정보통신기술 (기술적 네트워크)	높음	정보교환 네트워크	중층적 혁신 네트워크
	낮음	고립	폐쇄적 네트워크

한다. 기술적 네트워크는 사회적 네트워크가 폐쇄적 방향으로 진화하는 경향을 막을 수 있다. 기술적 네트워크는 정보 탐색의 범위를 넓히고, 분절된 사회적 네트워크를 연결하고 이질적 정보와 지식의 흐름을 촉진함으로써 유용한 정보를 가지고 있는 새로운 파트너와의 협력을 가능하게 한다. 따라서 사회적 네트워크에 배태된 사회적 자본이 풍부하더라도 기술적 네트워크를 가능하게 하는 정보통신기술에 대한 투자가 부족하다면, 혁신 성과는 낮아질 것이다. 마찬가지로 정보통신기술에 막대한 자원을 투입하여 기술적 네트워크에 적극적으로 참여하더라도, 사회적 네트워크에 배태된 사회적 자본이 부족한 경우에도 혁신 성과는 높지 않을 것이다.

〈그림 3-3〉은 사회적 네트워크와 기술적 네트워크가 얼마나 풍부한가에 따라 네트워크의 종류를 네 가지로 구분한 것이다. 먼저 사회적 네트워크에 배태된 사회적 자본이나 정보통신기술에 기반을 둔 기술적 네트워크가 모두 낮은 경우는 사회 시스템 내에 있는 경제주체들이 고립된 채로 경제활동을 수행한다. 대부분 혁신 자산을 내부화하고 내부에 존재하는 지식에만 의존하여 혁신을 추구하는 형태이다. 각 경제주체들이 활용할 수 있는 지식의 범위가 좁기 때문에 혁신 성과는 높지 않을 것으로 예상할 수 있다. 둘째로 조직이나 개인 등 경제주체들이 정보통신기술에 의해 서로

연결되어 정보를 교환하고 지식을 습득하지만, 사회적 자본은 낮은 '정보 교환 네트워크' 형태이다. 무수히 많은 정보가 교환되지만 그에 비해 혁신 성과는 낮을 가능성이 높다. 경우에 따라 많은 혁신이 일어날 수 있지만 그 혁신의 파괴력은 그리 높지 않은 경우이다. 다음으로, 오른쪽 아래에 있는 폐쇄적 네트워크는 밀도 높은 사회적 네트워크를 가지고 있지만 기술적 네트워크의 인프라는 제대로 구축되어 있지 않는 경우이다. 강한 사회적 신뢰를 바탕으로 암묵지의 전이가 잘 일어나지만, 네트워크 밖으로부터 새로운 지식과 아이디어의 유입이 차단되어 있기 때문에 혁신 역량은 갈수록 감소하고, 시장 수요 및 환경의 변화에 빠르게 대응하기 어렵다. 마지막으로 지식경제 사회에서 혁신의 양과 질이 가장 우수한 것은 이 두 가지 네트워크가 상호보완적으로 얽혀 있는 중층적 혁신 네트워크이다. 기술적 네트워크를 통해 정보 획득·처리에 들어가는 비용을 낮추고, 새로운 정보를 흡수할 수 있다. 이렇게 획득된 정보는 사회적 네트워크 속에 배태된 지식, 특히 암묵적 지식과 결합해 단절적인 형태의 혁신을 창출할 수 있다. 나아가 기술적 네트워크는 새로운 사회적 관계를 형성하는 데 기여함으로써 사회적 네트워크의 범위를 확장하기도 한다. 사회적 네트워크에서는 상호작용의 범위가 국지적이며, 네트워크상에서 거리가 멀어질수록 접촉 가능성은 현격히 줄어든다. 이러한 한계를 넘어서도록 하는 것이 기술적 네트워크이다. 정보통신기술에 의한 연결은 지리적 인접성이나, 사회적 관계의 국지성을 벗어나 공간적·시간적·사회적 제약에 얽매이지 않는다. 따라서 사회적 네트워크를 통해서는 접할 수 없는 신선한 정보를 획득하는 데에는 기술적 네트워크의 역할이 매우 크고, 기술적 네트워크를 통해서 알게 된 원거리의 행위자들과 직간접적으로 상호작용하는 과정에서 사회적 네트워크가 확장될 수 있다. 그리고 사회적 네트워크 속

〈그림 3-4〉 OECD 국가의 ICT 자본 지수와 사회적 자본 지수

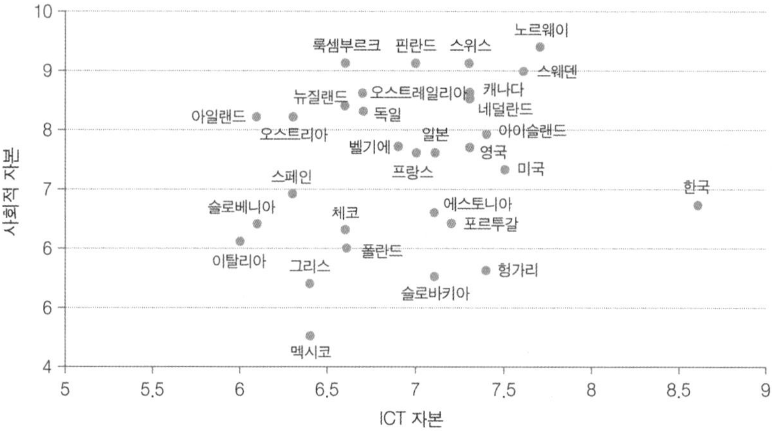

자료: 현대경제연구원(2013).

에 사회적 자본이 축적될 수도 있다.

글을 맺기 전에 한국의 상황을 잠시 돌아보자. 〈그림 3-4〉는 OECD 국가들의 ICT 자본과 사회적 자본이 어느 정도나 되는지를 보여준다. 그림에서 한국은 다른 국가들과 멀리 떨어져 위치해 있다. 익히 알려진 바와 같이 한국은 ICT 자본 측면에서 타의 추종을 불허하는 최강국의 자리를 점하고 있다. ICT 자본 지수가 10점 만점에 8.6점으로서 2위인 노르웨이(7.7점)에 비해 월등히 높다. 한편, 사회적 자본 지수는 6.7점으로 조사된 31개 OECD 국가 중 21위에 머물러 있으며, OECD 평균인 7.5점보다도 한참 낮다. 물론 이 지수의 산출 방식에 문제를 제기할 수도 있고, 사회적 자본이나 ICT 역량 이외에도 혁신에 영향을 미치는 다른 요인들이 있을 수 있다는 문제 제기도 정당하게 고려되어야 한다. 그럼에도 불구하고 혁신에 있어서 사회적 네트워크와 기술적 네트워크의 상호 보완적 결합이 매우 중요하다는 점, 그리고 한국은 우수한 기술적 네트워크를 보유했음에

도 사회적 네트워크가 아직은 크게 취약하다는 점만큼은 틀림없는 사실이다. 전 세계적으로 성장 잠재력이 점차로 약화되고 있는 시점에서 국가의 경쟁력을 키우고 경제적 성공을 거두는 방법은 지속적인 혁신밖에 없다. 이를 위해서는 이미 세계적 수준에 도달한 ICT 역량에 더해 견고한 사회적 자본 구축에 힘을 쏟아야 할 것이다.

지식경제 사회로의 진전은 우리 인류에게 혁명적인 변화를 가져왔다. 그러나 모든 사회변화가 그러하듯이 과거와 단절되는 부분이 있다면, 과거를 계승하는 부분도 있다. 그래서 모든 변화는 경로 의존적이다(Nelson and Winter, 1982). 정보통신기술과 그 기술에 의해 만들어진 기술적 네트워크가 우리 삶뿐만 아니라 경제 활동의 지형을 크게 변화시키고 있는 것은 분명한 사실이다. 그러나 지식경제 사회에서도 사회적 관계와 사회적 네트워크의 역할은 여전히 유효하다. 우리가 주목해야 할 변화는 사회적 네트워크가 담당하던 기능이 기술적 네트워크에 의해서 대체되는 것이 아니라, 사회적 네트워크가 기술적 네트워크와 결합하면서 그 역할이 오히려 증가하고 있다는 점이다. 이 두 네트워크는 대체재가 아니라 보완재이다. 지식경제 사회에서 개인, 기업, 국가의 경쟁력을 향상시키기 위해서는 정보통신기술에 대한 투자를 늘리는 것만으로는 부족하다. 정보통신기술에 기초한 기술적 네트워크와 사회적 자본을 담지하고 있는 사회적 네트워크를 창조적으로 결합함으로써 지속적인 혁신의 기초를 마련하는 것이 미래를 위한 가장 현명한 투자가 될 것이다.

04 ICT 지식기반 사회의 노동시장과 인적자원개발 전략

이종선

1. 머리말

2008년 뉴욕 월 스트리트발 미국 금융위기 이후 유럽지역 경기침체와 중국의 경제 성장률 하락 등 세계경제의 불안정성이 지속되고 있다. 세계경제 둔화에 따른 유가 하락으로 그 동안 국내경제를 이끌어왔던 해운, 조선, 철강 등 주력 업종도 직격탄을 맞았다. 해운, 조선 관련 기업들이 수익성 악화와 부채 비율 증가로 대대적인 구조조정에 직면했다. 이 가운데 청년 실업률은 2016년 2월 말 기준 12.5%로 통계청 지표 작성 이후 최고치를 경신했다(통계청, 2016). 새로운 먹거리 산업과 일자리의 동력을 어디서 찾을 수 있을 것인지가 최대 정책 과제로 부상하고 이를 둘러싼 경제 전문가와 정책 입안자들의 고민도 깊어가고 있다. 이에 따라 IMF 경제위기 이후 한국 경제성장의 견인차 역할을 했던 ICT 산업에 기대감과 중요성도 점차 커지고 있다.

ICT 산업은 1997년 IMF 경제위기 등 한국 경제의 주요 고비마다 높은 성장률을 이끈 수출 주력산업으로서 한국 경제성장을 주도해왔다. 하지만 최근 기술력을 갖춘 중국 기업의 빠른 추격과 엔저에 힘입은 일본 기업들의 재부상으로 국내 ICT 산업 내 위기감도 커지고 있다(미래창조과학부, 2015). 이러한 한국 ICT 산업의 위기감은 세계 ICT 환경 변화와 무관하지 않다. 2008년 세계금융위기 이후 ICT 산업의 동반 침체가 이어지고 소프트웨어와 플랫폼 분야가 새로운 부가가치 생산의 중심으로 떠오르면서 차세대 ICT 융·복합 산업의 중요성이 커지고 있다. 무엇보다 인터넷 초연결 시대 진입으로 ICBM(IoT, Cloud, Big Data, Mobile)은 지식기반 사회 데이터 경제의 성장과 공유·오픈소스 연결에 기반을 둔 혁신의 원천으로 주목받고 있다. 하지만 정보기술 혁신 속도의 둔화와 창의적 핵심 인재 부족, 특정 품목·국가 수출 편중, 규제 장벽 등 ICT 산업의 구조적 한계가 여전한 것으로 분석된다(미래창조과학부, 2015). 중국과 인도 등 후발 국가의 ICT 분야에 대한 과감한 투자와 함께 선진 산업국가 간의 과학 기술 격차가 점차 좁혀짐에 따라 이에 대한 대비책 마련도 시급한 실정이다. 특히 최근 인공지능(AI), 사물인터넷(IoT), 로봇 및 무인자동차 개발 경쟁 등 제4차 산업혁명 시대의 도래와 이를 대비하기 위한 인적자원개발에 대한 관심도 고조되고 있다. 그간 정부의 지속적인 노력으로 국가별 ICT 발전 지수에서 2위를 차지한 2014년을 제외하고 연속 1위(2009~2015)로 세계 최고 수준을 달성하고 있지만 인적자본은 OECD국가 중 중하위권(22위)으로 인적자원 개발 및 경쟁력은 여전히 미흡한 수준으로 나타나고 있기 때문이다(ITU, 2015; 이승우 외, 2014).

이처럼 한국의 ICT 발전지수와 ICT 관련 인적자원 개발 및 경쟁력 수준 간의 격차(gap)가 발생하는 이유를 설명하고 어떻게 극복해나갈 것인가

하는 점이 향후 한국 경제의 지속 발전 가능성을 가늠해볼 수 있는 시금석이 될 것으로 보인다. 따라서 이 연구는 먼저 한국 ICT 지식기반 사회의 주요 시기별 노동시장 변화와 이에 따른 인적자원개발 전략과 변화에 초점을 두고 분석함으로써 한국 ICT 산업의 과거와 현재 그리고 미래의 모습을 다음 몇 가지 점에서 살펴보고자 한다. 먼저 한국 ICT 산업의 발전 단계 및 시기별 주요 특성과 인적자원 육성 전략이 무엇인가 하는 점이다. 또한 현 단계 ICT 지식기반 사회에서의 융·복합 기술로의 진화와 이것이 향후 차세대 인적자원의 특성과 육성 방향에 미치는 영향이 무엇일까 하는 점이다. 요컨대 이 연구는 지금까지의 한국 ICT 산업의 발전 단계별 노동시장 및 인재육성 전략을 분석하고 이를 토대로 새로운 제4차 산업혁명 시기 ICT 고도성장을 위한 인적자원개발 전략에 대한 방향 모색과 정책적 함의를 얻는 데 그 목적이 있다. 이를 위해 먼저 2절에서는 ICT 산업과 고용관계에 대한 기존 연구를 개괄적으로 검토하고 3절에서는 한국 ICT 산업 발전과 시기 단계적 특징을 분석한다. 4절에서는 현재 국내 ICT 지식기반 사회의 현황과 노동시장의 변화를 분석한다. 이를 토대로 5절에서는 ICT 지식기반 사회의 인적자원개발 전략 변화와 방향에 대해 살펴본다.

2. 기존 연구 검토 및 연구 방법

1) 기존 연구 검토

지금까지 국내 ICT 산업 관련 연구는 ICT 산업의 투자 파급효과나 생산성 분석이 주를 이루고 있다(홍동표 외, 1999; 이영수 외, 2001; 정동진·정해식,

2004; 김명호 외, 2007; 김도환, 2007; 서환주 외, 2008). 이들 연구 대부분은 ICT 산업이 한국 경제에서 차지하는 비중과 효과 측면에서 볼 때 생산, 부가가치, 수출 등 다른 산업보다 비교적 높은 생산성을 보이고 있으며 경제적 파급효과도 크다는 점을 실증하고 있다. 하지만 ICT 산업에 따른 노동시장 변화와 고용 효과에 대한 분석은 그리 많지 않은 편이다. 따라서 여기에서는 ICT 산업과 고용관계 변화에 대한 주요 연구를 중심으로 간략히 살펴보고자 한다.

ICT 산업이 발전함에 따라 고용이 증가할 것이라는 주장은 대체적으로 많은 학자들에게 받아들여져 왔다(Brouwer, Kleinknecht and Reijnen, 1993; Doms, Dunne and Roberts, 1995; 고상원 외, 2007; 김수경·이상용, 2014). 김수경·이상용(2014)은 한국 ICT 산업의 발전과 고용 간의 인과관계를 실증적으로 분석하고 있다. ICT 산업이 생산성 증대효과에도 불구하고 고용에 도움이 되지 않는다는 주장과 ICT 산업 규모 확산으로 고용 증대를 가져온다는 상반된 주장을 검증하기 위해 1995~2011년간 국내 ICT 산업 총 투자량과 생산량에 기초한 ICT 산업 발전을 독립변수로 총고용, 제조업, 서비스업 등에 대한 고용효과를 분석하고 있다.

그 결과 국내 ICT 산업의 발전은 서비스업 부문에서 일부 고용 감소 효과를 보였으나 제조업의 고용에는 긍정적인 영향을 미친다는 점을 밝혀냄으로써 ICT산업의 발전이 고용시장을 축소시킨다는 주장과 달리 고용에 반드시 부정적 영향을 미치지 않는다는 점을 강조하고 있다.

허재준 외(2003)는 산업연관표를 사용해 ICT 투자지출을 재추정하고 각 산업의 고용, 자본 등 여러 변수를 종합적으로 고려해 정보화가 숙련 노동시장에 미치는 영향을 다각도에서 분석하고 있다. 그 결과 ICT 확산이 노동시장에 미친 영향이라는 측면에서 1997년을 전후로 기업의 인적자원

활용 방식에 중요한 변화를 가져왔으며 ICT의 불균등한 확산이 숙련노동의 산업 간 임금격차를 확산시키는 경향이 있다는 점을 밝혀냈다. 이를 토대로 기업의 인적자원관리 방식을 ICT 변화에 맞추어 지속적으로 변화시키는 노력과 함께 기업 간 정보격차(digital divide)를 줄이는 노력이 필요하다는 점을 강조하고 있다. 이경남(2012)은 OECD 국가의 최근 ICT 인력 추이와 구조를 살펴보고 국내 ICT 인력 수급 현황을 산업별, 직업별로 구분해 비교 분석하고 있다. 특히 소프트웨어 부문의 고용과 관련 임금수준과 근로환경 등에 대한 분석을 토대로 이들 ICT 산업 분야에서의 적정한 임금 및 처우의 필요성을 제기하고 있다. 또한 이경남은 ICT 기술이 타 산업과의 융합을 통해 고부가가치화를 추구해야 한다는 점에서 해외의 ICT 인력 비교를 토대로 타 산업의 전문지식과 ICT 기술의 결합을 위한 교육훈련 형태 및 지원 방안에 대한 고민이 필요하다는 점을 강조하고 있다.

이승우 외(2014)는 ICT 인력 관련 전체 현황 분석을 통해 창의적 ICT 융합인재의 전 주기적 공급활용 생태계 조성을 위한 중장기 추진 전략과 세부 추진 계획 수립을 시도하고 있다. 특히 이 연구에서는 창조경제는 'ICT 기술을 활용, 창의적 아디이어를 기존 산업에 접목시켜 새로운 성장도역과 일자리를 창출'하는 것으로서 '인적기반'이 핵심이라고 주장한다. 이와 관련 한국의 경우 ICT 분야 인프라는 세계 최고 수준을 달성했으나 인적 경쟁력은 매우 미흡한 상황이라는 점을 강조하면서 이에 대한 대책 수립을 요구하고 있다. 조민수·박희영(2015)은 한국고용정보원의 워크넷 구인·구직 정보 데이터를 이용해 ICT 산업 내 노동시장의 수급 불균형을 심도 있게 분석한다. 분석 결과 ICT 분야를 대표하는 '정보통신 관련직'의 노동시장은 2011년을 기준으로 수요가 점차 줄어드는 역U자형이나 공급은 점차 증가하는 U자형으로 나타나 노동시장의 수급 불균형이 확대되고 있다면서 이러한 노동수급 불균형을 해결하기 위해 노동수요를 늘릴 수 있는 정책적 방향의 필요성을 제기한다.

지금까지의 살펴본 ICT 산업과 고용관계에 대한 연구는 ICT 산업 발전에 따른 고용 효과 및 내부 고용 구성의 변화 등 미시적 분석이 주를 이루고 있다. 하지만 ICT 산업이 가져온 노동시장 변화와 인적자원개발 전략의 전체 변화상에 대한 총체적 분석은 매우 드문 실정이다. 따라서 여기에서는 한국 ICT 산업이 가져온 고용 구성의 변화와 인적자원개발 전략의 변화에 대한 분석에 초점을 맞추어 연구를 진행하고자 한다.

2) 연구 방법과 개념

이 연구에서는 국내 ICT 산업이 가져온 노동시장과 인적자원개발 전략 변화에 대한 총체적 분석을 위해 기존 연구문헌에 대한 세밀한 검토와 함께 2차 통계자료를 분석에 사용한다. 특히 2차 통계자료는 e-나라 통계 사이트에 나타난 기초 통계자료를 활용했다. 이 연구에서 사용될 주요 개념으로서의 정보통신기술 산업은 일반적으로 정보통신기술에 기반을 둔 경제활동을 통해 생산 및 부가가치를 생산하는 산업 일반을 포함한다.

OECD 산업분류체계(2007년 5월 개정)는 ICT 산업을 크게 정보통신기기(Core ICT), 정보통신응용·기반기기(Broad ICT)로 분류한다. 정보통신기기는 전자부품, 컴퓨터 및 주변기기, 통신 및 방송기기, 영상 및 음향기기, 광자기 매체를 포함한다. 반면 ICT응용 기반 기기는 의료정밀광학기기, 가정용 기기, 사무용 기기 및 장비, 전기 장비 등을 포괄한다. 여기서 ICT 인력이란 일반적으로 ICT 기술을 생산하거나 ICT 관련 기술을 업무에 활용해 경제활동에 참여하는 사람을 지칭한다. 최근 한국전자정보통신산업

〈표 4-1〉 ICT 관련 고용 및 표준직업분류 연계표

2007년 개정 한국고용직업분류						제6차 개정 한국표준직업분류	
중분류		소분류		세분류		세분류	
01	관리직	016	정보통신 관련 관리자	0160	정보통신 관련 관리자	1350	정보통신 관련 관리자
20	정보통신 관련직	201	컴퓨터 하드웨어 및 통신공학 기술자, 연구원	2011	컴퓨터 하드웨어 기술자 및 연구원	2211	컴퓨터 하드웨어 기술자 및 연구원
				2012	통신공학 기술자 및 연구원	2212	통신공학 기술자 및 연구원
		202	컴퓨터 시스템 설계 전문가	2021	컴퓨터시스템 설계 및 분석가	2221	컴퓨터시스템 설계 및 분석가
				2022	네트워크시스템 개발자	2225	네트워크시스템 개발자
				2023	컴퓨터 보안 전문가	2226	컴퓨터 보안 전문가
		203	소프트웨어 개발 전문가	2031	시스템 소프트웨어 개발자	2222	시스템 소프트웨어 개발자
				2032	응용 소프트웨어 개발자	2223	응용 소프트웨어 개발자
		204	웹 전문가	2041	웹 개발자	2228	웹 개발자
				2042	웹 및 멀티미디어 기획자	2227	웹 및 멀티미디어 기획자
		205	데이터베이스 및 정보시스템 운영 전문가	2051	데이터베이스 개발자	2224	데이터베이스 개발자
				2052	정보 시스템 운영자	2230	정보 시스템 운영자
		206	통신 및 방송 장비 기사 및 설치 및 수리원	2061	통신 및 방송송출 장비 기사	2240	통신 및 방송송출 장비 기사
				2062	영상 및 관련 장비 설치 및 수리원	7801	영상 및 관련 장비 설치 및 수리원
				2063	통신 및 관련 장비 설치 및 수리원	7802	통신 및 관련 장비 설치 및 수리원
				2064	통신, 방송 및 인터넷 케이블 설치 및 수리원	7803	통신, 방송 및 인터넷 케이블 설치 및 수리원

자료: 이경남(2013)

진흥회(KEA)에서는 IT인력을 정보통신산업 인력, 정보통신관련산업 인력, 타 산업의 전산직 인력으로 구분해 IT 인력의 규모를 파악하고 있다(KEA, 2013). 여기서 정보통신산업의 범위에는 통신기기, 정보기기, 방송 및 영상음향기기, 전자부품, 정보통신응용기반기기, 소프트웨어가 포함된다. 반면 한국정보통신진흥협회(KAIT)는 방송·통신 산업 인력, 방송·통신 관련 산업 인력으로 구분해 방송통신인력의 규모를 파악한다(KAIT, 2013). 방송통신산업의 범위에는 '정보통신부문 상품 및 서비스 분류체계' 상의 방송통신 분야 종사자, 통신서비스, 방송서비스, 방송통신융합서비스로 구성되는 방송통신서비스와 통신기기, 방송기기로 구성되는 방송통신기기가 포함된다. 이 연구에서 ICT 관련 고용추이 분석에는 KEA와 KAIT의 자료에 기초한 것이다.

한편 〈표 4-1〉는 고용 및 표준 직업분류에 따른 ICT 산업 내 다양한 직업 간의 연계관계를 잘 보여주고 있다. 이 연구에서 ICT 산업의 인적자원개발 전략이란 바로 이들 ICT 직업군에 속한 노동자 양성 및 인재 육성에 초점을 둔 일련의 정부 교육정책과 방침을 의미하며, 대체로 ICT 인적자원개발 전략은 정부의 산업정책 변화에 기초하고 있다.

3. 한국 ICT 산업의 발전과 시기 단계별 특징

1) 한국 산업구조 변화와 ICT 산업의 태동

한국 경제는 1960년대 경제개발5개년계획을 시작으로 지난 50년간 눈부신 성장을 거듭해왔다. 한국은 전쟁의 틈바구니에서 대부분의 산업경제

시설이 파괴되었던 아시아의 가난한 나라에서 2015년 말 기준 국내 총생산(GDP) 규모가 총 1조 3779억 달러, 세계 11위의 경제대국으로 성장했다(World Bank, 2016). 독일과 일본 등 후발산업국가와 비교해도 지금까지 이처럼 빠른 속도로 산업화와 민주화를 동시에 이루고 발전한 나라는 그 유례를 찾아보기 힘들다. 한국 경제가 이처럼 빠른 속도로 성장한 배경에는 수출주도형 경제개발 전략과 초기 자본형성과정에서의 국가의 역할(개발형 독재), 대기업 중심 경제구조, 양질의 노동인력, 한국인의 근면성과 저축 정신 그리고 국제 분업 구조에 편입된 산업화의 타이밍과 산업구조 전환에 이르기까지 다양한 연구와 주장이 제기되어왔다(최장집, 2002; Deyo, 1987; Chaudhry, 1993). 그 중에서도 이처럼 한국 경제가 급속한 성장을 이룬 데에는 발 빠른 산업정책 변화와 새로운 산업구조에 맞는 인적자원개발 전략의 중요성을 빼놓을 수 없다.

1960년대 초 산업정책은 미국과 유엔의 경제원조 속에서 전후 파괴된 사회기반 시설 복구를 위한 사회간접 자본 확충과 국내 상품생산을 통해 수입을 감소시키는 수입대체 전략에 기초했으며 비료, 시멘트, 합판, 섬유 등이 주요 전략산업이었다. 하지만 이 같은 국내시장을 겨냥한 수입대체 전략만으로는 한국 경제가 본격적인 성장궤도에 진입할 수 없었다. 이에 따라 당시 군사정부의 정당성 위기를 경제발전과 국민소득 상승에서 찾고자 했던 박정희 정부는 기존의 수입대체 전략을 수출주도형 전략으로 전환하기에 이르렀다. 1960년 후반 한국의 수출주도형 공업화가 본격적으로 추진되면서 경공업 제품의 대미 수출이 크게 증대되었으며, 합성섬유와 섬유화학, 봉재 가발 등이 주요 산업으로 성장했다. 또한 전자계산기, 트랜지스터, 라디오 등 저임금을 바탕으로 한 주문자제작(OEM)방식의 전자부품 및 조립 산업이 1960년대 후반기에 수출주도 상품의 하나로 떠오르게 되었다. 하지만 한국 경제가 본격적인 산업화시기로 접어든 것은 1970년대 중화학공업 및 방위산업 육성 전략이라고 할 수 있다.

1970년대 초 박정희 정부가 경공업 제품 수출주도 전략에서 중화학 공업 중심 산업구조로 전환한 데에는 크게 세 가지 사회경제적 요인을 배경으로 하고 있다. 첫째, 1970년대 중동 산유국들의 협의기구인 OPEC가 원유 가격을 크게 인상하면서 나타난 오일쇼크에 대한 정부차원의 경제위기에 대한 적극적 대응이 필요했다는 점이다. 정부는 원유 가격의 급격한 상승에 대한 대응책의 하나로 산업정책 기조를 경공업에서 중화학 공업으로의 고도화를 통해 당면한 경제위기를 극복하고자 했다. 둘째, 1970년대 초 베트남 전쟁에서 강대국 미국이 패배하면서 남북한 대치국면 속에서의 자주국방의 필요성이 절박했다는 점을 들 수 있다. 중화학 공업으로의 산업정책 변화와 함께 대대적인 방위산업 육성이 이루어진 것도 이 때문이다. 셋째, 한국 경제에서 경공업 수출주도 전략이 지닌 장기적 발전 전망에 대한 불투명성 때문이라고 할 수 있다. 경공업 제품의 경우 수요의 소득탄력성이 매우 낮을 뿐만 아니라 1970년대 미국 등 수출 대상국들의 저성장 기조와 보호무역주의 흐름 속에서 자율규제 대상이 되었을 뿐만 아니라 상대적인 임금 상승으로 말레이시아, 인도네시아, 대만 등 여타 산업국가들과 경쟁 환경에 놓이게 되었다는 점이다. 이에 따라 1970년대에 한국 경제의 주력 산업은 철강, 자동차, 가전, 조선, 석유화학 등으로 재편되었으며, 후반기에는 중화학 고도화 사업으로 특수강과 산업용 전자기기 제작 생산에도 참여하기 시작했다.

1980년대의 한국 경제는 자동차, 기계, 철강, 조선, 화학 등 중화학 공업화 시기의 주력 산업 분야에서의 기술고도화와 장비 국산화 노력과 함께 반도체, 통신, 정밀화학 등 기술집약적 산업구조로의 전환이 이루어졌던

〈표 4-2〉 산업정책 및 기술 변화 비교(1962~2008년)

구분	1962	1967	1972	1977	1982	1987	1992~1997	2002~2008
목표	- 자립경제 기반 구축 - 공업화 착수	- 공업화 본격 추진	- 산업구조 고도화	- 자력성장 구조 실현	- 물가 인정 - 시장경제 기능 활성화	- 경제의 균형 발전	- 21세기 경제 사회선진화	- 지식정보화 사회 대응 - 혁신주도형 경제체제 전환
중점시책	- 사회간접자본 확충 - 소비재 수입 대체	-경공업 제품 수출 증대 - 중간재 수입 대체 -산업 고도화 기반 마련	- 중화학 공업, 방위산업 육성 - 중간재 설비 수출	- 중화학 공업 기술 고도화 - 기술개발을 통한 생산성 향상	- 비교우위 산업 육성 - 산업 경쟁력, 생산성 향상 - 기술개발 정책 전환	- 고부가가치 산업으로 구조 조정	- 선진 7개국 수준으로 과학기술 수준 발전 - 첨단산업 발전	- 과학기술 중심 사회 구축 - 국가과학 기술 혁신 체제정립
전략사업	- 비료, 시멘트 합판, 섬유	-합성섬유, 섬유 화학, 전기기기	- 철강, 자동차, 가전, 조선, 석유화학	- 철강(특수강), 산업용 전자기기, 자동차, 조선	- 기계, 전자, 부품	- 반도체, 컴퓨터, 정밀화학	- 반도체, 첨단가전, 휴대폰 등	- 이동통신 - 바이오 등
기술개발 전략	- 적정기술 도입	- 선진기술 도입 촉진	- 도입기술 운영 기술 습득	- 선진기술 소화 및 흡수	- 선진기술 소화 및 개량 - 자주기술 개발 능력 확충	- 특정 분야 선진국 기술 수준 진입	- 첨단산업 기술 개발 - 선진기술 성능 향상	- 미래유망 기술 발굴 - 핵심 원천 기술 개발

자료: 장승관(2012): 21쪽에서 재구성.

〈그림 4-1〉 한국 산업구조 변화

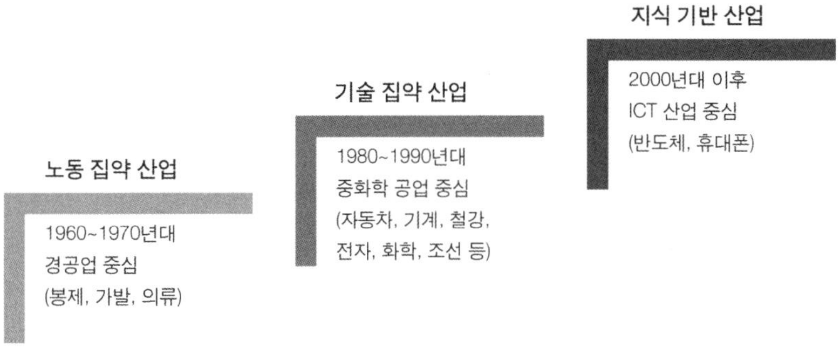

시기이다. 이 시기에는 반도체 등 새로운 첨단기술 확보를 위한 연구개발을 위한 정부와 민간기업의 R&D 분야에 대한 투자가 크게 증가했다. 이러한 정부의 산업정책과 연구개발 분야의 과감한 투자는 1990년대와 2000년대 반도체, 첨단가전, 휴대폰 분야 획기적 성장과 첨단기술 확보의 토대가 되었다. 특히 1997년 IMF 경제위기로 한국 경제가 대규모 실업, 비정규직 노동의 양산 및 고용 불안정 등 고통과 전환의 시기를 겪었지만 이러한 극심한 경제위기 경험은 2000년대 지식정보화 시대에 대한 정부의 적극적 대응과 초고속 인터넷망 확대, 혁신주도형 경제로의 전환을 통해 정보기술(IT), 나노기술(NT), 바이오기술(BT), 친환경기술(ET) 등 미래 먹거리 유망 산업기술에 대한 발굴과 핵심 원천기술 확보에 적극 나서게 된 계기가 되었다.

요컨대 한국 경제는 1960년대 이후 의류, 봉제, 가발 등 노동집약 산업 단계에서 1970년대 철강, 비철금속, 조선, 기계, 전자, 화학 등 6개 전략업종을 중심으로 한 중화학공업 구조 전환에 힘입어 1980년대 이후 기술집약적 산업구조로 전환하는 데 성공했으며 2000년대 이후에는 전자반도체 산업이 경제발전의 핵심 산업으로 자리하고 있다. 특히 김대중 정부의 IT

벤처산업 육성정책을 기점으로 본격적인 ICT 산업을 중심으로 한 지식기반 산업시대로 접어들었다고 할 수 있다.

2) ICT 산업의 시기 단계별 특징

정보통신기술(ICT) 산업은 지난 35년간 지속적으로 성장해 한국 경제의 핵심 주력 산업으로 굳건히 자리 매김하고 있다. 대체로 한국 ICT 산업발전의 시작은 1970년대 중반 이후 전자산업이 철강, 비철금속, 조선, 기계, 화학 등과 함께 국가의 6개 전략산업으로 지정된 이후라고 할 수 있다. 과학기술 발전이 경제성장력의 원동력이 된다는 점을 인식한 정부가 1976년 말 대덕 연구소 단지 내에 한국전자통신기술연구소(KIET)를 설립하고 국내에서 유일하게 전자통신 분야 연구를 수행하기 시작하면서 국내 ICT 산업이 처음 뿌리를 내리게 된다(한국통신정책연구원, 2012). 따라서 한국 ICT 산업의 발전은 정부 주도의 산업정책 구조 전환과 연구 개발 과정과 맥을 같이 한다는 점에서 대체로 다음과 같은 5단계 발전 시기로 나누어 살펴볼 수 있다.

ICT 산업 태동기(1976~1984)에는 TV, 전화 등 전자공업이 산업 활동을 주도했으며, 국내에서는 처음으로 반도체 관련 연구를 시작했다. 삼성전자가 1974년 한국반도체를 인수해 본격적으로 반도체 사업에 진출한 것도 이 시기이다. ICT 산업의 태동은 관련 산업의 고용을 크게 증가시켰다. 대체로 이 시기 노동은 TV, 전화 등의 조립라인에 종사하는 공업계 출신 테크니션 및 조립 노동자들이 주를 이루었다. 이에 따라 이들 단순 조립공에 대한 수요가 크게 늘기 시작했으며, 전자통신 관련 엔지니어를 양산하기 위해 전산, 전자 등 대학 내 관련 전공학과가 개설되기 시작했다.

<그림 4-2> 한국 ICT 산업의 시기별 고도화 단계

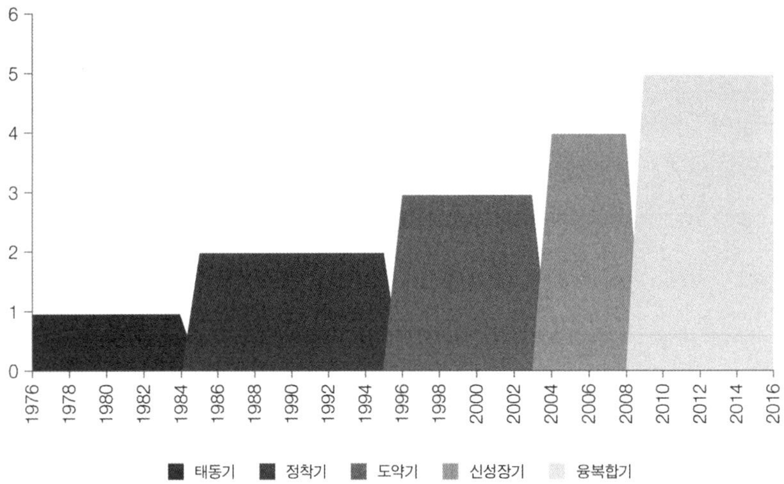

ICT 산업의 정착기는 한국통신기술연구소와 한국전기기기시험연구소가 통합한 한국전자통신연구소(ETRI)가 출범한 1985년에서 이후 10년간의 시기로 볼 수 있다. 한국전자통신연구소의 출범은 전자와 통신이 만남으로써 ICT 산업의 토대를 마련했으며, 이를 통해 디지털 이동통신 시대를 개막하는 계기가 되었다. 또한 이 시기는 한국이 반도체 볼모지에서 반도체 강국으로서의 기반을 닦은 시기라고 할 수 있다. 삼성전자가 1992년 세계 최소로 64M 디램 개발에 성공함으로써 반도체 부문에서 세계 최고 기업으로 성장할 수 있는 계기를 만든 것이 바로 이 시기이다.

1997년 한국전자통신연구소가 한국전자통신연구원으로 확대·개편되면서 한국 ICT 산업은 본격적인 도약기로 접어든다. 당시 1997년 IMF 경제위기는 한국 경제기반을 크게 바꾸어 놓았으며 수많은 국내 기업이 도산 및 통폐합되는 결과를 가져왔다(이종선, 2002). 하지만 국내 ICT 산업은

IMF 위기를 발전의 전기로 활용하는 도약기(1997~2003)를 거치게 된다. 김대중 정부는 IMF 경제위기가 가져온 극심한 경제 침체와 일자리 위기를 2000년 IT 기업 지원과 벤처 붐 조성을 통해 탈출하려고 시도했다. 인터넷 기반시설에 대한 과감한 투자로 세계에서 가장 빠른 인터넷 강국으로 우뚝 서게 되었으며, 디지털 방송 시대를 여는 위성방송기술을 개발함으로써 언제 어디서나 TV방송을 시청할 수 있는 계기를 마련했다. 특히 김대중 정부시대부터 불기 시작한 아시아를 비롯한 전 세계의 한류 열풍은 ICT 기술이 방송과 문화 미디어 산업과 결합함으로써 한국 제품에 대한 선전광고 효과뿐만 아니라 관련 산업의 부가가치를 크게 시너지 경제 효과를 가져왔다. 또한 벤처 창업 열풍은 청년 창업에 대한 정책적 관심을 크게 키웠으며, 방송·문화 등 ICT 산업과 관련된 다양한 분야에서의 일자리를 창출했다. 이후 ICT 산업은 1997년 IMF 경제위기 등 한국 경제의 주요 고비마다 높은 성장률로 수출 주력 산업으로서 경제성장을 선도해왔다.

참여정부하에서 추진된 지식기반 혁신주도 경제 전략과 IT 클러스터 육성 지원은 차세대 ICT 산업의 핵심 전략을 마련하는 신성장기(2004~2008)의 계기가 되었다. 이 시기에는 인터넷기술(IT), 바이오기술(BT), 나노기술(NT), 에너지환경기술(ET) 등 융합원천기술 확보를 위한 융·복합형 연구 및 사업추진체계가 모색되었으며 대학 산학협력단과 혁신기술 테마파크 등 신 산학협력 체계 구축을 통한 ICT 기술의 사업화(TLO)에 대한 기반을 쌓은 시기라고 할 수 있다. 이 시기의 혁신 클러스터 육성과 신산학협력에 대한 정책적 노력은 ICT 산업의 융·복합시기(2009~2013)를 여는 계기가 되었다. 특히 2008년 세계금융위기 이후 ICT 산업의 동반 침체가 이어지고 소프트웨어와 플랫폼 분야가 새로운 부가가치 생산의 중심으로 떠오르면서 차세대 ICT 융복합 산업에 대한 관심이 크게 고조된 시기라고 할 수

〈그림 4-3〉 소프트웨어 10대 핵심기술 연계도

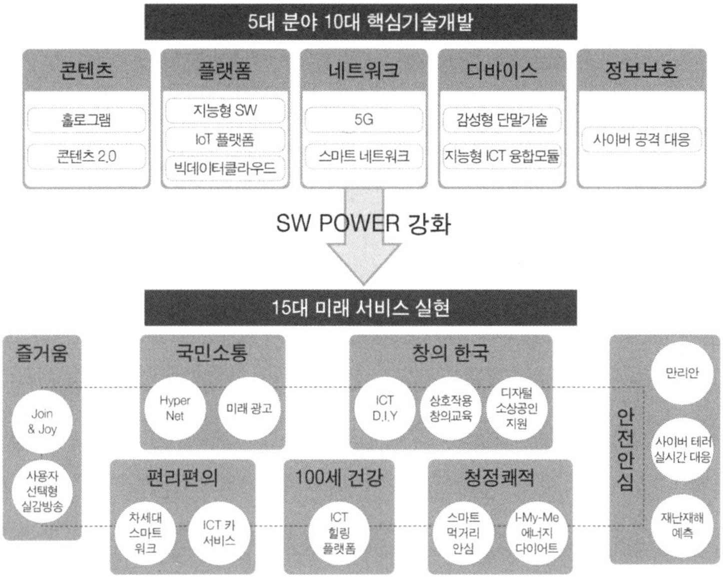

자료: 미래창조과학부(2013).

있다. 이에 따라 이 시기에는 새로운 IT 정책과 시장 환경에 대응하기 위한 노력의 일환으로 정보 통신과 방송 통신의 융·복합을 위해 4세대 모바일 이동통신, IPTV, 3D DMB 등 차세대 신기술이 선보이기 시작했다. 정부적 차원에서도 IT 혁명을 이끄는 소프트웨어기술 개발, 차세대 방송통신 융합기술, 콘텐츠 기술 개발 연구에 대한 활발한 지원이 이루어졌다. 또한 디지털 시대에서 그린 에너지 기술 등 스마트 기술시대로 접어드는 계기를 마련했다(〈그림 4-3〉 참조).

최근 국내 ICT 산업은 뇌과학과 인공지능, 사물인터넷, 3D 프린팅 기술 등 제4차 산업혁명시기의 도래와 함께 그 발전 방향을 둘러싸고 다양한 연구와 논의도 진행되고 있다(이정아·김영훈, 2014; 포스코연구소, 2014). 특히 인터넷 초 연결시대 진입으로 ICBM은 지식기반 사회 데이터 경제의 성장과 공유·오픈소스 연결에 기반을 둔 기술 혁신의 원천으로 주목받는다. 특히 최근 기존의 전문기술자가 아닌 일반인들 사이에서 나타나고 있는 창작운동(Maker Movement)도 우리가 주목해야 할 ICT 지식기반 사회의 새로운 사회현상의 하나라고 할 수 있다. ICT 지식기반 사회의 사회·혁신 네트워크를 통해 독특한 지식과 아이디어 하나로 새로운 사업과 창업에 나설 수 있는 기회의 창이 열리고 있다.

4. ICT 지식기반 사회의 노동시장 분석

1) ICT 산업과 경제 성장

국내 ICT 산업은 1997년 IMF경제위기 이후 한국 경제가 위기를 겪는 고비마다 국내 경제성장을 선도적으로 주도해왔다. 〈그림 4-4〉에서 나타나듯이 GDP 대비 IT 산업생산 비율은 1995년 11.6%에서 매년 크게 증가해 IMF 경제위기 직후인 2000년에는 23.3%를 차지했고 2010년 31.6%를

〈그림 4-4〉 국내 GDP 대비 ICT 산업생산 비율 추이

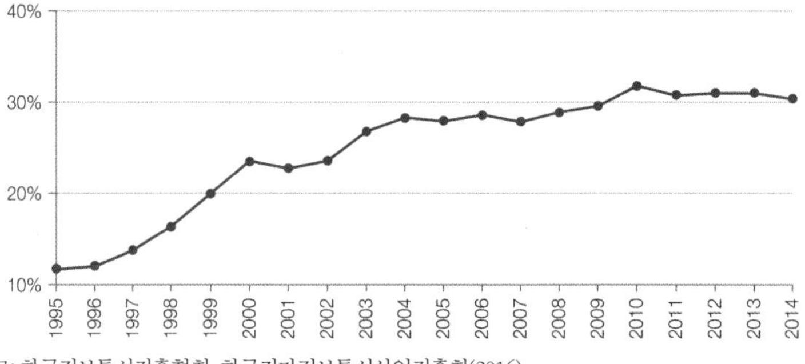

자료: 한국정보통신진흥협회·한국전자정보통신산업진흥회(2016).

〈표 4-3〉 GDP 대비 IT산업생산 비율과 IT 산업별 생산(단위: %, 천 억 원)

연	2006	2007	2008	2009	2010	2011	2012	2013	2014
GDP 대비 IT산업 생산 비율(%)	28.4	27.7	28.7	29.4	31.6	30.7	30.8	30.9	30.3
전체	2,745.2	2,890.4	3,169.9	3,385.6	4,000.9	4,097.0	4,237.4	4,410.2	4,499.3
통신서비스	386.6	405.1	426.6	436.0	436.8	438.8	431.0	443.6	451.2
방송서비스	90.0	97.5	92.9	95.2	107.4	119.8	132.4	138.2	141.8
ICT 기기	1,733.5	1,829.5	2,015.2	2,219.7	2,729.7	2,736.7	2,712.8	2,798.4	2,825.8
S/W	210.6	221.3	261.7	260.1	272.3	295.2	322.4	354.9	375.2
ICT 융합서비스 및 기기	324.5	337.0	373.5	374.6	454.8	506.5	541.5	575.4	597.0

자료: e-나라지표 홈페이지.

최고치를 기록한 이후 다소 줄어 2014년에는 30.3%로 집계되고 있다.

최근 GDP 대비 IT 산업생산 비율이 다소 주춤하고 있는 배경에는 중국 등 신흥개발 도상국가의 낮은 인건비로 글로벌 기업을 유치함으로써 상대적으로 가격경쟁력이 약한 국내 생산기지가 해외로 이전하면서 생산증가폭이 감소하고 있기 때문으로 분석된다. 하지만 〈표 4-3〉에 나타나듯이 2010년을 기점으로 ICT 기기와 통신서비스의 성장세는 주춤한 반면 ICT 융합서비스 및 기기는 급격하게 성장하는 추세를 보여주고 있다.

〈그림 4-5〉에서 나타나듯이 국내 ICT산업의 생산 규모는 2013년 말 139조 4597억 조 원에 이르고 있는 것으로 집계된다. ICT 관련 산업의 성장률도 최근 둔화 추세에 있지만 여전히 7.7%대를 유지하고 있다. 이를 통해 한국 ICT 산업이 국내 경제성장과 수출의 견인차 역할을 수행하고 있는 것을 확인할 수 있다. 실제로 2014년도 ICT 관련 산업의 수출은 전년 대비 2.6% 증가한 1739억 달러로 사상 최대 실적을 기록한 것으로 나타났다(〈그림 4-6〉 참조). 이에 따라 ICT 무역수지도 863억 달러 흑자를 기록하고 있다. 특히 ICT 수출은 전체 산업수출 5727억 달러의 30.4%를 차지할

〈그림 4-5〉 국내 ICT 산업 생산규모 및 수출 추이(단위: 원, %)

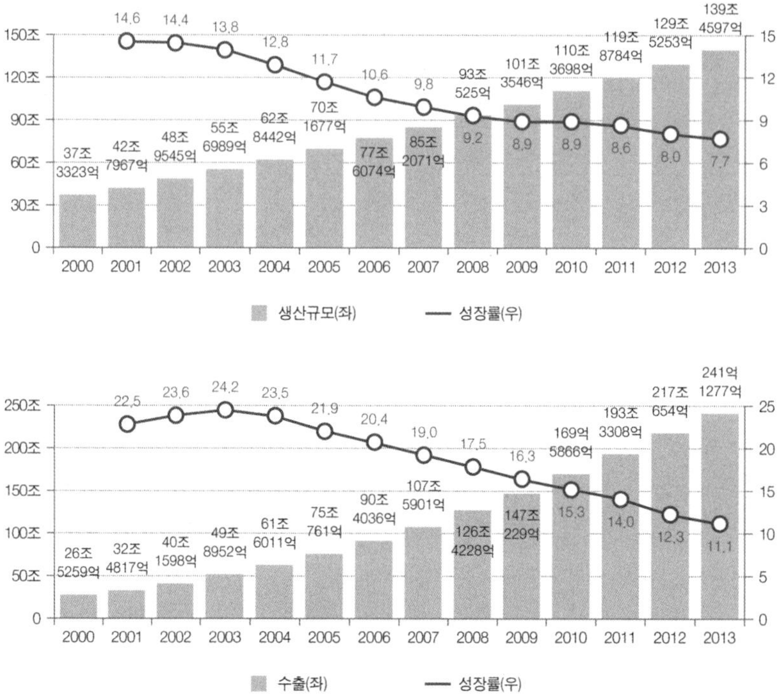

자료: ≪파이낸셜뉴스≫, 2015.1.16 자 재인용.

〈그림 4-6〉 ICT 수출입 및 흑자 동향

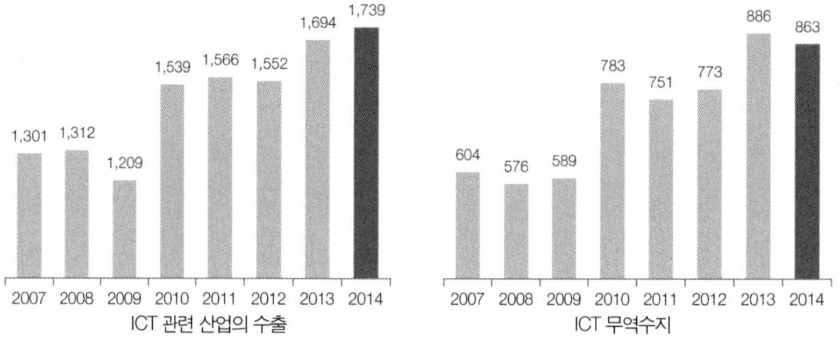

자료: e-나라지표 홈페이지; 정보통신기술진흥센터(IITP).

〈그림 4-7〉 주요 ICT 품목별 수출 동향(단위: 억 달러)

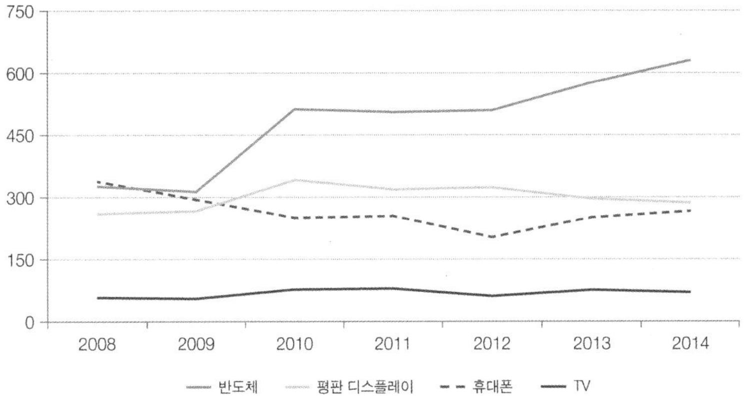

자료: e-나라지표 홈페이지; 정보통신기술진흥센터(IITP).

정도로 한국 경제의 버팀목이 되고 있다.

2014년도 ICT 수출의 주요 품목은 반도체(626억), 평판 디스플레이(284억), 휴대폰(264억), TV(69억) 순으로 나타나고 있다. 2008년 만해도 ICT 1위 수출품이었던 휴대폰은 현재 3위에 머무르고 있으며 대신 반도체 부문 수출이 매년 크게 늘고 있는 것으로 나타나고 있다(〈그림 4-7〉 참조).

2) ICT 산업과 노동시장 변화

국내 ICT 산업의 발전은 노동시장 구조에도 많은 변화를 가져오고 있다. 국내 ICT 인력 고용 추이를 보면 2002년 135만 1000명에서 매년 1.2%씩 지속적으로 증가해 2012년 현재 151만 8000명으로 집계된다. 하지만 전체 산업에서 차지하는 비중은 2012년 기준 9.4%로서 2002년의 11.4%에 비해 그 비중이 감소한 것으로 나타나고 있다(〈표 4-4〉 참조).

전체 ICT 산업 인력의 고용 비중 추이를 보면 ICT 제조업이 ICT 전체

〈표 4-4〉 ICT 인력의 고용 현황과 추이(단위: 천 명)

구분			2002	2005	2006	2007	2008	2009	2010	2011	2012p
전체 산업종사자			11,884	13,106	13,555	13,946	14,168	14,788	15,372	15,862	16,221
ICT 인력			1,351	1,404	1,449	1,461	1,438	1,451	1,448	1,500	1,518
			(11.4%)	(10.7%)	(10.7%)	(10.5%)	(10.2%)	(9.8%)	(9.4%)	(9.5%)	(9.4%)
	ICT 산업		615	696	734	718	706	716	704	748	773
		ICT 기기	395	468	489	469	426	424	421	455	467
		ICT 서비스	110	118	126	125	141	139	143	152	157
		SW	110	111	118	124	139	152	141	141	150
	ICT 관련 산업		173	167	171	174	174	191	200	191	202
	타산업 전산직		563	541	544	569	558	544	543	560	544

자료: 한국정보통신진흥협회·한국전자정보통신산업진흥회(2016); 통계청; 나성현 외(2014), 18쪽 재인용.

고용에서 절반 정도를 차지하고 있으며 최근 들어 방송통신서비스, 소프트웨어, 방송통신기기, 정보통신관련 산업 등의 고용 비중이 점차 증가하고 있음을 알 수 있다(〈그림 4-8〉 참조).

ICT 관련 산업 및 타 산업 전산직을 제외한 ICT 세부 산업별 고용 현황 및 추이를 2012년 기준으로 살펴보면, 방송통신기기 분야 종사자는 46만 7000여 명으로 60.4%를 차지하고 있으며, 이어서 방송통신서비스 15만 7000여 명(20.3%), 소프트웨어 분야 15만여 명(19.4%) 순으로 나타나고 있다(〈표 4-5〉 참조). ICT 세부 산업 하위 분야에서 가장 높은 고용 성장률을 보이는 분야는 방송통신융합 부문으로 평균 5.6%의 성장률을 기록했으며, 이어 부가통신서비스(5.0%), 방송서비스(4.9%) 순으로 나타났다. 반면 방송통신기기 분야 성장률은 2008년 세계경제위기로 상대적으로 성장이 둔화되고 있으며, 임대 재판매 통신서비스, 유·무선통신, 정보기기는 마

〈그림 4-8〉 전체 ICT 산업 인력의 비중 추이(2006~2012년)

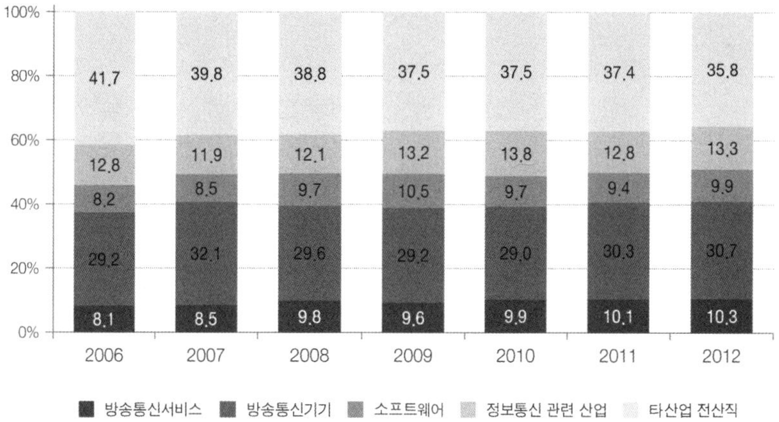

자료: 한국정보통신진흥협회·한국전자정보통신산업진흥회(2016); 통계청; 나성현 외(2014), 18쪽 재인용.

〈표 4-5〉 ICT 세부 산업별 고용 추이 현황(단위: 천 명)

	2008	2009	2010	2011	2012p	비중	CAGR (08~12)
방송통신기기	426.2	424.1	420.6	455.2	466.6	60.4%	2.3%
통신기기	110.9	112.9	114.6	117.2	117.7	15.2%	1.5%
방송기기	55.6	54.6	54.9	54.4	56.7	7.3%	0.5%
정보기기	20.1	18.0	17.6	18.2	19.4	2.5%	-0.9%
부품	239.6	238.6	233.4	265.4	272.8	35.3%	3.3%
방송통신서비스	140.8	139.3	143.1	152.2	156.6	20.3%	2.7%
통신서비스	73.6	70.4	71.1	72.8	74.1	9.6%	0.2%
- 유무선 통신	44.0	39.8	39.7	40.5	40.7	5.3%	-1.9%
- 임대재판매 등	6.6	5.5	5.5	5.3	5.4	0.7%	-5.0%
- 부가통신	23.0	25.0	25.9	27.1	28.0	3.6%	5.0%
방송서비스	30.1	29.6	29.6	34.7	36.3	4.7%	4.8%
방송통신융합	37.2	39.4	42.4	44.6	46.2	6.0%	5.6%
소프트웨어	138.9	152.5	140.8	141.0	149.6	19.4%	1.9%
패키지 SW	29.1	31.0	32.0	32.1	-	-	-
IT 서비스	109.8	121.5	108.7	108.9	-	-	-
ICT 상시종 사자	706.0	715.9	704.4	748.3	772.7	100.0	2.3%

자료: 한국정보통신진흥협회·한국전자정보통신산업진흥회(2016); 통계청; 나성현 외(2014), 22쪽 재인용.

〈그림 4-9〉 정보통신 관련직 및 소프트웨어 인력 고용 추이

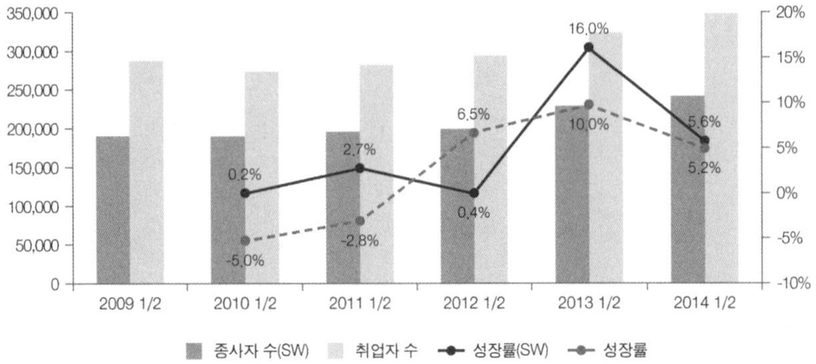

주: 5인 이상 정보통신 사업체를 기준으로 취업자 수를 추이했다.
자료: 고용노동부 직종별사업체노동력조사;. 이경남(2014), 2쪽 재인용.

이너스 성장한 것으로 나타났다. 이 같은 방송통신서비스업의 방송통신융합과 부가통신서비스, 방송서비스의 급격한 고용 성장은 모바일 기기의 확산, 무선인터넷 및 클라우드 서비스 확산, 쇼설 네트워크 서비스(SNS)의 확대와 다양한 게임 등 애플리케이션 서비스 사업, 유무선 콘텐츠 시장의 성장에 따른 결과인 것으로 보인다(나성현 외, 2014).

한편 ICT 고용 현황을 직업별 분류체계에 따른 조사에 따르면 국내 5인 이상 사업체에 종사하는 정보통신직(ICT)의 고용 규모는 2014년 상반기 현재 34만 7000여 명으로 연평균 3.8% 성장한 것으로 집계된다(〈그림 4-9〉 참조). 반면 소프트웨어(SW) 인력은 지난 5년간 3만 1000명이 증가해 전체 ICT 고용성장률보다 더 높아 연평균 5.7%씩 성장한 것으로 나타난다.

〈그림 4-10〉에서도 볼 수 있듯이 ICT 세부 직업별 고용에서도 소프트웨어 개발 전문가가 가장 큰 비중을 차지하고 있다. 또한 2014년도 현재 소프트웨어(SW) 산업내 기술인력 비중도 전체 소프트웨어 종사자(19만 8904명)의 62.5%를 차지하고 있다. 이는 전체 산업평균 35.4%를 크게 웃

〈그림 4-10〉 ICT 세부 직업별 고용 추이

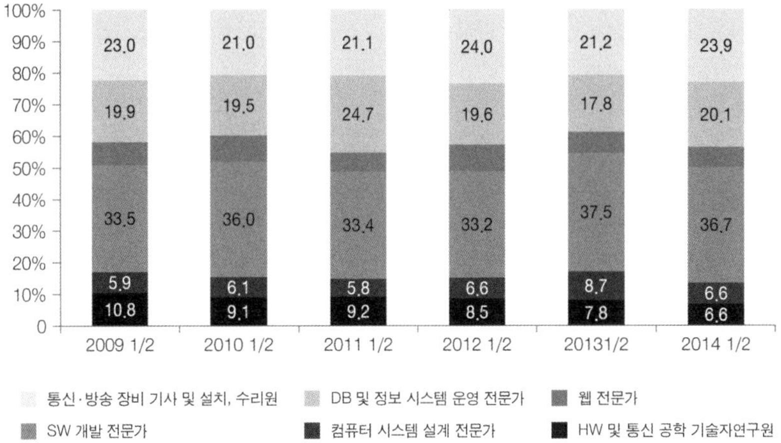

주: 5인 이상 사업체를 기준으로 취업자 수를 추이했다.
자료: 이경남(2014), 4쪽에서 재인용.

돌고 있을 뿐만 아니라 12대 주력 산업중 반도체(65.3%)를 제외하고 두 번째로 높은 수치이다(〈그림 4-11〉 참조).

전체 ICT 산업 내부에서 소프트웨어 개발 전문가가 차지하고 있는 높은 비중을 반영하고 있듯이 소프트웨어 기술인력 부족 현상에서도 큰 것으로 나타나고 있다(〈그림 4-12〉 참조). 〈표 4-6〉에서 보여주듯이 12대 주력산업 부족 인원은 2만 4553명으로 전체 산업 부족 인원 중 67.4%를 차지하고 있는 가운데 부문별 산업별 기술인력 부족률은 화학(3.6%, 4364명)과 기계(2.8%, 4030명)를 제외하고 소프트웨어 (2.7%, 3649명), 전자 (2.3%, 4179명), 반도체 (1.6%, 1508명). 디스플레이(0.7%, 361명) 등 ICT 기술 인력이 차지하고 있음을 알 수 있다.

〈그림 4-11〉 산업별 기술 인력 비중(2014년)

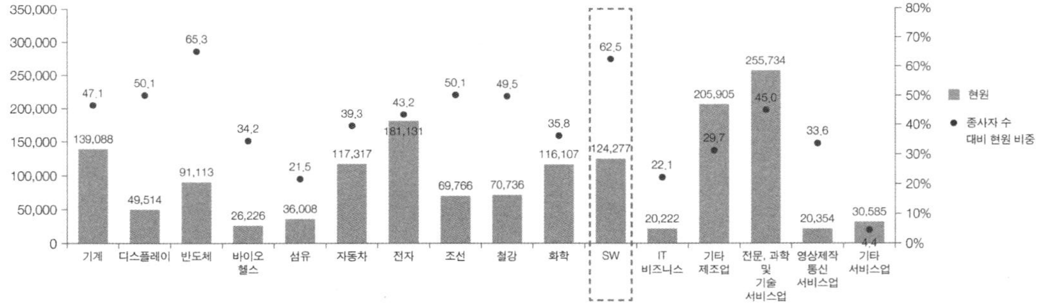

〈그림 4-12〉 산업별 기술 인력 부족 현황(2014년)

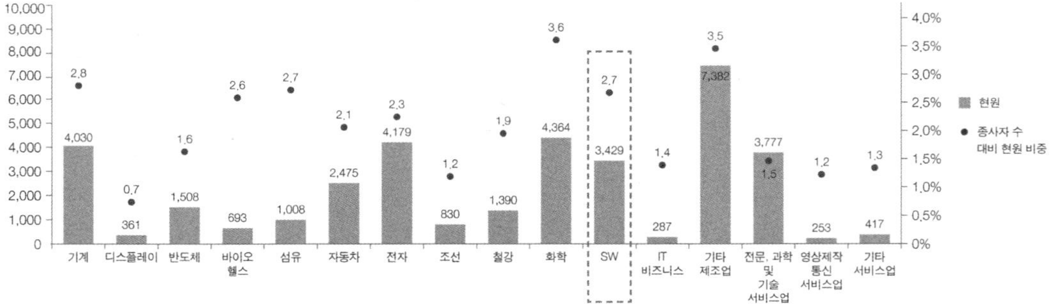

자료: 산업통상자원부·KIAT(2016).

〈표 4-6〉 산업별·학력별 부족 인원 및 부족률(2014년 기준)

구분			고졸		전문학사		학사		석사		박사		계	
			부족 인원	부족률	부족 인원	부족률	부족 인원	부족률	부족 인원	부족률	부족 인원	부족률	부족 인원	부족률
12대 주력 산업	제조 부문	기계	3,047	3.7	418	1.6	523	1.7	42	1.0	0	0.0	4,030	2.8
		디스플레이	292	1.2	50	0.4	14	0.2	5	0.3	0	0.0	361	0.7
		반도체	946	2.1	57	0.4	318	1.3	156	1.9	32	1.2	1,508	1.6
		바이오·헬스	258	2.7	120	2.3	278	3.0	37	1.5	0	0.0	693	2.6
		섬유	727	3.1	180	3.2	101	1.4	0	0.0	0	0.0	1,008	2.7
		자동차	2,072	2.6	257	1.5	130	0.7	16	0.6	0	0.0	2,475	2.1
		전자	2,853	3.0	548	1.9	733	1.5	42	0.4	3	0.1	4,179	2.3
		조선	548	1.3	41	0.3	237	1.8	4	0.3	0	0.0	830	1.2
		철강	1,125	2.4	206	1.5	49	0.5	6	0.5	4	1.5	1,390	1.9
		화학	3,442	5.0	278	1.1	620	2.5	24	0.8	0	0.0	4,364	3.6
	서비스 부분	소프트웨어	123	4.7	294	1.1	2,869	3.3	143	1.4	0	0.0	3,429	2.7
		IT 비지니스	10	1.4	119	2.8	118	0.9	40	1.9	0	0.0	287	1.4
	소계		15,443	3.0	2,566	1.3	5,990	2.0	515	1.1	39	0.4	24,553	2.3

자료: 산업통상자원부·KIAT(2016).

5. ICT 산업의 인적자원개발 전략과 변화

1) 산업정책과 인적자원개발전략 변화

한국 경제의 급속한 성장 배경에 대한 분석은 앞서 살펴보았듯이 국내외 경제적 환경 변화에 따른 발 빠른 산업정책 전환과 이를 뒷받침하기 위한 인력자원개발 전략의 중요성을 빼놓을 수 없다(〈표 4-7〉 참조). 1960년대 수출 주도 경공업 육성 시기에는 기능인력 확보가 무엇보다 중요했다. 당시 의류, 봉제, 가발 등 노동집약적 경공업 제품 생산을 위해서는 단기간 내에 활용 가능한 기능인력 확보가 매우 중요한 정책 과제였다. 따라서 정부는 이 시기에 부족한 기능인력 양성을 위해 실업계와 공업계 고등학교를 확대·설립하고 산업현장 실습 강화정책을 추진했다(〈표 4-8〉 참조). 특히 노동생산성 제고와 낮은 수준의 기능인력에 대한 훈련과 취업 기회

〈표 4-7〉 산업 발전 단계에 따른 인재 육성 전략

구분	1960년대	1970년대	1980년대	1990년대	2000년대
산업정책	수출주도 경공업	수출주도 중화학공업	기술집약적 중화학 공업	하이테크 혁신기반 산업	고부가가치 ICT 산업
주요산업	비료, 시멘트, 섬유(의류)	철강, 전자, 자동차, 조선, 석유화학	조선, 기계, 자동차, 반도체, 컴퓨터	반도체, 첨단 가전, 휴대폰	반도체, 이동통신, 바이오
산업특징	노동 집약	기술 집약	기술 집약	첨단 산업	융복합 지식산업
요구인재	기능, 숙련공	숙련공, 기술자	기술자	기술자, 과학자	신지식인
스킬수준	미숙련, 숙련	숙련	숙련, 다기능	고숙련, 고기술	창의 기술
육성전략	기능인력 확대	공업계 및 직업훈련 확대	고등교육 확대	평생교육 시스템 강화	인적자원개발 혁신 및 산학협력
핵심사업	실업·공업계 고교 확대 설립 이공계 대학 정원 확대	공업고 특성화 추진 산학협동과 실설	이공계대학원 육성 전문대 설립 과학고 신설	전문대학 강화 BK21 사업 고급기술인력 확충	BK21 2단계 지방대학혁신역량강화(NURI) 대학별 특성화

〈표 4-8〉 실업 및 공업계 고교 학생 수 추이(1965~1998년)

연도	실업계 고교			공업계 고교			공업계 학생 수(B/A)
	학교 수	학생 수(A)	교원 수	학교 수	학생 수(B)	교원 수	
1965	312	172,436	6,214	42	36,980	1,305	21.4
1970	481	275,015	10,009	59	77,332	2,115	28.1
1975	479	474,868	15,340	72	139,638	4,296	29.2
1980	605	764,187	23,468	100	212,523	6,782	27.8
1985	635	885,962	29,506	102	223,494	7,382	25.2
1990	587	810,651	34,609	104	198,394	8,701	24.5
1991	618	705,143	36,515	113	207,106	9,280	29.4
1992	677	707,593	38,984	127	222,308	10,015	31.4
1993	718	726,303	40,658	150	249,233	11,411	34.3
1994	738	754,183	41,311	161	280,517	11,999	26.9
1995	762	809,141	42,656	175	316,092	12,804	39.1
1996	771	840,000	43,788	184	340,096	13,845	40.5
1997	776	864,617	44,294	192	360,125	14,565	41.6
1998	774	829,064	41,084	201	351,997	17,544	42.5

자료: 교육부 교육통계연보 각 연도.

확대를 목적으로 한 '직업훈련법'(1967) 제정과 과학기술자와 기술공 수요에 따른 이공계 대학의 정원 확대가 이루어진 것도 이 시기이다(장승관, 2012).

1970년대에는 중화학공업 정책 전환에 맞추어 이를 대비한 장기인력 수급계획 및 정책 방향에 대한 모색이 이루어지기 시작했다. 먼저 과학 기술인력의 유형을 과학기술자, 현장기술자, 기능인력 등 세 가지로 구분하고 중화학공업 전환에 요구되는 직종에 대한 인력수급을 전망하는 한편 기계, 전자, 화공 분야 등 이공계 대학의 입학정원 조정·확대 및 특성화를 추진했다(〈표 4-9〉 참조). 특히 1974년에는 '국가기술자격법'을 제정(1975)·공포하고 기술공업계 각 급 학교의 졸업 예정자들에 대한 기술자격 검정 시험을 통해 필요한 노동·기술 인력의 질을 확보해가기 위한 정책적 노력

〈표 4-9〉 이공계 대학 졸업자 추이(1970 ~1990년)

연도	1970년대	1980년대	1985년대	1987년대	1990년대
졸업자 수	4,078	11,311	23,448	27,768	30,514
전계열에 대한 이공계 비율	17.3%	22.7%	19.8%	18.6%	18.4%

자료: 교육부 교육통계연보 각 연도; 장승관(2012), 32쪽 재인용.

을 기울였다. 1980년대 들어 정부는 기술집약적 중화학공업 고도화 정책 추진을 위해 기초과학 교육의 강조, 전문 기술인력 양성을 위한 이공계 대학(원) 지원 확대, 기능인력 숙련 향상을 통한 다기능공 육성 등을 위한 인적자원개발 정책을 적극 추진했다. 특히 이 시기에는 산업구조의 변화를 반영해 기존 공업계와 실업계 고등학교의 역할과 기능에 대한 조정이 이루어졌다. 지금까지 공고에서 이루어진 완성형의 기능공 전문교육 대신 기초능력과 적응력 제고를 위한 교육에 중점을 두되 직업에서 요구되는 전문기술은 산업체에서 습득하는 산학협동모형을 새롭게 제시했다. 또한 1980년대 말 첨단산업에 대비한 고급기술인력 육성과 중소 제조업을 중심으로 한 전문 기능인력 부족 문제 해결을 위해 4년제 대학과 전문대학의 이공계 입학정원을 첨단기술 관련학과 중심으로 확대·개편한 것도 이 시기라고 할 수 있다. 1990년대 들어와 정부는 이공계 학과의 정원을 확대하고 대학 특성화 성과에 따른 선택적 지원으로 대학의 교육 및 연구기능을 분화를 유도했으며, 기술교육제도 개선 방안의 일환으로 한국산업기술대학교를 설립(1995)했다. 한국산업기술대학의 설립은 기존 이공계 대학정원의 확대에도 불구하고 여전히 나타나고 있는 고급 기술인력 수급의 불균형 해소와 전문기술교육의 질제고 및 산업체 현장 적응력이 뛰어난 우수 산업기술인력 육성에 초점을 두었다. 하지만 1990년대 말 과학기술인력의 양적, 질적 수급 불균형 현상이 심화되고 이공계 취업난과 맞물려

〈표 4-10〉 10대 차세대 성장동력산업의 제품 및 기술

	제품군	기술
디지털 TV/ 방송	DTV 수상기 등	데이터 방송기술 등
디스플레이	PDP 등	TFT-LCD 기술 등
지능형 로봇	자동차 제조용 로봇 등	지능로봇 시스템 기술 등
미래형 자동차	지능형 자동차 등	세시제어기술 등
차세대 반도체	SoC 등	나노 신소자기술 등
차세대 이동통신	휴대 단말기 등	휴대인터넷 기술 등
지능형 홈네트워크	홈플랫폼 등	차세대 인터넷 서버 기술 등
디지털콘텐츠/ SW 솔루션	응용소프트웨어 등	e-러닝 플랫폼기술 등
차세대 전지	이차전지 등	리튬이차전지 등
바이오 신약/ 장기	약물전달시스템 등	약물방출제어기술 등

자료: 재정경제부 외(2005).

이공계 기피 현상이 나타나면서 정부주도의 인적자원개발전략의 한계점이 나타나기 시작했다.

2000년대 들어 정보기술혁명에 기반을 둔 지식기반경제 체제로의 급격한 경제패러다임의 전환과 함께 IT, BT, NT, ET 등 신산업 성장 동력에 필요한 고급과학기술인력 육성이 동시에 요구되었다. 이에 따라 김대중 정부는 '과학기술기본법' 제정과 과학기술기본계획 수립(2001)을 통해 범정부차원에서의 차세대 성장동력사업, 국가연구개발기술 실용화, 핵심 원천기술 개발 지원을 위한 21세기 프런티어 연구개발 사업 등 혁신주도형 경제와 과학기술 분야의 질적 성장에 초점을 맞추고 이에 필요한 핵심 인재 육성에 많은 정책적 노력을 기울여왔다(〈표 4-10〉 참조). 특히 참여정부 이후 지능형 로봇, 미래형 자동차, 차세대 전지, 바이오 신약 등 차세대 성장동력을 선점하기 위한 육성지원 사업을 통해 관련 인적자원육성에도 적극 나서고 있다.

2) ICT 산업의 인적자원개발 전략과 변화

한국 ICT 산업의 시기 단계별 특징에서 보았듯이 ICT 지식기반 사회에서의 인적자원개발 전략과 고용 패러다임도 크게 변화하고 있음을 알 수 있다(〈표 4-11〉 참조). 국내 ICT 지식기반 사회의 태동기에 속하는 ICT 제조업 시대에서는 하드웨어 분야에 대한 고용이 주를 이루었다. 정부의 ICT 산업에 대한 인적자원개발 전략은 초창기 ICT 산업 태동기에는 주로 공업계와 전문대 인력 육성에서 초점을 맞추었다. 하지만 ICT 산업 패러다임이 고도화되면서 하드웨어 생산 분야에서 점차 소프트웨어 분야로 나아가고 있으며, 최근에는 웹 서비스 형태의 하드웨어 및 소프트웨어 융·복합 기술로 진화하고 있다. 이에 따라 정부는 ICT 관련학과 확대와 IT 직종 전환 교육, 석·박사 중심의 고급 IT 인력양성 방향으로 나아가고 있다.

IT 산업인력 수요와 인력양성 변화는 〈그림 4-13〉에서도 엿볼 수 있다. 전체 IT 관련학과 졸업생 수는 2006년 5만 명 수준에서 2012년에는 3만 2000여 명 수준(전문대학 이상)으로 크게 줄어들고 있다. 이에 따라 전체 졸업생 수 대비 비중도 2006년 9.6%에서 2012년 6.0%로 크게 감소했다. 하지만 학생 수의 감소 대부분은 전문대학 졸업생 수의 감소에서 비롯된 것이다. 반면 석·박사 이상의 IT 관련학과 졸업생 수는 2006년 2000여 명

〈표 4-11〉 ICT 지식기반 사회의 인적자원개발 전략 변화

구분	하드웨어 중심	소프트웨어 중심	융·복합 기술 중심
주요 분야	TV, 전화, 반도체	컴퓨터, 핸드폰 OS	사물인터넷(IOT), 인공지능, 빅 데이터
인적자원	조립자, 엔지니어	소프트웨어 개발자	융·복합 엔지니어
노동 성격	단순노동, 낮은 임금	지식노동, 높은 임금	전문가 중심, 고소득
학력 수준	공업계, 전문대	대학 (관련전공)	대학원(석·박사)

〈그림 4-13〉 IT 관련 학과 졸업생수 추이(2006~2012년)

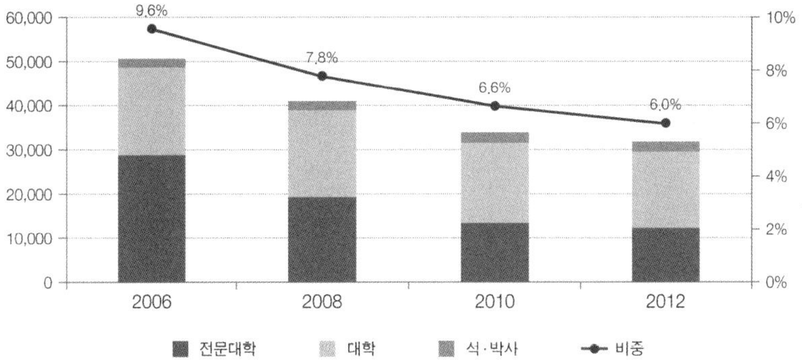

자료: 한국교육개발원 취업통계연보 각 연도.

수준에서 2011년에는 2500여 명 수준으로 증가했다.

그럼에도 IT 관련 분야 내에서의 인력 수요와 공급은 여전히 큰 것으로 나타나고 있다. 예컨대 하드웨어 개발·설계 및 유지 부문에서는 인적자원의 초과 공급이 예상되는 반면 SW/SI 개발 및 설계 직군에서는 초과 수요가 전망되고 있다(이의규 외, 2013). 실제로 ICT 산업이 고도화하면서 소프트웨어 분야에 대한 일자리가 점차 늘어나고 있으며 소프트웨어 인터넷 서비스 분야의 고용이 크게 늘고 있다. MS, IBM, Oracle 등 세계적인 패키지 SW기업들이 대부분 클라우드 서비스 분야에 대한 투자를 크게 늘리고 있다. 이러한 클라우드 서비스 분야는 기존처럼 ICT 기기를 직접 설치해서 사용하는 것보다 개인, 기업, 국가가 지불해야 할 비용을 크게 줄 일수 있기 때문에 비용의 합리화와 업무의 생산성 측면에서 그 사용이 점차 커질 것으로 예측되고 있다.

또한 ICT 산업 발전에 따른 데이터량이 급증하고 있는 가운데 클라우드 서비스 직종 분야뿐만 아니라 빅 데이터 관리자 및 분석가 등에 대한 인적자원 수요도 늘고 있다(〈그림 4-14〉 참조). 이에 따라 정부는 미래 인력수요

〈표 4-12〉 IT 관련 학과 졸업자 현황(2011~2014년, 단위: 명)

전공		2011	2012	2013	2014
응용소프트웨어		3,126	2,882	3,040	2,797
	전문대학	1,528	1,478	1,548	1,391
	대학	1,076	967	1,014	989
	산업대학	335	265	233	149
	기능대학	41	48	94	138
	일반대학원	146	124	151	130
전산 · 컴퓨터공학		12,922	13,545	12,504	11,928
	전문대학	1,641	1,781	1,289	1,381
	대학	8,676	9,118	8,626	8,478
	산업대학	1,020	1,120	1,104	872
	기능대학	124	121	81	55
	일반대학원	1,461	1,405	1,404	1,142
정보 · 통신		19,962	18,316	17,920	16,829
	전문대학	9,607	8,918	8,339	8,136
	대학	7,840	7,103	7,297	6,512
	산업대학	842	721	720	600
	기능대학	708	677	719	736
	일반대학원	965	897	845	845
총합계		36,010	34,743	33,464	31,554

자료: 한국교육개발원 취업통계연보 각 연도.

에 대비한 IT·SW분야 전문 인력 양성을 위해 다각적인 노력을 기울이고 있다(〈표 4-13〉 참조). IT·SW분야 인력양성 사업에 따르면 정부는 빅 데이터, 클라우드 등 5개 분야 대학 IT연구센터 신규 선정을 통한 석박사급 고급인재 양성과 SW 특성화대학(원) 사업, SW 전문인력 양성기관 지정 및 고용계약형 SW석사과정 확대 등을 적극 추진하고 있다.

하지만 노동시장 내 ICT 인력 수급에는 여전히 불균형이 존재하고 있는

〈그림 4-14〉 ICT 산업 발전에 따른 데이터량 변화 추이

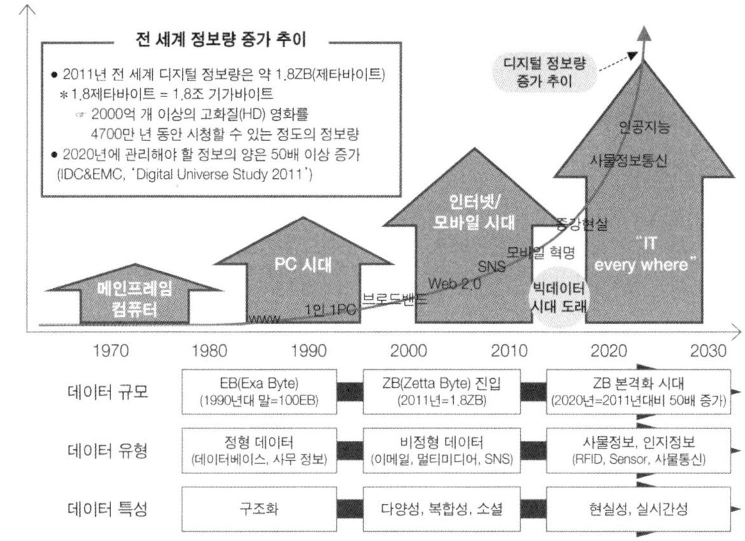

자료: 한국정보화진흥원(2013).

〈표 4-13〉 IT·SW 분야 인력 양성 사업(2013년)

사업 분야	주요 추진 내용	예산
대학 IT 교육 질적 개선	- 서울어코드와 연계해 대학 IT관련 학과 제도 개선 - IT 전공자 실무 능력 검증 도구 'TOPCIT' 고도화	134억 원
전략 분야 석·박사급 고급 인재 양성	- 빅데이터, 클라우드 등 5개 분야 대학 IT연구센터 신규 선정, IT 교통 분야 신규 IT융합연구센터 선정 - IT·SW 창의연구과정 지방 소재 대학과 중소기업 신청 시 가점 부여	515억 원
기업 맞춤형 실무 인재 공급	- IT 멘토링 사업 프로젝트 유형 다양화, 인턴십 학점 의무화 - SW 융합 채용 인수 과정 지속 추진	91억 원
해외 우수 ㄴIT인력 활용	-해외 IT 전문인력 활용 촉진사업 산학연계 내실화 추진 -해외인재 스카우팅 사업 지속 추진	71억 원
SW 전문인력 양성	- SW 전문인력 양성기관 지정(예산 지원 등 인센티브 제공) - SW 특성화대학(원) 사업 SW전공교육 실시 - SW 마에스트로 과정 사후 관리 강화 등 개편 방안 마련 - SW 동아리 재능기부 챌린지 프로그램 지원 강화 - 고용계약형 SW석사과정 대상 대학 확대	150억 원

자료: 정보통신산업진흥원(2014).

〈표 4-14〉 IT·SW 관련 분야 인력수급 현황(2015년 2분기 기준, 단위: 명, %)

구분	현원	구인 인원	채용 인원	미충원 인원	부족 인원	채용 계획 인원	부족률
정보통신 관련 관리자	5,376	59	59	0	68	25	1.2
컴퓨터시스템 설계 전문가	28,309	719	630	89	316	340	1.1
소프트웨어 개발 전문가	119,616	6,786	5,263	1,523	4,023	4,048	3.3
웹 전문가	23,060	1,555	1,252	303	1,047	979	4.3
데이터베이스·정보 시스템 운영 전문가	73,642	2,737	2,237	500	1,466	1,412	2.0
합계	250,003	11,856	9,441	2,415	6,920	6,804	2.7

주: 부족률 = 부족 인원/(현원 + 부족 인원)
자료: 정보기술·사업관리 인적자원개발위원회(2016).

것으로 나타난다(〈표 4-14〉 참조). IT 및 SW 관련 분야 직종별 인력 부족률은 평균 2.7%로 전체 산업평균 부족률 2.4%보다 높게 나타나고 있으며, 특히 웹전문가(4.3%)와 소프트웨어 개발전문가(3.3%)가 많이 부족한 것으로 집계된다. 임베디드 소프트웨어 인력, 시스템반도체 인력도 크게 부족한 것으로 나타나고 있다(산업통상자원부, 2016). 나아가 인공지능, 무인자동차, 사물인터넷, 빅 데이터 분석 등 새로운 4차 산업혁명시대를 대비한 ICT 인적자원의 부족은 더 큰 문제가 아닐 수 없다.

6. 맺음말

한국의 ICT 산업은 그 동안 IMF 경제위기 이후 한국 경제가 직면한 위기

마다 지속적인 성장과 발전을 이루어 경제성장의 견인차 역할을 수행해 왔다. 국가별 ICT 발전지수에서도 2014년을 제외하고 지난 5년간 연속 1위('09~'15)를 차지했다. 앞에서도 지적하했듯이 국내 ICT 산업이 세계 최고 수준을 달성하고 있지만 인적자본은 OECD국가 중 중하위권으로 인적자원 개발 및 경쟁력은 여전히 미흡한 수준으로 평가된다. 따라서 이 연구를 통해 한국 ICT 지식기반 사회의 주요 시기별 노동시장 변화와 이에 따른 인적자원개발 전략과 특성에 초점을 맞춤으로써 향후 ICT 지식기반 사회에서 요구하는 차세대 인적자원을 어떻게 육성해나갈 것인가에 대한 정책적 함의를 얻고자 하였다. 특히 그 동안 한국 경제성장의 견인차 역할을 해왔던 ICT 산업의 성장률이 매년 지속적으로 떨어지고 있어 이에 대한 대안을 찾아야 한다는 문제의식도 빼놓을 수 없다. 지금까지의 연구 결과를 간단히 요약하면 다음 몇 가지 정책적 함의를 찾을 수 있다.

한국 ICT 산업의 시기 단계별 특징에 따라 ICT 지식기반 사회에서의 인적자원개발 전략과 고용패러다임도 크게 변화하고 있다는 점이다. ICT 산업 패러다임이 고도화되면서 점차 하드웨어 생산 분야에서 점차 소프트웨어 분야로 나아가고 있으며 최근에는 웹 서비스 형태의 하드웨어 및 소프트웨어 융·복합 기술로 진화하고 있음을 알 수 있다. 이에 따라 국내 ICT 지식기반 사회의 태동기에 속하는 ICT 제조업 시대에서는 하드웨어 분야에 대한 단순 노동이 주를 이루고 있다면 점차 지식기반 중심의 소프트웨어 분야 일자리에 대한 요구가 커지고 있음을 알 수 있다. 또한 ICT 산업 발전에 따른 데이터 량이 급증하고 있는 가운데 클라우드 서비스 직종 분야뿐만 아니라 빅 데이터 관리자 및 분석가 등에 대한 인적자원 수요도 크게 늘 것으로 예상된다. 하지만 ICT 산업 내 노동시장에서의 일자리 불일치(job-mismatch)와 숙련 불일치(skill-mismatch) 등 인력 수급의 불균형이 존재하고 있다는 점이 큰 문제로 지적되고 있다. 특히 양질의 SW인력과 석·박사 인력이 여전히 부족한 상태이며, 기업들의 ICT 전공 졸업생의 역량에 대한 불신도 여전한 존재한다(조민수·박희영 2015). 따라서 이러한 일자리와 숙련 불일치를 해결해가기 위해 정책적 노력도 요구된다. 현재 ICT 중소기업의 인력난은 대기업보다 심각한 수준에 있다. 특히 구직자들의 IT 중소기업에 대한 기피와 중소기업에 대한 대기업의 인력 빼가기는 ICT 중소기업 인력난을 더욱 가중시키는 결과를 낳고 있다. 최근 ICT 분야 노동시장에서 고학력자들의 취업이 점점 어려워지고 청년 실업이 증가하고 있다는 점에서 기존의 대기업 위주의 성장주도 정책에서 중소기업 위주의 ICT 산업 지원 정책이 요구되는 것도 이 때문이다.

국내 ICT 산업 생태계에 대한 정책과 관련해 다음 몇 가지 점을 제안할 수 있다. 먼저 소프트웨어 개발 인력, ICT와 방송·통신 융합을 통한 멀티미디어에 이르기까지 융·복합 분야 인재에 대한 집중 육성이 필요하다는 점이다. 이를 위해 고급인재육성을 위한 산학 협력 시스템 구축과 학제 간을 넘어선 융·복합 분야 인재육성을 위한 다 학제 간 교육프로그램 개발이 적극 나설 필요가 있다. 예컨대 스탠퍼드 대학에서 운영하는 디자인연구소(Institute of Design) 교육프로그램은 엔지니어, 디자인, 법학, 경영, 인문학 등 다양한 분야의 전공자들의 참여가 가능하다. 또한 컴퓨터 프로그래밍, 시스템 통합 및 관리 전문 인력, ICT 재교육 및 훈련 강화 교육 프로그램도 마련되어야 한다. 또한 미국의 절반 정도 수준에 머무르고 있는 소프트웨어 인력 등 ICT 산업 종사자들에 대한 임금 인상 및 사회 경제적 처우 개선도 필요하다. 특히 현재 IT·SW관련 분야에서 석·박사학위를 딴 후 대학 및 정부기관에서 신규 채용되어 일하는 많은 연구 인력이 대부분 비정규직 고용형태여서 낮은 임금과 장시간 노동에 노출되어 있으며 고용

불안정으로 인해 심도 있는 연구를 진행하기에 많은 어려움이 있어 새로운 혁신기술 연구 및 개발에도 큰 장애 요인으로 작용하고 있다.

ICT 산업의 발전 패러다임이 지속적으로 변화함에 따라 이에 상응한 인적자원개발 전략도 새롭게 모색되어야 한다. ICT 산업 내 하드웨어와 소프트웨어를 하나로 묶어주는 새로운 융·복합 기술의 개발과 함께 금융, 가전, 자동차, 로봇 등 다른 산업 분야와의 융합을 통해 차세대 성장 동력 확보에 이에 필요한 인적자원개발에 적극 나서야 할 것이다. 특히 4차 산업혁명에 대비한 인공지능, 사물인터넷, 클라우드 컴퓨팅, 빅 데이터 분석 등에 필요한 인력 육성이 제대로 이루어져 있지 않아 이에 대한 인적자원개발 전략이 절실한 시점이다.

05 사회투자, 인적자본, ICT 산업

OECD 자료를 통한 분석

김영범·박준식

1. 들어가며

이른바 지식기반 사회(Knowledge based society)의 도래와 더불어 경제성장에 지식과 기술의 중요성이 더욱 커짐에 따라 복지를 경제성장의 한 요인으로 긍정적인 시각에서 바라보아야 한다는 주장이 더욱 힘을 얻고 있다(Morel, 2012). 즉 복지를 미래의 성장에 기여하는 사회투자(social investment)의 측면에서 바라보아야 한다는 것이다. 경제적 세계화와 더불어 저임금 국가의 추격이 가속화되는 현실에서 국가 경제의 지속적인 성장을 위해서는 쉽게 추격하기 어려운 고기술 산업 분야의 발전이 매우 중요하다. 고기술 산업 분야의 발전은 양질의 인적자본이 필요한데 복지의 생산적 측면을 강조하는 사회투자전략은 양질의 인적자본을 축적하는 데 유리한 환경을 조성한다.

유럽을 중심으로 시작된 생산적 복지국가(productive welfare state)에 대한 논의는 복지가 미래의 경제성장을 위한 투자라는 점을 강조하고 있는데, 이는 단순히 복지의 조건으로 근로를 강조하는 근로연계복지(welfare to work)적 입장을 넘어서서 사회투자적 측면이 부각될 수 있도록 복지제도를 개편해야 한다는 점을 강조한다. 최근 자본주의 다양성(variety of capitalism)론을 강조하는 입장 역시 사회보험이나 노동시장의 제도적 특성이 특정 유형의 숙련을 향상시키는 데 유인책을 제공한다는 점을 강조해 복지제도의 특징이 특정 산업의 국가경쟁력에 영향을 준다고 주장한다.

이 글은 사회투자전략의 핵심 요소인 가족지출, 적극적 노동시장정책, 교육에 대한 지출이 ICT 산업의 발전에 기여하고 있는지 경험적으로 검토하는 것이 목적이다. ICT 산업의 성공은 지식과 기술을 갖춘 인력을 충분하게 공급할 수 있는가에 달려있다는 전제로부터 출발한다. ICT 산업이 갖는 특성에 주목해 전혀 상반된 사회투자 전략 아래서 ICT 산업이 발전할 수 있음을 주장하고자 한다. ICT 산업은 지식과 기술이 집약된 부문이지만 일단 제품이나 서비스를 개발하게 되면 재생산에는 비용이 많이 들지 않는다는 특징이 있다. 또한 제품을 최초로 개발해 시장을 선점한 선발자의 이득이 매우 큰 분야이다. ICT 산업은 비교적 초기 투자가 많이 필요하지 않다는 특징을 갖는데, 이로 인해 적절한 아이디어를 갖고 있는 경우 쉽게 시장에 진입할 수 있다는 특징을 지닌다.

특정 산업의 발전은 그 산업에 인재와 자원이 집중될 수 있도록 유도하는 인센티브 구조에 의존한다(Esteves-Abe, Iversen and Saskice, 2001). 왜냐하면 개인이 특정 기술과 지식을 습득하는 것은 그것을 습득하는데 드는 시간과 노력에 비해 습득 후 얻을 수 있는 이익이 크다는 점 때문이다. 개인이 특정 지식과 기술을 배우는 데 시간과 자원을 투자하게 만드는 인센티브 구조(incentive structure)는 그 사회에서 발전된 다양한 사회제도에 영

〈그림 5-1〉 사회투자와 ICT 산업의 발전

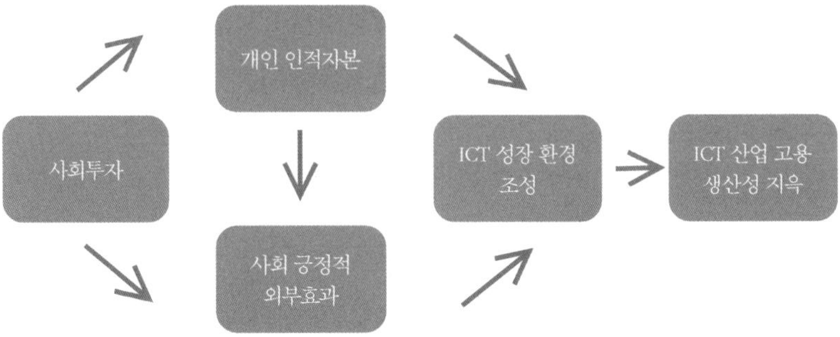

향을 받는데, 자본주의 다양성(variety of capitalism) 이론에 의하면 사회투자 정책의 구조 역시 인센티브 구조를 형성하는 중요한 요인으로 인식되고 있다(Hall and Sockice, 2001).

ICT 산업의 발전과 관련해 사회투자전략은 두 가지 인센티브 구조를 제공한다. 기술과 교육에 필요한 비용을 최소화하는 전략을 통해 인재들로 하여금 ICT 산업에 필요한 지식과 기술을 습득하도록 유도함으로써 ICT 산업을 발전시키거나, 성공에 따른 대가를 극대화하는 전략을 통해 인재들로 하여금 ICT 산업에 필요한 지식과 기술을 습득하도록 유도함으로써 ICT 산업을 발전시킬 수 있다. 전자를 대표하는 것이 핀란드, 스웨덴으로 대표되는 북유럽 국가라고 한다면 후자를 대표하는 것이 미국의 실리콘밸리가 될 것이다. 이 글은 경험적으로 이를 확인하고 사회투자전략과 ICT 산업의 상보성(complementarity)에 대해 논의하고자 한다.

이 글의 구성은 다음과 같다. 2절에서는 사회투자지출과 경제성장 사이의 관련성에 대한 선행 이론을 검토한다. 인적자본이론, 자본주의 다양성론, 사회투자국가론 등을 주로 살펴볼 것이다. 3절에서는 연구에서 사용되는 자료와 분석 방법을 설명한다. 경제협력개발기구의 자료는 방대함에도 불구하고 항목에 따라 시계열이 일치하지 않는 경우가 있다. 따라서 다변수 분석 시 표본이 줄어드는 한계를 지닌다. 본 연구에서는 이러한 한계로 인해 다변수 분석 대신 상관관계 분석에 집중한다. 4절에서는 사회투자지출이 ICT 산업의 고용, 부가가치 등과 어떤 관계를 보이는지 경험적으로 검토한다. 5절에서는 분석 자료를 요약하고 그 함의를 기술한다.

2. 사회투자와 경제성장: 이론적 논의

사회투자가 경제성장에 영향을 준다는 주장은 인적자본이론, 복지생산체계론 등을 중심으로 진행되어왔다. 각각의 주장을 간단하게 살펴보면 다음과 같다.

1) 인적자본이론

인적자본의 축적이 경제성장에 기여할 수 있다는 점은 잘 알려진 사실이다. 인적자본의 영향은 크게 세 가지 정도로 요약될 수 있다. 첫째, 인적자본의 개선은 그 자체로 경제성장에 기여한다. 고기술, 지식을 가진 근로자는 혁신을 용이하게 하고 신기술의 흡수와 확산을 빠르게 하여 경제성장에 기여한다. 즉 교육을 통해 축적된 지식과 기술은 노동자의 질을 개선하고 생산성에 영향을 준다. 둘째, 인적자본의 개선은 기술 진보에 기여하는데 이를 통해 경제성장을 촉진시킨다. 자본의 투입의 질이 개선되는 경우, 예를 들면 새로운 기계, 장비, 디자인 등이 개선되는 경우나 관리나 조직의 혁신, 생산과정의 혁신 등이 발생하는 경우 경제성장이 촉진된다. 이러한 변화를 촉진하기 위해서는 양질의 인적자본을 가진 근로자가 필요한데, 창조적 과학자, 엔지니어, 관리자가 이러한 변화를 촉진하거나 도입하기 때문이다. 셋째, 인적자본의 축적은 생산과 연관된 다양한 측면에서 효율성을 증가시켜 경제성장에 기여한다. 인적자본의 축적은 기업과 개인의 경쟁을 강화시키는데, 경쟁에서 승리하기 위해 개인과 회사는 혁신과 새로운 기술의 도입을 촉진한다. 즉, 인적자본 축적으로 인해 강화된 경쟁은 기업과 개인으로 하여금 경쟁에서 살아남기 위해 새로운 기술을 채택하도록 유인한다.

그렇다면 복지제도, 특히 사회투자는 인적자본 축적에 어떻게 기여하는가? 교육과 훈련으로 대표되는 인적자본 축적은 시간과 노력이 필요한 것이라는 점으로부터 출발할 수 있다. 인적자본을 쌓기 위해서는 다른 활동에 사용되는 시간과 자원을 인적자본을 쌓기 위해 활용해야만 한다. 사회투자는 경제활동을 하지 않는 집단에 대해 소득을 보장하고 다양한 서비스를 제공함으로써 자유 시간을 부여함으로써 인적자본을 쌓을 수 있는 환경을 제공한다. 학생, 실업자에 대한 소득지원은 경제활동의 필요성을 감소시키는데 이로 인해 생긴 시간은 인적자본을 쌓는 데 활용될 수 있다. 아동에 대한 탁아 서비스 역시 돌봄노동으로부터 여성을 해방시킴으로써 여성이 자유 시간을 인적자본을 쌓는 데 활용할 수 있도록 지원한다. 교육에 대한 지출은 개인의 비용 부담을 감소시켜 더 높은 수준의 교육을 받을 수 있는 환경을 제공한다.

직접적으로 인적자본을 쌓는 데 도움을 주는 것과 더불어서 간접적으로 사회투자전략은 인적자본을 축적하는 데도 기여할 수 있다. 빈곤층 가족을 대상으로 한 소득과 서비스 지원은 이들에게 자녀의 영양 상태를 개선하고 지적 자극을 받을 수 있는 기회를 제공함으로써 빈곤층의 자녀가 향후 인적자본을 쌓을 수 있는 능력을 개발하는 데 기여할 수 있다(Esping-Andersen, 2000).

다른 한편으로 사회투자의 확대로 인해 나타난 인적자본의 축적은 긍정적 외부효과를 통해 경제 성장에 기여할 수 있다.(Mkandawire, 2001)

첫째, 사회투자는 개인이 아닌 사회 전체의 측면에서도 경제 성장에 긍정적 기여를 하게 된다. 경제성장은 자본, 자원, 인적자본과 같은 개별 요소의 특성뿐만 아니라 요소들 사이의 상호 의존성에 의해서도 영향을 받는다. 새롭게 개발된 기계를 활용해 신제품을 만드는 경우 단순히 기계뿐만 아니라 기계를 운영하는 데 필요한 기술을 갖고 있는 인력이 요구된다. 새로운 지식과 기술을 지닌 인력은 짧은 기간에 만들어질 수 있는 것은 아니며 정부가 의료, 공중보건, 교육 등 넓은 의미의 사회투자에 오랜 기간 투자한 결과로서 만들어질 수 있다.

둘째, 투자에 대한 이익을 극대화하기 위해서는 최대의 이익을 얻을 수 있을 만큼 투자가 극대화되어야 한다. 그러나 투자에 대한 이익이 불확실한 경우 투자가 최적화되지 못하기 때문에 최대의 이익을 얻을 수 없다. 이러한 미래의 이익에 대한 불확실성은 정부의 개입을 통해 대처할 수 있다. 예로, 노동조합의 임금인상 요구를 정부가 복지제도를 확대하는 대신 소득 정책을 협상해 해결함으로써 투자를 위한 환경을 마련할 수 있다.

셋째, 혁신이나 투자에 있어서 개인이 직면하게 되는 불확실성의 문제를 사회보험을 통해 해결함으로써 투자에 따른 위험을 감소시킬 수 있다. 즉, 복지국가가 소득을 수평적으로 재분배하기 때문에 개인은 미래의 실패 가능성에도 불구하고 투자를 감행할 수 있다.

넷째, 기존 기술과 숙련을 갖춘 집단은 새로운 기술에 대해 저항적인 태도를 보이는데 이로 인해 신기술의 도입이 지체되거나 거부되는 경우 경제성장에 걸림돌이 될 수 있다. 사회투자 정책은 기존 기술에 이해관계가 있는 집단이 새로운 분야에서 일할 수 있도록 지원함으로써 이러한 저항을 완화시킨다.

2) 복지생산 체제론(welfare production Regime)

복지생산체제론은 복지국가 다양성론으로부터 파생된 주장으로 복지제도가 기술형성시스템에 영향을 주며, 이는 다시 자본가의 투자에 영향을 주어 경제성장의 방향에 영향을 준다고 주장한다(Iversen and Stephens, 2008; Sakamoto, 2012).

이 주장을 요약하면 다음과 같다. 첫째, 복지제도의 특징에 따라 숙련형성(skill formation)이 차이를 보인다. 우선 이 입장은 기술을 몇 가지로 구분하는데, 기업특수적 기술(firm specific skills), 산업 특수적 기술(industry specific skills), 보편적 기술(general skills)이 그것이다. 구체적인 내용은 아래와 같다.

> ① 기업 특수적 기술: 기업 내 직무교육을 통해 습득되며 이동되기 어렵다. 이 기술은 교육을 시킨 기업에게는 중요하지만 다른 기업에서는 쓸모가 없다.
> ② 산업 특수적 기술: 도제 제도와 직업훈련을 통해 습득되며, 만약 자격증이 제공되는 경우 그 산업 분야의 모든 기업에서 인정된다.
> ③ 보편 기술: 기업이나 산업 무관하게 모든 기업주에게 인정받는 기술을 뜻한다.

둘째, 사람들은 교육-훈련 투자 시 얻을 수 있는 이득과 비용을 고려해 어떤 교육-훈련을 받을지 선택한다. 특정 기술을 통해 얻을 수 있는 미래의 이득에 대한 제도적 보장이 특정 기술에 대한 교육-훈련 여부에 영향을 준다는 것이다. 여기서 제도적 보장은 세 가지 유형으로 구분되는데, 고용보장, 실업보장, 임금보장이 그것이다.

- 고용보장: 제도화된 고용 안정, 고용 보호 수준이 높으면 경제 위기 시에도 고용 보장.
- 실업보장: 실업으로 인한 소득 감소에 대한 보호. 경력 전체를 통해 임금 수준의 불확실성을 완화.
- 임금보장: 시장 변동에 따른 임금 변동을 제도적으로 완화.

이를 기술과 연결하면 다음과 같다. 첫째, 기업 특수적 기술은 특정 기업 외부에서는 가치가 없기 때문에 사람들로 하여금 이 기술에 투자하도록 하려면 고용에 대한 보장이 필요하다. 왜냐하면 고용보장이 없으면 근로자가 훈련과 교육을 받을 인센티브가 약하기 때문이다.

둘째, 산업 특수적 기술은 산업 부문 내에서 이동하면서 임금을 받을 수 있기 때문에 문제가 덜 한데, 근로자에게 문제가 되는 것은 고용상태와 무관하게 숙련에 대한 임금(skilled wage)를 보장하는 것이다. 이를 해결하기 위해 실업보험이 활용되는데 소득 연관적 급여를 통해 실업보험은 실업 시 임금을 보장하며, 숙련 노동력의 공급이 수요를 초과한 경우에도 낮은 임금 대신 실업급여를 택함으로써 숙련에 대한 임금이 하락하는 것을 방지하기 때문이다.

셋째, 노동시장에 대한 보장이 없는 경우 근로자의 최선 선택은 외부 노동시장에서 높게 평가받는 보편 기술에 투자하는 것이다.

사회복지제도와 그에 따른 근로자의 숙련에 대한 투자는 기업의 국제시장 경쟁력에도 영향을 미치는데, 이를 복지-생산체제(welfare-production regime)로 규정한다. 첫째, 일본의 가전 및 자동차 산업으로 대표되는 다품종 대량생산(diversified mass production)은 다양한 상품을 대량생산하기 때

〈그림 5-2〉 기술 특성, 인적자본 투자, 복지제도의 상보성

특정 기술	⇔ 상보성	특정 생산물 시장전략
특정 사회보장 유형	⇔ 상보성	개인의 특정 기술에 대한 투자성향

문에 근로자는 다양한 생산품을 만들기 위해, 그리고 생산과정의 자잘한 문제를 스스로 해결하기 위해 자신의 생산품, 생산도구나 과정에 대해 높은 수준의 지식을 가지고 있어야만 한다. 이 경우 근로자는 기업 특수적 숙련이 요구되며 이를 위한 동기부여로 종신고용이 강조된다.

둘째, 다품종고품질 생산(diversified quality production)은 장인적 기술을 사용하는 한편 생산 규모를 확대한 독일의 자동차 산업이 대표적인데, 이 산업의 경우 산업특수적 장인 기술을 가지고 있는 양질의 훈련을 받은 근로자를 요구한다.

셋째, 고용이나 실업에 대한 보장이 미약한 미국의 경우 다른 기업이나 산업으로 이전할 수 있는 고숙련 보편기술에 투자하게 되는데, 이로 인해 급격한 생산물 혁신에 비교 우위를 가질 수 있다.

이들의 주장은 〈그림 5-2〉와 같이 요약될 수 있다, 즉 특정 기술은 특정 생산물 시장 전략과 상보성을 갖게 되는데, 특정 기술에 대한 투자는 특정 사회보장 유형과 상보성을 갖는다는 것이다.

3) 사회투자국가론(social investment state)

복지에 대한 투자가 경제성장에 기여해야만 한다는 주장은 1990년대

이후 나타난 사회투자국가론을 통해서도 확인할 수 있다. 이들 주장은 경제적 세계화, 인구고령화, 정보통신기술의 발전 등 이전과는 다른 사회적 변화는 새로운 위기(new risk)를 만드는 바 국가의 복지정책은 단순히 실업이나 질병, 은퇴 등으로 발생하는 개인의 손해를 교정(repair)하는 차원을 넘어서서 새로운 위기를 적극적으로 극복하는 능력을 배양하는 데 기여해야 한다고 주장한다(Nelson and Stephens, 2012).

여기서 새로운 위기란 일·가족 병행의 위험과 장기실업의 위험을 말하는 것으로 다음과 같다. 첫째, 교육 수준과 일자리의 증가 등으로 여성의 경제활동은 증가된 반면 과거 여성을 통해 충족되던 가사서비스는 부족해졌다. 이 문제는 국가 또는 시장을 통해 외부화하여(externalized) 해결해야 하는데 소득보장 중심의 복지제도를 통해서는 이를 해결할 수 없다. 이와 함께 외부모 가족의 증가로 인해 여성의 경제활동 필요성이 더욱 증가함에 따라 일·가족의 병행이 어려워진 가구 역시 증가하고 있는데, 이들의 욕구 역시 소득보장 중심의 복지제도로는 충족시키는 것이 불가능하다.

둘째, 과거 저숙련 근로자에게 고임금과 안정적인 고용관계를 보장하던 제조업이 축소되고, 서비스업이 성장함에 따라 저숙련 근로자는 장기실업자가 되거나 낮은 임금의 단순한 서비스 일자리에 고용되는 상황에 직면하고 있다. 즉 저숙련 근로자들이 고용되어 있음에도 생계를 유지하기 어려운 근로빈민(working poor)이 되거나 노동시장에 재진입이 어려운 장기실업자가 되었다. 근로빈민이나 장기실업 역시 기존의 소득보장제도로는 해결되기 어려운 문제이다.

구체적으로 이는 정부로 하여금 복지제도의 개편을 요구하는데 개편의 방향은 다음과 같다. 첫째 복지를 미래에 대한 투자로 파악해 영·유아 및 어린이에 대한 사회투자지출을 확대한다. 이들에 대한 투자는 향후 생산성 증가를 가져온다는 점에서 미래를 위한 투자로 볼 수 있다.

둘째, 생애 주기 중 특정 기간의 상황이 미래의 삶에 영향을 준다는 점에 주목하여, 정책 결정 시 미래에 대한 영향을 고려한다. 젊은 시절의 불안정한 고용기록은 은퇴 후 빈곤으로 이어지기 때문에 현재의 고용개선은 미래의 빈곤감소와도 연관된다.

셋째, 새로운 위기의 대응으로서 경제활동을 강조한다. 과거와 같은 소득보장정책을 더 이상 확대하기 어렵다는 점에 주목해 노동시장에서의 소득을 통해 생활을 영위할 수 있도록 노동시장 참여에 필요한 지식과 기술을 습득할 수 있도록 지원한다. 즉, 사회투자국가는 근로자에게 근로에 필요한 지식과 인센티브를 제공함으로써 노동시장에 적극적으로 참여하도록 유도하는 것을 그 목적으로 한다.

복지생산체제론이나 사회투자국가론은 사회투자를 위한 제도적 배열이나 그 배후의 이념이 국가별로 차이를 보인다고 주장하는데, 국가의 정책 방향이 전통적인 보상적 복지에 주목하느냐 아니면 사회투자의 측면에 주목하느냐에 따라 몇 가지 유형으로 구분될 수 있다.

여기서 보상적 복지란 전통적 복지의 영역을 의미하는 것으로 소득상실의 위험에 처하게 되었을 때 상실된 소득을 현금으로 보상하는 복지제도를 의미한다. 예를 들면 높은 수준의 연금, 실업보험, 공적부조 등이 이 범주에 해당한다.

사민주의적 사회투자국가는 높은 수준의 보상적 복지와 함께 사회투자에 대한 관심 역시 높은 국가를 의미한다. 이들 국가들은 교육, 사회서비스, 적극적 노동시장정책 등과 같은 사회투자지출 수준도 높고, 연금, 실업보험과 같은 보상적 복지 수준도 높다.

보수주의 복지국가는 사회투자 수준은 낮은 반면 전통적인 보상적 복

〈표 5-1〉 사회투자 유형별 구분

사회투자 \ 보상적 복지	높은 관심	낮음 관심
높은 관심	사민주의 사회투자국가	자유주의 사회투자국가
낮은 관심	보수주의 복지국가	자유주의 복지국가

지 수준은 높은 국가로 독일, 프랑스, 오스트리아 등이 대표적이다. 그러나 이들 국가들도 2000년대 이래 사회투자에 대한 관심이 증가하여 사회투자에 대한 지출이 증가하는 추세이다.

자유주의 복지국가는 사회투자나 보상적 복지 모두 큰 관심이 없고, 시장에 대한 국가의 개입을 최소화하는 것이 가장 바람직하며, 개인의 복지는 개인이 책임지는 것이 바람직하다는 입장을 견지한다. 자유주의 사회투자국가는 자유주의 복지국가의 변형된 형태로 사회투자에 대한 관심 증가가 근로와 복지 수혜를 연계하는 근로연계 복지(workfare)를 강조한다.

4) ICT 산업의 특징

ICT 산업은 전통적인 제조업과 몇 가지 점에서 상이한 특징을 지닌다. ICT 산업이 갖는 구체적인 특징은 다음과 같다.

첫째, 일단 새로운 상품을 개발하게 되면 개발된 상품을 제품으로 복제하는데 소요되는 추가 비용이 매우 적다. 예를들어, 소프트웨어 프로그램의 복제는 거의 추가적인 비용이 들지 않으며, 하드웨어 역시 다른 제조업에 비해 그 비용이 크지 않다. 이러한 특성으로 인해 일단 시장에서 성공하게 되면 단기간에 많은 이익을 볼 가능성이 크다.

둘째, 포드주의 이후 제조업이 반숙련 근로자에게 의지했던 것과는 달리 ICT 산업은 고기술의 인력이 필요한 지식기반 산업이다. 개인으로서 ICT 산업에 종사하기 위해서는 시간과 비용, 노력을 들여 필요한 지식과 기술을 습득해야 한다. 지식기반 산업의 성공은 능력과 지식을 갖춘 인력을 얼마나 확보할 수 있느냐에 성패가 달려있다. 이 점에서 ICT 산업의 성장은 개인으로 하여금 ICT 산업에서 필요한 지식과 기술을 배울 수 있도록 유도하는 인센티브가 필요하다.

셋째, ICT 산업은 기술의 측면에서 특정 기업이나 산업에 국한되는 것이 아니라 보편적인 성격을 갖는다. 산업 부문과 무관하게 ICT 기술을 활용해 생산, 판매, 홍보에 효율성을 높일 수 있다. 홍보와 판매에서 ICT의 활용은 당연한 것이지만 ICT 기술은 기존 제품의 특성을 급격하게 변화시키는 데도 활용되는데, 최근 전기차의 발전이나 자율주행차의 발전은 ICT 기술의 발전에 기인하는 것으로 기존의 자동차 및 관련 산업의 특징을 급속하게 변화시키고 있다. 이처럼 ICT 기술은 다양한 분야에서 다양한 방식으로 활용될 수 있다는 특징을 지닌다.

넷째, ICT 산업은 제품의 순환과 주기가 매우 빠른 산업으로 급속하게 기업과 생산물이 재편된다. 기존 제조업이 신규 진입자에게 다양한 기회비용을 요구하는 반면, ICT 산업은 선발자에 대한 모방도 쉽고 기회비용도 크지 않다. 이로 인해 새로운 기술과 제품으로 무장한 기업의 시장 진입이 비교적 용이하다. 노키아의 몰락으로 대표되는 이동전화 시장의 재편, 태블릿의 등장으로 인한 랩톱 시장의 몰락, 그리고 구글의 급속한 성장과 야후의 몰락 등은 ICT 산업 제품의 순환과 주기가 제조업에 비해 매우 빠르다는 점은 보여준다. 급속한 기업과 산업의 급속한 재편과 관련해 ICT 산업이 파괴적 혁신(disruptive innovation)을 대표하는 산업인가에 대해 논란이 있기는 하지면 ICT 산업이 다른 산업에 비해 재편이 매우 빠르다는 점은 부인하기 어렵다(김민식·정원준, 2014; Latzer, 2009).

3. 연구 방법

1) 자료 및 주요 변수

경제협력기구(OECD)에서 공개한 사회지출자료(social expenditure data set)는 복지 항목을 총 9개로 나누었는데, 노령, 유족(survival), 장애, 건강, 가족, 적극적노동시장정책, 실업, 주택, 기타 영역으로 나누어 각 영역에 대한 지출을 비교 가능하도록 제시하고 있다(OECD, 2014). 이들 중 사회투자를 대표하는 항목인 가족에 대한 지출, 적극적 노동시장 정책을 중심으로 국내총생산(GDP) 대비 지출비율을 분석에 활용했다.

주요 분석 대상 중 하나인 ICT 산업과 관련해 얼마나 성장했는가를 살펴보기 위해 OECD에서 제공하는 정보통신기술 핵심지표(ICT Key Indicators) 중 산업발전과 관련되어 있는 ICT 고용, 부가가치 지표를 활용했다. 참고로 OECD의 정보통신기술 핵심지표는 총 15개 항목으로 구성되어 있는데, ICT 하부구조, 고용과 생산성, 투자 등을 중심으로 구성되어 있다.[1] 본 연구에서는 ICT 산업의 부가가치, 고용 항목을 중심으로 사회투자와 ICT 산업과의 관련성을 살펴보고자 한다.

---

1 정보통신 핵심지표는 아래 주소에서 확인가능하다. http://www.oecd.org/internet/broadband/oecdkeyictindicators.htm

〈표 5-2〉 사회투자 유형별 국가

사민주의 사회투자국가	보수주의 복지국가	자유주의 사회투자국가
덴마크, 핀란드, 스웨덴, 노르웨이	오스트리아, 벨기에, 독일, 프랑스, 이탈리아	캐나다, 호주, 아일랜드, 뉴질랜드, 영국, 미국

2) 자료의 일반적 특성

이제 주요 변수를 중심으로 일반적인 특성을 살펴보고자 한다. OECD 회원국이 다수인관계로 사회투자국가의 유형을 바탕으로 사민주의적 사회투자 유형, 보수주의적 복지국가 유형, 자유주의적 사회투자 유형으로 구분하여 1990~2010년[2] 사이의 주요 변수 값 평균을 살펴보면 〈표 5-3〉과 같다. 참고로 사회투자 유형별 국가는 〈표 5-2〉와 같다.

우선 확인할 수 있는 점은 복지지출의 세 항목 모두 사회투자국가 유형에 따라 차이를 보인다는 점이다. 총복지지출의 경우 사민주의 유형과 보수주의 유형은 큰 차이가 없는 반면 자유주의 유형은 지출 수준이 낮다는 점을 확인할 수 있다. 참고로 한국의 경우 2012년 총 복지지출은 10.4% 수준으로 자유주의 유형에 비해서도 매우 낮다.

가족 대상 복지지출과 적극적 노동시장정책 지출의 경우는 사회투자국가 유형에 따라 큰 차이를 보이고 있다. 가족복지 지출과 적극적 노동시장정책 지출 모두 사민주의 > 보수주의 > 자유주의 유형 순으로 나타나고 있으며 두 항목 모두 전체 평균보다 높은 지출 수준을 보이는 유형은 사민

2 자료가 없는 국가나 연도의 경우는 제외하고 분석했다.

〈표 5-3〉 자료의 일반적 특성: 사회투자의 특징

	사민주의	보수주의	자유주의		합계
총 복지지출 (GDP 대비 %)	26.52(3.46)	26.22(2.03)	17.48(2.36)	***	22.77(5.09)
가족 대상 지출 (GDP 대비 %)	3.38(.53)	2.18(.75)	1.91(.87)	***	2.40(.97)
적극적 노동시장 정책 지출 (GDP 대비 %)	1.28(.58)	.73(.38)	.48(.30)	***	.78(.53)
사례 수	89	103	130		322

주의 유형이 유일하다.

총 복지지출과 사회투자지출 비율을 살펴본 바에 의하면 보수주의 국가의 경우 상대적으로 사회투자지출은 낮은 반면, 총 복지지출 수준은 높은 것으로 나타나 노령, 실업 등으로 인한 소득상실을 보상하는 전통적 복지지출이 많은 것을 알 수 있다. 이와는 달리 사민주의 사회투자국가의 경우 총 복지지출 수준도 높고 사회투자지출도 높아 높은 수준의 보상과 사회투자가 결합되어 있음을 알 수 있다. 자유주의 사회투자국가의 경우는 총 복지지출은 낮고 상대적으로 사회투자지출 수준은 높은 것으로 나타난 낮은 수준의 보상과 높은 수준의 사회투자가 결합되어 있음을 알 수 있다.

시계열로 사회투자지출을 살펴보면 〈그림 5-3〉과 같다. 가족지출의 경우 사민주의 유형에서는 1990년대 중반 이후 감소했으며, 보수주의 복지국가에서는 증가한 반면, 자유주의 유형에서는 감소하여 사민주의와 보수주의 격차는 감소한 반면, 자유주의와 보수주의의 격차는 증가했음을 알 수 있다. 적극적 노동시장정책 지출이 경우 사민주의 사회투자국가에서는 약간 감소한 반면 다른 두 유형에서는 증가해 세 유형의 지출 격차가 감소하고 있음을 확인할 수 있다.

〈그림 5-3〉 가족 지출과 적극적 노동시장 지출: 시계열 비교

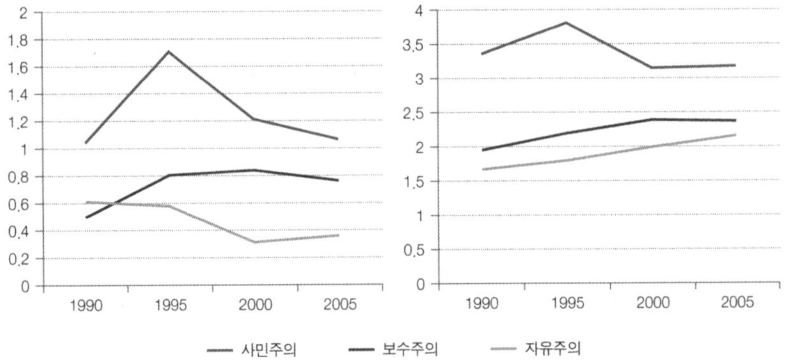

자료: OECD(2016).

4. OECD 국가와 ICT 산업: 고용, 부가가치를 중심으로

1) 사회투자와 고용, 생산성: 사회투자국가 유형별 비교

(1) ICT 부문의 고용과 부가가치: 국가별 비교

ICT 사업의 고용이 전체 고용에서 차지하는 비율을 살펴보면 〈그림 5-4〉와 같다. 고용 비율이 가장 높은 국가 순으로 살펴보면 아일랜드와 한국, 헝가리, 핀란드, 스위스, 룩셈부르크, 스웨덴, 미국 등이 상위권을 차지하고 있다. 이 국가들을 사회투자 유형별로 보면 사회민주주의 유형으로 볼 수 있는 스웨덴, 핀란드와 자유주의 유형으로 볼 수 있는 미국, 아일랜드가 모두 포함되어 있다. 이들 국가는 대체로 3.5% ~ 5% 사이의 고용 비율을 기록하고 있는데 OECD 평균은 3%에 약간 못미치는 수준이다.

고용 비율을 ICT 산업 내 분야별로 나누어 살펴보면 개별 국가에 따라 고용 비율이 높은 항목이 약간씩 차이를 보이고 있다. 한국과 헝가리를 제

〈그림 5-4〉 총고용 대비 ICT 부문 고용 비율

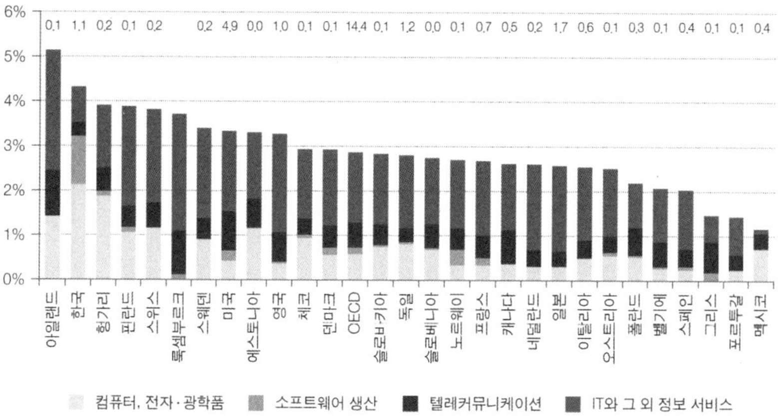

주: 막대 그래프 위의 숫자는 고용 수를 나타낸다. 단위는 100만 명이다.
자료: http://www.oecd.org/internet/broadband/oecdkeyictindicators.htm

외하면 앞서 살펴본 고용 비율 상위 국가 대부분은 IT와 기타서비스의 고용 비율이 유달리 높은 반면 한국의 경우는 반도체 산업의 강세로 인해 컴퓨터, 전자 및 광학제품의 고용 비율이 유달리 높다. 헝가리의 경우도 한국과 유사하게 컴퓨터, 전자 및 광학제품의 고용 비율이 높게 나타나고 있다. 이외에 한국의 경우 소프트웨어 개발 분야도 고용 비율이 높은 것으로 나타나고 있다.

다음으로 ICT 전문가를 전체 산업 분야에서 얼마나 고용하고 있는가를 살펴보자. 〈그림 5-5〉에 나와 있는 국가들만 고려한 평균이 3.7% 정도인 점을 감안하면 4% 이상인 국가를 고용비율이 높은 국가로 볼 수 있을 것이다. 대체로 미국과 미국보다 고용비율이 높은 국가들 즉, 핀란드, 스웨덴에서 미국까지 정도가 위 그림에서 상대적으로 전 산업 분야에 ICT 고용 비율이 높은 국가로 볼 수 있다. 특기할 점은 한국과 헝가리의 경우 ICT 산업의 고용 비율은 매우 높은 반면, 전 산업에서 ICT 전문가를 고용

〈그림 5-5〉 총고용 대비 ICT 전문가 고용 비율

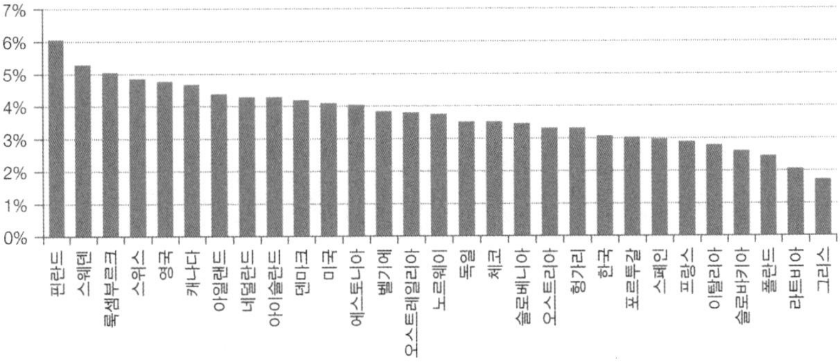

자료: http://www.oecd.org/internet/broadband/oecdkeyictindicators.htm

한 비율은 상대적으로 낮다는 점이다.

이제 ICT 산업의 부가가치가 높은 국가들을 살펴보면 〈그림 5-6〉와 같다. 부가가치가 OECD 평균보다 높은 국가들은 한국, 일본, 아일랜드, 스웨덴, 헝가리, 미국, 체코, 핀란드, 영국 등을 들 수 있는데, 한국의 경우는 다른 국가들에 비해 부가가치 비율이 매우 높다는 점도 확인할 수 있

〈그림 5-6〉 총 부가가치 대비 ICT 부문 부가가치 비율

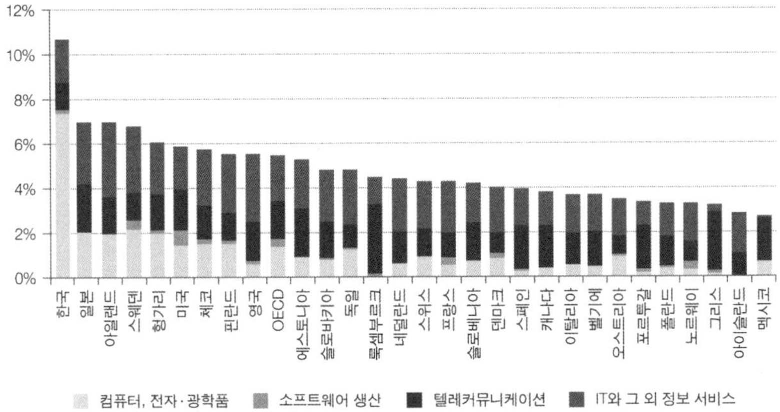

자료: http://www.oecd.org/internet/broadband/oecdkeyictindicators.htm

다. ICT 산업 분야별로 살펴보면 한국의 경우 컴퓨터, 전자 및 광학제품의 부가가치가 다른 항목에 비해 매우 높다는 특징을 보이고 있으며, 다른 국가의 경우 대체로 IT 및 기타정보서비스의 고용비율이 상대적으로 높은 것으로 나타난다. 특기할 점은 한국에서는 부가가치 비율이 높지 않은 원격통신(telecommucation) 산업의 부가가치가 다른 국가들에서는 상대적으로 높게 나타나고 있다는 점이다.

(2) 사회투자와 ICT 산업

이제 사회투자와 ICT산업의 발전이 상호 관련성이 있는지 그림을 통해 확인해보자. 우선 총 복지지출과 ICT 전문가 고용 비율을 살펴보면 한국의 경우 극단적으로 지출도 낮고 고용 비율도 낮은 것으로 나타나고 있다. 복지지출과 고용 비율 모두 높은 국가들은 핀란드, 스웨덴 영국, 스위스 등이며, 미국, 아이슬란드의 경우는 고용과 지출 모두 중간적 수준임을 알 수 있다(〈그림 5-7〉 참조).

사회투자지출의 항목별로 ICT 전문가 고용비율을 살펴보면 다음과 같다. 첫째, 가족지출과 ICT 전문가 고용비율을 살펴보면 핀란드와 스웨덴의 경우 두 항목 모두 높은 수준으로 나타나고 있는 반면, 미국의 경우는 고용비율은 평균 이상이지만 가족지출 비율은 매우 낮은 수준을 나타나고 있다. 한국의 경우 가족지출 수준과 고용 모두 매우 낮은 수준으로 나타나고 있다(〈그림 5-8〉 참조).

둘째, 적극적 노동시장지출과 ICT 전문가 고용비율을 살펴보면 역시 핀란드, 스웨덴의 경우는 두 항목 모두 높은 수준을 기록하고 있으며, 미국이나 아이슬란드의 경우의 고용 수준은 높지만 지출 수준을 낮은 것으로 나타나고 있다(〈그림 5-9〉 참조).

〈그림 5-7〉 총복지지출과 ICT 전문가 고용 비율

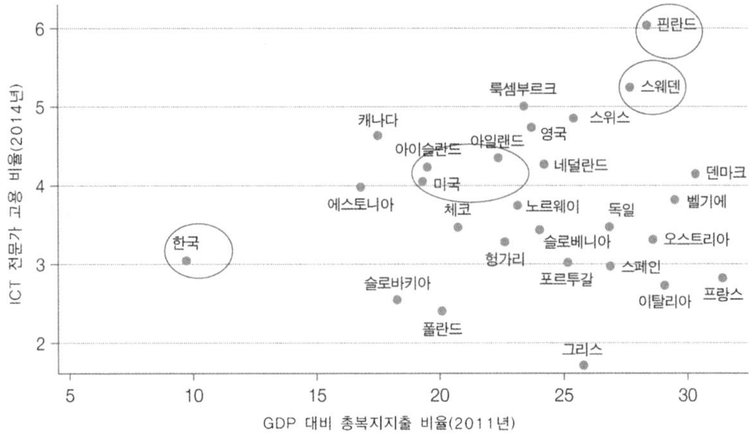

자료: http://stats.oecd.org/

〈그림 5-8〉 가족지출과 ICT 전문가 고용 비율

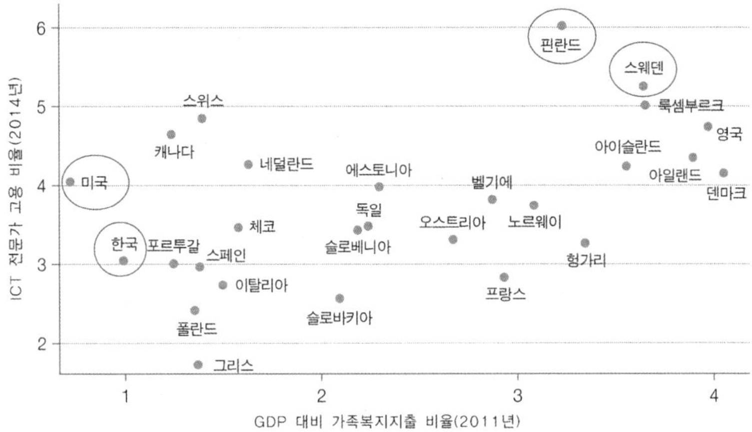

자료: http://stats.oecd.org/

셋째, 가족지출과 ICT부문 고용비율을 살펴보면 핀란드와 스웨덴처럼 가족지출 비율이 높고 고용비율도 높은 국가들과 미국과 한국처럼 가족지출 수준은 매우 낮은 반면, 고용비율은 높은 국가들을 발견할 수 있다. 한

〈그림 5-9〉 적극적 노동시장지출과 ICT 전문가 고용 비율

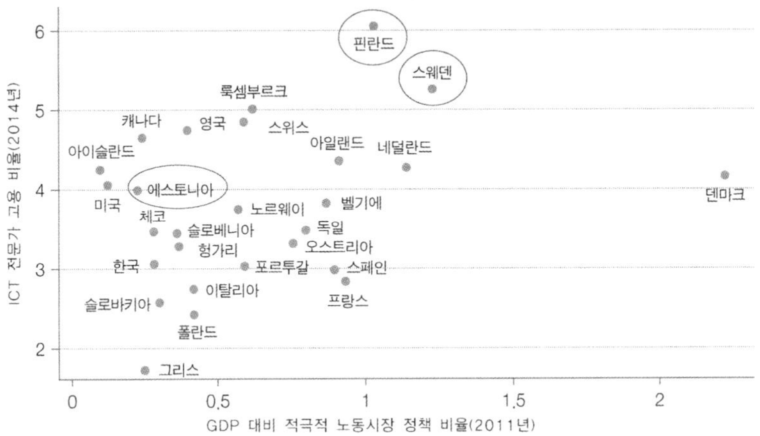

자료: http://stats.oecd.org/

〈그림 5-10〉 가족지출과 ICT 부문 고용 비율

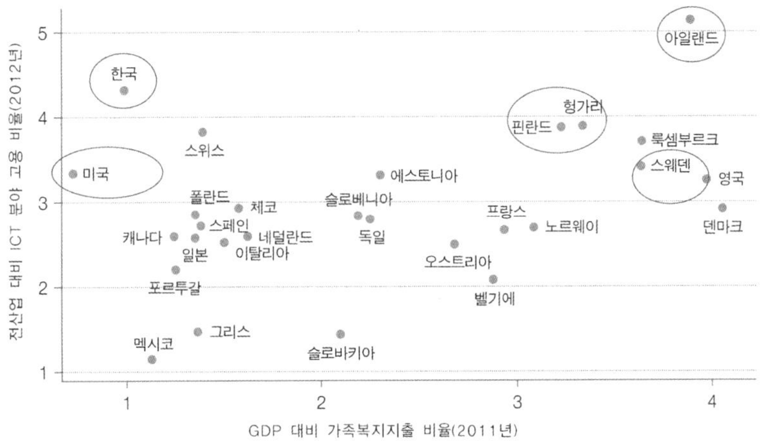

자료: http://stats.oecd.org/

국과 미국을 제외하면 전반적으로 가족지출이 증가할수록 ICT 부문 고용 비율도 증가하고 있다(〈그림 5-10〉 참조).

넷째, 적극적노동시장지출과 ICT부문 고용비율 역시 미국과 한국은 적

극적노동시장지출은 낮은 수준인 반면 ICT고용비율은 상대적으로 높은 수준을 기록하고 있으며 핀란드와 스웨덴은 두 항목 모두 평균 이상을 기록하고 있다. 특기할 점은 덴마크의 경우 적극적 노동시장지출은 매우 높은 수준인 반면 ICT 고용수준은 중간 정도로 나타나고 있다(〈그림 5-11〉 참조).

사회투자 지출과 ICT 산업의 부가가치 비율을 살펴보면 다음과 같다.

> ICT 산업은 국제표준산업분류 rev. 4 중 컴퓨터, 전기 및 시각 제품 제조업, 정보 및 통신산업 (Information and communication)을 포함한다.

첫째, 한국의 경우 적극적 노동시장지출은 매우 낮은 반면 ICT 산업의 부가가치는 매우 높아 다른 국가들과는 다른 모습을 보인다. 한국 외에 미국과 일본 등도 상대적으로 적극적노동시장지출은 낮은 반면, ICT 산업의 부가가치 비율은 높은 것으로 나타나고 있다. 이와는 달리 핀란드와 스웨덴의 경우는 두 항목 모두 높은 수준을 기록하고 있다(〈그림 5-12〉 참조).

둘째, 가족지출과 ICT 산업의 부가가치를 살펴보면 스웨덴, 아일랜드,

〈그림 5-11〉 적극적 노동시장지출과 ICT 부문 고용 비율

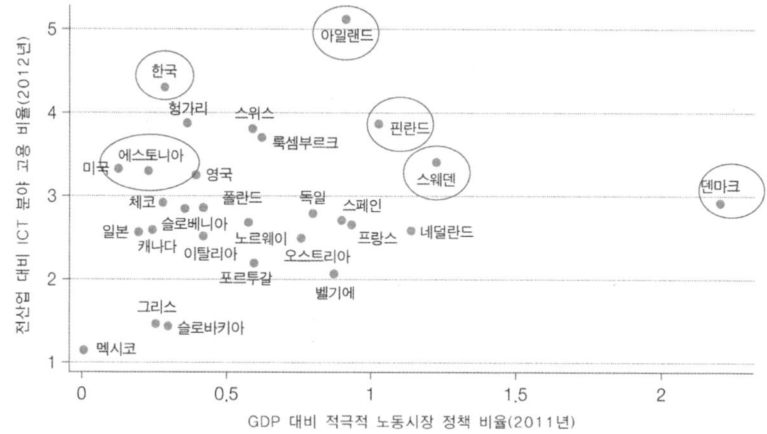

자료: http://stats.oecd.org/

〈그림 5-12〉 적극적 노동시장 정책지출과 ICT 부문 부가가치 비율

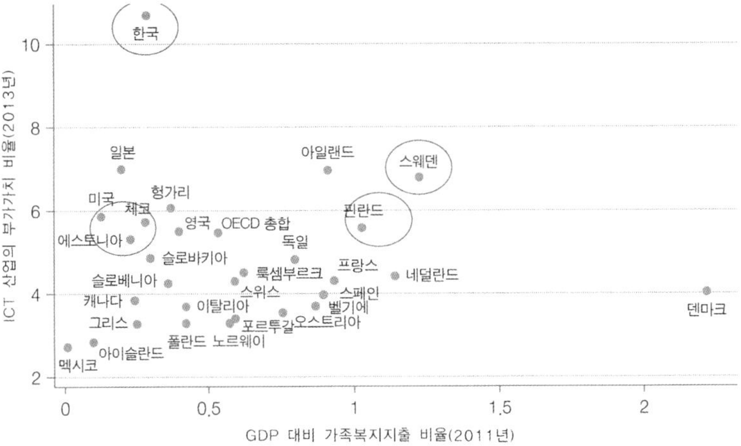

자료: http://stats.oecd.org/

〈그림 5-13〉 가족지출과 ICT부문 부가가치 비율

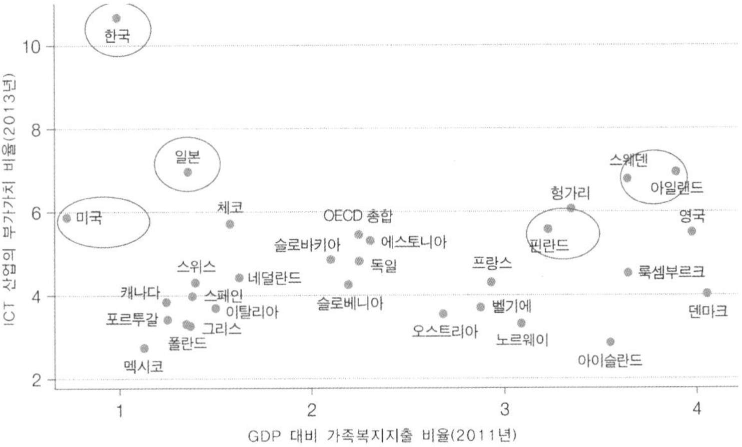

자료: http://stats.oecd.org/

핀란드, 영국 등은 가족지출 수준과 부가가치 모두 높은 수준인 반면, 한국, 미국, 일본 등은 가족지출은 적은 반면 부가가치는 상대적으로 높은 것으로 나타나고 있다.

(3) 사회투자와 ICT 산업의 발전: 비용 최소화 전략과 이익 극대화 전략

앞서 ICT 산업의 발전을 보여주는 고용과 부가가치 지표와 사회투자와의 관련성을 살펴보았다. 위의 그림들에서 ICT 산업이 성장한 국가의 경우는 크게 두 가지 유형으로 구분해볼 수 있는데, 미국, 한국, 일본과 같이 상대적으로 사회투자에 대한 지출이 많지 않은 국가들과 스웨덴, 핀란드 등 사회투자에 대한 지출이 많은 국가들로 구분할 수 있다. 사회투자의 형태에 있어서 반대되는 특징을 보이는 국가들에서 ICT 산업이 유달리 성장했다는 점은 사회투자와 ICT 산업과의 관계가 단선적이지 않음을 시사한다. 그렇다면 왜 상반된 환경에서 유사한 결과가 나타났는지를 상반된 사례인 스웨덴, 핀란드와 미국의 사례를 통해 살펴보자.

잘 알려져 있듯 스웨덴과 핀란드는 대표적인 복지국가이다. 이들의 복지지출 수준은 다른 국가와 비교해보면 큰 차이를 보이는데, 공교육을 중심으로 고등교육까지 무상으로 제공할 뿐만 아니라 복지지출 역시 다른 국가에 비해 매우 높은 수준을 유지하고 있다. 이들 국가의 복지제도가 갖는 특징은 사회투자적 성격을 부각시킨다는 점인데, 단순히 소득상실을 보상하는 연금이나 실업보험 수준이 높은 것을 넘어서서 전직이나 재취업 시 필요한 기술과 교육을 제공하는 적극적 노동시장정책지출이나 여성으로 하여금 일과 가정을 병행하는 데 필수적인 아동 및 가족관련 프로그램 역시 오래 전부터 확고하게 자리 잡고 있다.

이들 국가의 복지제도는 시민의 권리에 기반을 두고 있는데, 이로 인해 소득보장제도가 이중으로 즉, 시민권에 기반을 둔 기초보장과 소득이나 노동시장업적과 연관되는 소득연관급여를 제공하는 방향으로 발전했을 뿐만 아니라 가족을 대상으로 한 지출 역시 비교적 일찍부터 발전해왔다. 가족 대상 지출의 발전은 여성의 노동시장 참여에 필요한 시간과 자원을 제공하기 때문에 스웨덴과 핀란드의 여성 경제활동 참여는 가장 높은 수준을 기록하고 있다. 이들 국가의 경우 복지제도의 운영을 위해서는 막대한 비용을 수반하기 때문에 가능한 복지의존집단을 최소화하는 것이 필요하다. 즉, 실업자나 공적부조의 대상자가 확대되면 복지에 대한 지출이 급증하는 반면, 세수는 감소하기 때문에 재정위기에 직면할 가능성이 크다. 이를 위한 대안이 적극적 노동시장 정책으로 실업자로 하여금 새로운 일자리를 찾는데 필요한 교육과 훈련 프로그램을 제공하고 훈련에 집중할 수 있도록 교육과 훈련 기간 동안 소득을 보장한다. 이외에도 구직프로그램을 통해 일자리와 실업자 사이의 정보를 연결함으로써 정보 부족에 따른 실업을 예방한다. 요약하자면 스웨덴과 핀란드의 사회투자 전략 아래서 가능한 모든 사람이 근로에 참여하며 근로에 필요한 지식과 자원을 획득하는 비용은 국민이 나누어 부담한다(Esping-Andersen, 1990).

이와는 달리 미국의 경우 전통적으로 개인의 복지는 시장에서의 개인능력에 따라 차이를 보인다. 공적 복지의 경우 그 영향을 최소화하기 위해 자산 조사를 통해 자격을 부여하며, 급여 수준도 최저생계를 유지할 정도로 제한된다. 가족에 대한 복지 프로그램 역시 대부분 자산조사적 성격을 지닐 뿐만 아니라 급여나 서비스 역시 많지 않다. 고용과 관련해 살펴보면 비교적 낮은 조세와 노동시장에 대한 개입을 최소화하는 정부 정책으로 인해 노동력의 수요와 공급을 반영해 고용이나 임금을 조정하기 쉽다. 따라서 기업의 입장에서 필요하다고 판단되는 경우 상상할 수 없는 엄청난 급여가 가능한 반면, 대체 가능한 저숙련 근로자의 경우 낮은 임금으로도 채용이 가능하다. 미국은 적극적으로 노동시장에 개입해 실업을 예방할 필요성이 크지 않는데, 첫째, 저임금 고용 가능성으로 인해 근로자들이 비교적 쉽게 일자리를 찾을 수 있으며, 둘째, 노동시장 관련 프로그램이 많

〈표 5-4〉 스웨덴과 미국: 사회투자지출 비교(단위 %)

항 목	스웨덴	미국	OECD 평균
공적복지지출비율	27.59	19.28	
ALMP지출 비율	1.22	.13	
가족대상 지출비율	3.64	.72	
정규직 고용과 해고 자유 점수	2.52	0.49	2.04
교육지출 중 공공지출비율(대학 이상)	89.3	37.6	-
조세 부담률	37.8	20.7	26.7

주1: 연도는 항목에 따라 2011년, 2012년, 2015년 자료이다.
주2: OECD 해고 엄격성 점수: 점수가 높을수록 해고에 대한 규제가 엄격하다.
자료: http://stats.oecd.org/

지 않아서 실업이 증가하더라도 스웨덴과는 달리 정부지출이 큰 폭으로 증가하지 않기 때문이다. 따라서 미국의 사회투자전략은 전략은 실업자에 대한 관심보다는 의존자를 노동시장에 복귀시키는 것에 집중한다(Therdore and Peck, 2000). 두 국가의 이러한 차이는 〈표 5-4〉를 통해 다시 확인할 수 있다. 이 표에서 확인할 수 있듯 사회투자 지출과 교육 지출 모두 스웨덴과 미국이 큰 차이를 보이고 있다.

여기서 우리는 스웨덴과 미국 두 국가의 또 다른 차이점에도 주목해볼 필요가 있다. 스웨덴, 핀란드는 대표적인 소국(small state)이다(Katzenstein, 1985). 비록 국토의 면적은 넓지만 두 국가 모두 인구는 매우 적다. 스웨덴의 인구는 2013년 기준 960만 명에 불과하며 핀란드는 540만 명에 불과하다. 이에 반해 미국은 3억 1800만 명으로 땅도 넓고 인구도 많다. 미국은 끊임없이 전 세계로부터 인재가 이주하는 국가인 반면, 핀란드와 스웨덴은 전통적으로 이민에 적극적이지 않은 국가이다.

새로운 성장산업으로서 ICT 산업이 발전하기 위해서는 많은 수의 인력이 산업을 발전시키는 데 필요한 지식과 기술을 습득하는 것이 필요하다.

특정 산업에 충분히 인력이 공급되는 경우 경쟁을 통해 제품과 서비스의 가격이 하락할 뿐만 아니라 쉽게 협력자나 조력자를 찾을 수 있어 시간과 자원을 절약할 수 있기 때문이다. 만약 인력이 충분히 공급되지 않으면 성장산업의 임금이 상승할 뿐만 아니라 필요한 인력을 쉽게 구할 수 없어 새로운 아이디어나 기술을 제품화하는 데 더 많은 시간과 자원이 소비되는데(Mkandawire, 2001) 이로 인해 성장산업의 국제 경쟁력도 하락하게 된다.

ICT 산업의 성장 역시 재능과 지식을 갖춘 인력을 충분하게 공급할 수 있느냐에 따라 그 성패가 결정되게 되는데, ICT 산업의 특징은 인력 유인과 관련해 원심력과 구심력 모두 발휘한다. ICT에 대한 지식은 다양한 산업 분야에서 응용될 수 있다는 특징이 있으며, 이뿐만 아니라 새로운 기술이 빠르게 등장하기 때문에 쉽게 기존 기술의 효용성이 빠르게 하락한다는 특징을 지닌다. 다른 한편으로 ICT 산업은 제품의 특성상 개발 비용이 필요하지만 일단 개발되면 제품의 공급에 거의 비용이 들지 않는다는 장점도 있다. 따라서 누군가 선발자로 시장을 장악하면 후발자에 비해 엄청난 이득을 얻을 수 있는 가능성이 높다. 특히 선발자가 표준을 설정한 경우 대부분의 소비자가 선발 기업이 설정한 표준 플랫폼이나 프로그램을 사용해야 하기 때문에 후발자가 시장에서 성공하는 것은 매우 어렵다.

다른 한편으로 개인 근로자 측면에서 보면 ICT 사업의 종사자는 필요한 지식과 기술을 습득하는 데 많은 노력이 필요함에도 불구하고 쉽게 해고될 수 있는 환경에 노출되어 있다. 한 예로 첨단 ICT 산업의 근거지라고 할 수 있는 실리콘밸리에서도 비표준근로관계(non-standard employment relationship)가 일반적이다(Benner, 2002). 기술의 발전 속도가 매우 빠르기 때문에 습득한 기술은 쉽게 낡은 기술이 될 수 있고, 이로 인해 기업 근로자 채용 시 장기 계약보다는 단기 계약을 선호한다. 요약하자면 ICT 산업은 근로자에게 엄청난 성공이라는 긍정적 면과 불안정한 고용이라는 부정적 면 모두 가지고 있다. 그렇다면 문제는 어떻게 ICT 산업에서 필요한 기술과 교육을 습득하도록 사람들을 설득할 수 있을 것인가 하는 점이다.

소국의 경우 새롭게 성장하는 산업에 필요한 지식과 기술을 습득하기 위해 개인이 부담하는 비용이 많다면 산업을 발전시키는 데 필요한 인력을 충분하게 공급하기 어렵다. 적은 인구로 인해 비용을 부담할 수 있는 개인의 수 역시 매우 적기 때문이다. 소국의 경우 지식과 기술을 습득하기 위해 개인이 부담해야 하는 비용을 최소화하지 않으면 지식집약적인 성장산업을 발전시키기 어렵다. 핀란드와 스웨덴이 장기간에 걸쳐 발전시켜온 복지제도와 사회투자전략은 이러한 소국적 특징이 반영된 것으로 자비로운 사회투자전략, 무상에 가까운 교육 및 훈련제도를 통해 비용부담능력과 무관하게 누구나 원하는 경우 성장산업에 필요한 지식과 기술을 배울 수 있는 환경을 제공한다. ICT 산업의 성장 역시 소국적 특징을 극복하기 위해 개발된 사회투자전략의 결과로 이해할 수 있는데, 소국임에도 불구하고 비용에 대한 부담을 낮추어 주는 사회투자전략으로 인해 많은 인력이 ICT 산업에 필요한 인적자본을 축적할 수 있었고 결과적으로 ICT산업은 충분한 인력공급에 따른 이점을 활용할 수 있었다.

이에 반해 미국과 같은 인구 대국의 경우 지식과 기술의 습득에 필요한 비용이 높다할지라도 상대적으로 이 비용을 지불하고라도 새로운 지식과 기술을 습득하고자 하는 인력이 충분하다. 더욱이 교육과 취업을 위해 미국으로 이민하는 수많은 인력들을 고려하면 개인이 부담하는 비용을 낮추지 않더라도 ICT 산업의 발전에 필요한 인력은 충분하게 공급될 수 있다. 따라서 문제는 ICT 산업이 다른 산업에 비해 사람들을 끌어들일 만큼 매력적이어야 한다는 점이다. 이로 인해 비용을 낮추는 것보다는 성공에 따른 이득을 극대화하는 것이 바람직한 전략이 될 수 있다. 즉 성공에 대한 이득을 극대화하여 능력과 재산을 갖춘 개인이 더 많이 ICT 산업에 진입하도록 하는 것이 필요하다. 물론 미국의 경우도 ICT 산업을 위해 사회투자 전략을 추진한 것은 아니다. 그러나 노동시장과 복지에 대한 국가의 개입을 최소화하는 미국의 사회투자전략은 이익을 극대화하는 데 필요한 제도적 환경을 제공하였고 결과적으로 ICT 산업에 많은 인력을 유인하는 데 성공하여, 미국의 ICT 산업 성장을 낳는 한 요인이 되었던 것이다.

5. 요약 및 함의

본 연구는 복지국가의 다양성론, 사회투자국가론 등 바탕으로 선진 각국에서 나타나고 있는 사회투자의 특징에 따라 ICT 산업의 발전에 차이를 보이는지 검토하는 데 있다. 자료의 분석 결과에 의하면 사회투자전략의 측면에서 상반되는 국가들에서 ICT산업이 발전하였음을 보여준다. 구체적으로 스웨덴 핀란드와 같이 소국이면서 복지강국으로 분류된 국가들과 인구대국이며 동시에 사회투자를 최소한 국가인 미국에서 ICT산업이 발전하였음을 확인하했다.

ICT 산업은 필요한 지식과 기술을 습득하는 데 비교적 많은 노력이 필요한 반면 불안정한 고용관계가 일반적이라는 단점과 함께 선발자의 경우 거대한 이익이 가능하다는 장점도 있다. ICT 산업에 필요한 인적자본을 쌓도록 유도하기 위해서는 어떠한 전략이 필요한가? 지식과 기술의 중요성이 다른 산업에 비해 더욱 중요한 ICT 산업의 경우 산업발전에 필요한 인력을 충분하게 공급할 수 있는가는 산업의 성공에 매우 중요한 요인이 아닐 수 없다. 개별 국가의 사회투자정책은 특정한 지식과 기술을 배우는 것과 관련된 비용과 기회의 구조에 영향을 줌으로써 근로자의 선택에 영향을 미친다. 핀란드와 스웨덴, 미국은 전혀 다른 전략을 통해 ICT 산업을 위한 인적자본 축적에 성공했다.

높은 수준의 보상적 지출과 사회투자지출이 결합된 스웨덴과 핀란드의 경우 인적자본 축적에 대한 비용을 최소화한 한편, 보편주의적 제도를 통해 기업이나 산업에 따른 복지수준의 차이를 최소화하는데 이로 인해 근로자가 종사하는 산업분야나 기업이 바뀌는 것에 대해 큰 부담을 갖지 않는다. 즉 사회투자전략과 보상적 복지제도의 결합을 통해 ICT 산업에 필요한 지식과 기술을 배우는데 필요한 비용을 최소화하고, 불안정한 고용관계에 따른 위험 역시 최소화한다. 즉 지식과 기술 습득에 대한 적은 비용부담으로 인해 진입장벽이 낮아질 뿐만 아니라 불안정한 고용관계에 대한 안전망을 제공함으로써, ICT 산업에 필요한 지식과 기술을 배울 수 있는 인센티브를 제공한다. 이는 결국 인구가 매우 적은 소국이라는 한계에도 불구하고 ICT 산업에 풍부한 인력을 공급하는데 기여함으로써 이들 국가에서 ICT 산업의 성공적 발전에 토대가 되었다.

미국의 경우 ICT 관련 기술의 습득을 위한 비용이 높지만 낮은 수준의 보상적 복지제도나 높은 수준의 노동시장 유연성은 기업 이익을 극대화할 수 있는 조건을 제공한다. 낮은 수준의 보상적 복지는 기업에게는 낮은 수준의 세금과 복지 부담금을 의미하며, 높은 수준의 노동시장 유연성은 기업의 상황에 맞게 인력을 조정할 수 있음을 의미하는데, 이러한 환경 속에서 ICT 산업이 갖는 선발자로서의 이익은 극대화된다. 즉 미국과 같은 인구 대국의 경우 이른바 자유주의적 사회투자전략을 통해 개인에게 비용을 부담시키기는 하지만 이익을 극대화할 수 있는 조건을 제공함으로써 개인으로 하여금 ICT 산업에 필요한 지식과 기술에 투자하도록 유도한다.

이 글을 통해 ICT 산업의 발전과 사회투자와의 관련성이 선형적인 것은 아니라는 점을 확인할 수 있었다. 사회투자전략과 ICT 산업 사이의 상보성은 그 나라의 인구 규모를 기본으로 하는 구조적 특성에 따라 다른 모습을 보일 수 있다. 인구가 많은 국가의 경우 성공의 인센티브를 통해 인력을 공급하는 반면, 인구가 적은 소국의 경우는 비용을 사회화함으로써 인력을 공급한다.

한국의 경우는 정부 주도라는 독특한 요인이 추가되기는 하지만 사회투자지출이 선진 국가들에 비해 매우 제한되어 있다는 점을 고려해보면 비교적 인적자본 축적에 필요한 비용은 개인에게 부담시키는 반면 그 이익은 극대화할 수 있는 인센티브 구조를 통해 ICT 산업에 필요한 인력을 공급한 것으로 보인다.

06 ICT 산업과 여성

신경아

1. IT 산업의 소수자 여성

"세계 최초의 컴퓨터 프로그래머가 여성인 '에이다 러브레이스'란 사실을 아시나요?"

한국에서 처음으로 IT 산업 여성 개발자 온라인 커뮤니티를 만든 전수현(온라인 교육업체 근무) 씨가 신문 인터뷰에서 한 말이다(≪한겨레≫, 2008.3.4). 남성이 대다수인 소프트웨어 개발 분야에서 소수자인 여성이 '남성들의 문화에 끼어들기가 힘든' 어려움을 해결하고 '동성끼리 편하게 이야기할 수 있는 자리를 마련해보고 싶어' 커뮤니티를 운영하게 되었다는 그녀는 컴퓨터가 결코 남성의 전유물이 아님을 강조했다. 그녀의 말처럼 에이다 러브레이스(Augusta Ada King, Countess of Lovelace, 1815~1852)는 일찍이 19세기 중반 알고리즘과 컴퓨터 프로그래밍의 기초 언어들을 이해하고 소개한 덕분에 '세계 최초의 프로그래머'로 명성을 얻었고 훗날 그녀의 이름을 딴 프로그래밍 언어가 만들어질 만큼 IT 역사에 중요한 자취를 남겼다.

그러나 200여 년이 흐른 지금 IT 산업은 남성의 영역으로 알려져 있다. 여성이 늘어나고 있지만, 대부분의 사회에서 IT 분야는 남성으로 채워져 왔고 그런 추세는 쉽게 바뀌지 않을 것 같다. 2009년 미국 샌프란시스코 소재 '오렌지 랩' 조사에 따르면, 전 세계 소프트웨어 개발자 중 여성이 차지하는 비율은 25%, 컴퓨터과학 분야 학사학위를 받은 여성 비율은 11.8%에 불과하며 이런 수치는 크게 변하지 않고 있다.[1] 한국 또한 2010년 통계청 조사에 따르면 소프트웨어 개발자 중 여성 비율은 20%를 넘지 않는다.[2] 이런 현실은 IT 산업 여성의 상황을 '과소 활용'(under-representation)으로 특징지어왔다(Wentling, 2004). IT 산업에서 여성은 진입 비중도 낮고 중간과 하위 수준의 직무에 집중되어 있다는 것이다. 이 같은 젠더 불균형은 전 세계 대부분 사회에서 공통적으로 나타나는 현상이다.

이 글은 한국 IT 산업에서 여성이 처한 조건과 위치를 살펴보고 그 전망을 탐색하는 데 목적이 있다. 지난 1980년대 이후 한국은 반도체와 IT 산업의 집중적인 육성을 통해 경제성장을 이루어왔다. 반도체와 컴퓨터 생산 등 하드웨어 산업에서 여성들은 생산직 노동자로 투입되었으며, 섬세하고 빠른 손동작과 높은 집중력으로 탁월한 성과를 거둔 것으로 평가된다. 또 2000년대 들어 급속히 확대된 소프트웨어 생산 부문에서 여성들은

---

1 http://www.bloter.net/wp-content/bloter_html/2012/03/100781.html

2 2003년 미국에서 여성은 컴퓨터 사이언티스트의 30%, 컴퓨터 애널리스트의 32%, 컴퓨터 프로그래머의 25%, IT 디렉터의 10%, IT 프로젝트 리더의 18%를 차지하는 것으로 나타났다(U.S. Bureau of Labor Statistics, 2003).

디지털콘텐츠 부문을 중심으로 활발히 기여해왔다. 그러나 여성이 비교적 높은 비중을 차지하는 분야는 상대적으로 기술 수준이나 임금이 낮은 직종으로 한정되는 경향도 지속되고 있다. 이 글은 이런 현상을 분석하면서 IT 분야에서 여성들이 좀 더 적극적으로 진입하고 활동하며 성과를 인정받을 수 있는 가능성이 어디에 있는지 찾아볼 것이다.

이 글은 이런 분석을 위해 여성주의 관점(feminist perspective)을 선택한다. 여성의 노동시장 조건은 각 사회의 불균형한 젠더 체계라는 프레임을 통해서 분석할 때 그 의미가 분명해질 수 있기 때문이다. 이를 위해 과학기술과 여성의 관계에 대한 페미니스트의 논의를 살펴보고 사회구성주의 시각에서 젠더와 기술의 상호구성(co-construction)을 논의한다. 이러한 이론적 논의를 바탕으로 IT 산업에서 여성이 지닌 위치를 규명한 후 한국 IT 여성노동자의 경험을 살펴볼 것이다. IT 여성노동자 사례 연구는 이 분야에서 일해온 세 명의 여성들을 대상으로 심층면접을 실시해 결과를 분석할 것이다. 이 글은 이러한 작업을 통해 IT 산업 여성들의 노동 경험을 드러내고 IT 분야에서 여성들이 성공적으로 경력을 쌓아갈 수 있는 성취의 조건은 무엇인지 탐색한다.

2. 기술과 여성에 관한 페미니스트 이론

1) 기술혐오(technophobia)에서 기술애(technophilia, 技術愛)로

'기술이 여성에게 어떤 영향을 줄 것인가'라는 질문에 대한 여성주의 논의(The Technology Question in Feminism)는 두 가지 흐름으로 발전해왔다.

1980년대까지 페미니스트들은 기술과학적 지식의 성별화된 특성(gendered characteristics)을 분석하면서 기술에 내재된 남성성(masculinity)을 비판했다. 급진적 문화주의 페미니즘(radical culturalist feminism)은 서구 과학기술이 여성과 자연에 대한 지배와 통제라는 남성적 기획에 깊게 연루되어 있다고 보며 가부장적 기술과학의 피해자로서 여성의 위치를 강조했다(Rich, 1988; Wajcman, 2007). 과학기술 지식과 기술 문화에 내포된 남성적 이미지, 상징, 은유, 가치들이 기술을 남성적 활동으로 규정짓고 여성의 진입을 어렵게 만드는 성별 고정관념을 재생산해왔다는 인식이다. 또 사회주의 페미니즘(socialist feminism)은 기술에 대한 남성의 독점에 초점을 맞추고 산업혁명 이후 제조업의 기술 발달이 처음부터 남성 중심적 설계였음을 밝히는 동시에 남성 권력의 핵심적 자원으로서 기술의 역할에 주목했다.

그러나 이러한 논의는 시간이 흐르면서 젠더 본질주의(gender essentialism)의 혐의를 지닌 지나친 비관론이라는 비판에 직면하게 되었다. 과학기술을 남성적인 것으로, 자연을 여성적인 것으로 규정하는 프레임 자체가 본질주의적 사고의 반영이라는 지적과, 과학기술의 발달이 가져올 새로운 변화에 주의를 기울여야 한다는 주장이 대두한 것이다. 특히 디지털 기술은 제조업 기술과는 달리, 근육보다는 두뇌에, 위계(hierarchy)보다는 네트워크에 중심을 두므로 여성과 기술 사이에 새로운 관계를 형성할 수 있으리라는 기대가 형성되었다.

이런 낙관론은 사이버 페미니즘(cyber-feminism)의 주장으로 대표적인 학자가 해러웨이(Donna Harraway)다. 그녀는 디지털 기술은 사용자들이 그들의 가면(假面)을 선택하고 대안적 정체성을 가정함으로써 인간과 기계, 여성과 남성 사이의 경계를 지워갈 수 있게 만든다고 보았다. 그녀는 과학과 기술이 지닌 이러한 긍정적 잠재력을 수용해야 하며, 유기체와 기계부속의 새로운 혼종인 사이보그(cyborg)의 탄생을 환영해야 한다고 주장했다. 사이보그에 의해 인간이 지닌 성별 이분법을 해체하고 새로운 의미를 지닌 실체를 구성할 수 있을 것이라는 생각이다. 그러나 해러웨이의 이러한 주장 역시 지나친 낙관론이자 기술결정론의 위험을 지니고 있다는 비판을 받았다. 여성들이 새로운 미디어를 통해 젠더 경계를 넘는 혼종적 정체성들을 구성한다고 해도 가상세계에서의 젠더관계가 지닌 유동성과 가능성은 물질세계에서는 제약될 수밖에 없기 때문이다.

2) 사회구성주의(social constructionism)

최근에는 기술혐오와 기술에 대한 과도한 기대의 양 극단에서 벗어나 젠더와 기술의 상호구성에 초점을 두는 접근(co-construction approach)이 확대되어왔다. 기술을 사회기술적 생산물(socio-technical product)로 다루며 인공적 산물, 사람과 조직들, 문화적 의미들과 지식의 끝없는 망 또는 네트워크로 간주하는 입장이다(Wajcman, 2007). 여기서 기술 변화는 기술과 사회가 서로 구성해가는 우연적이고 이질적인 과정으로 이해된다. 기술의 사회적 의미는 우연적·일시적으로 안정화되며, 끊임없는 논쟁의 대상이 된다. 기술의 운명도 특정한 권력관계에 의해 일방적으로 결정되기보다는 수많은 사회적 요인들의 영향을 받는다고 해석된다.

이러한 사회구성주의 시각에서 기술과 젠더의 관계를 해석하는 테크노페미니즘(techno-feminism)은 기술을 젠더관계의 자원(source)이자 결과로 규정한다. 대표적인 연구자인 포크너(Wendy Faulkner)는 기술과 여성, 젠더관계에 대한 질문이 다음과 같이 바뀌어왔다고 설명한다(Faulkner, 2001).

첫째, '기술 안의 여성'(women in technology)이다. 이는 기술 영역에 여성이 왜 그렇게 적은가?("why so few?")하는 질문이다. 예를 들어, 엔지니어링 부문에서 지속되는 남성 지배는 기술에 대한 문화적 이미지와 재현이 기존의 남성성과 남성적 권력의 이미지와 수렴되는 과정, 즉 남성성(masculiinty)과 기술의 지속적인 상징적 관계에 원인이 있다.

둘째, '여성과 기술'(women and technology)이다. 이는 여성이 진입하는 특정 기술이나 기술 영역에 초점을 두고 그 작업장이나 재생산 과정을 분석한다. 이때 여성은 기술의 창조자이기보다는 사용자로 묘사된다.

셋째, '젠더와 기술'(gender and technology)이다. 이는 젠더관계와 기술의 상호작용에 대한 관심이다. 기술과 젠더는 사회적으로 구성되며 따라서 재구성될 수도 있다. 젠더와 기술은 상호 생산(co-produce)한다는 것이 구성주의적 접근이 지닌 문제의식이다.

이 같은 기술과 젠더에 관한 페미니스트 논의의 결과 포크너는 다음과 같은 사실들이 밝혀졌다고 요약한다(Faulkner, 2001).

① 기술은 성별화되어 있다. 왜냐하면 핵심적 스페셜리스트들(신기술 설계자들)은 대부분 남성이기 때문이다.

② 기술과 관련된 강한 성별분업이 존재한다.

③ 기술적 생산물은 물질적·상징적으로 성별화될 수 있다.

④ 기술의 문화적 이미지는 헤게모니적 남성성과 강하게 연결되어 있다.

⑤ 기술적 지식과 실행의 세부 사항도 복합적이고 모순적인 방식으로 성별화되어 있다.

⑥ 기술적 업무의 스타일은 성별화되어 있다. 동시에 남성 중심적 규범에 대한 동조의 강한 압력도 존재한다.

⑦ 기술은 그것을 가지고 일하고 노는 남성의 젠더 정체성에서 중요한 요

소이다.

따라서 구성주의자들은 젠더는 기술의 사회적 구성(the social shaping of technology) 과정에서 필수적인 요소라고 규정한다. 그리고 불평등한 젠더 관계를 해체하기 위해서는 기술 자체보다는 여성주의 정치학(feminist politics)에 더 많은 관심을 가져야 한다고 주장한다(Wajcman, 2007). 동시에 기술에 개입하지 않고는 젠더관계를 변형시킬 수 없다는 점도 강조한다. 현대사회에서 기술은 젠더관계의 재구성과 변화에 매우 중요한 영향을 끼쳐왔기 때문이다.

3) 젠더와 기술 발전의 미래: 유토피아 vs. 디스토피아

과학기술의 발전이 여성에게 어떤 미래를 가져올지에 대해 페미니스트들은 유토피아적 전망과 디스토피아적 전망 사이에서 고민해왔다(Wajcman, 2004). 지식경제에 대한 여성주의 유토피아적 시각은 여성이 커뮤니케이션과 사회적 기술(social skills), 부드러운 경영 스타일 등 여성적 자질을 이용하는 서비스 노동에서 성장해나갈 수 있을 것이라고 전망한다. 또한 여성은 디지털 시대에 적극적으로 참여함으로써 육체적 한계를 넘어설 수 있고, 그 결과 기술정보 사회에서 노동의 미래는 여성 친화적인 것이 되리라고 예측한다.

반면 디스토피아적 전망도 존재한다. 기술 발전은 여성과 자연을 지배하려는 남성적 기획을 통해 여성의 종속을 지속시킬 것이라는 전망이다. 특히 자본주의 사회에서 기술 발달은 성별 불평등을 심화시킬 수 있고, 값싸고 유연한 노동력에 대한 수요에 따라 여성은 유연하고 임시적인 노동력으로서 활용되리라는 것이다(Moore et al., 2008). 와츠맨(Judy Wajcman)은 뉴미디어에 대한 여성의 소비 급증에도 불구하고 IT 산업에서 일하는 여성들의 현실은 기대했던 것만큼 변하지 않았다고 지적한다(Wajcman, 2007: 295). 네트워크 사회에 대한 기대가 적지 않았지만, 여성은 그 사회의 기술적 설계에 완전히 통합되지 않고 있다는 것이다. 인터넷은 자동적으로 사용자(user)를 적극적 생산자로 변형시키는 것은 아니며 모든 노동자를 창조적 주체로 만드는 것도 아니기 때문이다.

3. 정보기술 사회에서 해석적 유연성과 하이브리드 노동자

1) 해석적 유연성

사회구성주의 시각에서 젠더관계에 대한 기술의 영향과 가능성은 미리 결정된 것이 아니다. 사회기술적인 것(the socio-technical)에 대한 정의에서 휴(Thomas Hugh)는 기술과 사회의 관계는 밀접하고 막힘없이 상호작용하는 망(seamless web)과 같으며, 새로운 기술의 설계와 개발에 포함된 전문성과 선택은 이질적인 것이라고 보았다. 여기서 이질성(heterogeneity)이란 기술적 생산물을 철저히 사회적 조직의 일부이자 사회적 상호작용의 산물로 이해하는 것이다.

이러한 정의는 두 가지 문제의식을 내포하는데, 첫째, 기술적 생산물의 의도하지 않은 결과이다. 젠더와 정보기술 사이의 관계는 고정된 것이 아니다. 설계 과정이 중요하지만, 기술은 의도하지 않은 결과와 예기치 못한 가능성을 낳는다. 기술적 생산물이 늘 단순히 그것들을 디자인한 사람들의 의도나 자본을 댄 사람들의 이익을 반영하는 것은 아니다. 그것들은 의도하지 않은 결과를 가져올 수 있다.

둘째, 신기술의 발전에는 상당한 수준의 해석적 유연성(interpretative flexibility)이 작용한다(Wajcman, 2007). 기술적 생산물은 디자인은 물론 사용의 맥락에서 해석적 유연성이 상당히 존재한다. 기술과 그것의 생산물은 사용자의 소비 과정에서 당초 설계자의 의도와는 관계없이 사용자들의 해석과 의미화, 소비 행위에 따라 매우 다른 방식으로 활용되고 재구성될 수 있다는 것이다. 이것은 기술과 젠더관계의 맥락에서도 실현된다. 여성들은 기술적 생산물의 소비자이자 사용자로서 해석적 유연성을 통해 행위자로서 기술 발달 과정에 개입할 수 있다. IT 생산물의 기획 의도와 관계없이 사용자로서 여성들이 지닌 경험과 그로부터 형성되는 의미화가 신기술의 기획과 개발을 촉진하거나 억제할 수 있다는 것이다. 한 예로, 영국에서 전화는 남성들의 사업상 용도로 가정에서도 업무를 수행하려는 목적으로 도입되었다. 그러나 여성들이 적극적으로 전화를 사용하면서 현대사회의 필수품이 되었다(Wajcman, 2007). 이처럼 정보통신기술은 젠더와 기술 발달의 다양한 계기들 속에서 일정한 수준의 결정성과 우연성을 포함하는 사회기술적·사회물질적 산물이라고 할 수 있다.

또 같은 생산물이 다른 집단의 여성들에게 상이한 의미로 해석될 수도 있다. 와츠맨은 휴대폰이 각 사회의 여성들이 처한 삶의 맥락에서 다른 의미를 지닐 수 있다고 설명한다(Wajcman, 2007: 294). 서구 사회 젊은 여성에게 휴대폰은 자아의 자유로운 확장을 가능하게 하는 도구이지만, 그녀의 어머니에게 휴대폰은 딸의 위치를 추적하는 수단이 될 수 있다. 또 방글라데시 자영업자 여성에게 휴대폰은 사업을 위한 커뮤니케이션 수단의 의미를 가질 수도 있다. 이처럼 기술 생산물에 대한 새롭고 유익한 읽기를 수행할 수 있는 여성 사용자의 역량은 경제적·사회적 환경에 따라 달라지며, 지역·국적·계급·인종·종족·성 정체성·세대 등의 요인에 의해 영향을 받을 것이다. 다양한 집단 여성 사용자들이 재해석한 기술 생산물의 의미는 다시 기술 혁신 과정에 반영되어 기술 발달의 방향에 영향을 준다.

2) 하이브리드 노동자

IT 산업에서 필요로 하는 인력의 두드러진 특징은 혼종적 역량(hybrids)이다. IT 직무는 기술적 전문성(technological expertise)뿐만 아니라 조직적·경영적·인간관계적 능력을 요구하기 때문이다. 혼종화(hybridisation) 주장은 1980년대 중반 이래 영국에서 IT 산업이 크게 팽창한 것과 관련이 있다. 이 시기 IT 산업의 발전이 기술주도적(technology-led)으로 이루어지면서 프로젝트 관리 방법과 구조화된 케이스 툴(tool)이 지나치게 기술편향적이고 인간적·조직적 이슈를 무시했다는 비판이 일었다(Brackley, 1996). 기술과 함께 비즈니스 목표와 인간적·조직적 요인들에 대해 충분히 고려해야 하지만 그렇게 하지 못했다는 자각이다. 이 시기 IT 산업의 사용자들은 신기술 디자인에서 거의 실질적인 영향력을 갖지 못했으며 소중한 고객이라기보다는 문제와 오류의 근원으로 치부되었다.

이러한 상황에서 1990년 영국컴퓨터협회 하이브리드 매니저 태스크 그룹 의장(Chairman of the British Computer Society Task Group on hybrid managers) 콜린 파머(Colin Palmer)는 정보기술협회 연례 회합에서 연설을 통해 하이브리드 매니저의 중요성을 환기시켰다(Palmer, 1990).

"모든 성공적인 IT 수행 사례에는 중심부에 한 사람(특정한 경험과 특성을 가진)이 있다. 이것은 비즈니스와 비즈니스 내에서 요구되는 것을 기술적 역량과 결합한 역량을 가리킨다. 여기에 또 두 가지 조직적 스킬이 필요한데, 비즈니스에서 성공할 수 있는 방법(get about)을 아는 것, 즉 비즈니스와 그것에 관련된 사람들을 아는 것, 그리고 일 처리 방법, 즉 탁월한 사회적 기술(social skills, 듣고 이해하고 협상하고 설득하는 능력)을 가리킨다."

파머의 주장에서 '하이브리드 매니저'는 기술과 비즈니스에 대한 이해를 지니고 타인과 적절히 소통할 수 있는 능력을 가진 사람들을 뜻한다. 하이브리드 매니저는 조직의 리더(visionary)와 기술 전문가(specialist), 자원 조달자, IT 디렉터(impresario)를 연결시키며 조직 변화에서 핵심적 역할을 수행한다. 결국 하이브리드 매니저란 IT 기술과 비즈니스 사이의 거리를 좁히고 경영 전략과 인간적 요소를 통합해나갈 수 있는 역량을 지닌 인물이다. 1990년대 중반 영국 영국컴퓨터협회의 조사에 따르면, 700명의 응답자 중 90%가 하이브리드를 '중요' 또는 '매우 중요하다'고 응답했고 일부 컴퓨터 회사에서는 하이브리드 매니저 양성 계획을 수립하고 있는 것으로 나타났다(Brackley, 1996). 브래클리(Anne Brackley)는 1990년대 중반 이후 프로젝트 매니저로서 하이브리드 매니저의 역할을 재정의해 IT 기술과 중간 수준의 인간관계 관리를 결합한 직무 설계자로서 새로운 하이브리드화(new hybridisation) 개념을 제시하기도 했다(Brackley, 1996). 즉, 하이브리드 매니저란 기술과 경영, 조직 내부의 행위자들을 연결하는 수평적 협업(collaboration)을 이끌어가는 책임자이다.

IT 산업에서 하이브리드 노동자가 갖는 중요성의 두 번째 근거는 신기술이 갖는 시장 수요의 불확실성에 있다(Williams and Edge, 1996). 신기술은 아직 존재하는 시장이 없기 때문에 그것의 상업적 잠재성(commercial potential)을 실현하려면 생산물에 대한 시장도 창조되어야 한다. 여기서 시장은 단순히 상품의 기능성과 가격뿐만 아니라, 잠재적 사용자의 기술에 대한 이해, 일상적 습관과 양립 가능할 때 형성될 수 있다. 결국 기술의 공급자와 사용자 사이의 관계 맺기(coupling)가 중요해지며 공급자와 사용자 사이의 수직적 협업이 필요하다. 이것 또한 하이브리드 노동자의 역할이다. 사용자의 욕구와 상품에 대한 반응을 신속히 해석하고 이를 토대로 상품시장을 형성하며 기술 혁신 과정을 조직해가는 작업이다.

우드필드(Woodfield, 2002)는 영국 IT 기업에 대한 질적 연구를 통해 하이브리드 노동자로서 여성이 어떻게 일하며 평가받고 있는지를 살폈다. 그녀의 연구에 따르면, 1990년대 중반 이후 영국의 IT 산업에서는 사용자가 원하는 것을 공급하는 일이 1차적 관심사가 되고 있으며, 특정한 기술적 숙련(specialist technical skills)만을 가진 노동자보다 사회적 의사소통 기술을 가진 노동자나 하이브리드 노동자들이 선호되고 있다. 과거에는 컴퓨터에만 능통한 사람("techies")이 중요했다면 점차 반사회적인 기계 중독자의 이미지 대신 사회적 유능함, 즉 사람들과의 관계 맺기에 유능한 사람들이 선호되고 있다. 그리고 이런 사회적 기술은 남성보다는 여성이 더 풍부하게 가지고 있을 것이라는 기대가 존재한다.

특히 정보시스템 개발자와 사용자 사이를 연결시켜줄 수 있는 사람이 필요하며 여성들은 역사적으로 사회적 기술에 더 깊이 관련되어왔기 때문에 사용자들과 더 쉽게 관계를 맺을 수 있다. 집단으로서 여성은 남성에 비해 사회화의 결과 좀 더 관계지향적이고 인간 중심적이며 협동적인 상호작용 스타일을 갖는다는 것이다. 이 같은 사용자 지향적 접근에서는 하이브리드 노동자가 훨씬 더 중요해진다.[3]

실제로 그녀가 인터뷰를 수행한 두 개의 IT 기업에서 여성들은 하이브리드 노동자로 인정받고 있었다(Woodfield, 2002). "하이브리드는 중요하며 여성은 최고의 하이브리드들이다"라는 것이 인터뷰 결과 제시된 첫 번째 담론이다. 기술직 남성 노동자들이 사용자들과 지속적인 관계를 맺기 어려운 데 비해, 사회적 기술을 가진 여성들은 대상 조직의 관습과 작업 요건, 관행, 관계와 문화를 잘 이해함으로써 사용자들을 만족시킬 수 있는 생산물을 만들어내고 있다는 것이다.

IT 산업에서 하이브리드 노동자가 중요해지는 세 번째 이유는 IT 생산의 지구화(globalization)에 있다. IT 생산의 해외 배치에서 지리학적으로 떨어져 있는 분리된 집단들 사이의 커뮤니케이션을 효과적으로 관리하는 일은 필수적 과제이며 이는 하이브리드 노동자에 의해 가능하다. IT 생산의 글로벌 체계에서 여성은 커뮤니케이션의 전문가로서 하이브리드 노동자의 책임을 수행해왔고, 이와 관련해 여성이 IT 산업의 가장 큰 수혜자가 될 것이라는 전망이 제기되기도 했다(ILO, 2008).

그러나 이러한 하이브리드 노동자로서 여성의 지위에 내포된 문제도 적지 않다. 우드필드는 여성이 지닌 사회적 기술과 성별 고정관념 사이에 깊은 관련이 있을 수 있다는 점을 지적한다(Woodfield, 2002). 작업장에서 여성이 소유한 사회적 기술은 "여성적"이라고 명명된 성향과 관련된 것으로 이해되기 때문이다. 여성들은 자신과 사용자 사이, 또는 기술팀 구성원들 사이의 관계 개선에 유능할 것이라고 기대된다. 그러나 이 능력들은 여성은 '자연적으로' 돌봄을 잘 할 것이라는 통념으로 이어지기 쉽다. 무엇보다도 여성들이 지닌 이런 사회적 기술은 IT 기술의 설계와 발달에서 핵심

---

3 이와 유사하게 애슈턴(Christine Ashton)은 IT와 비즈니스 사이의 장벽을 무너뜨릴 수 있는 조직적·인간적 기술의 필요성을 주장하며 연결자(bridger)라는 용어를 사용하기도 했다.

적·창의적·구성적 측면과 직접적으로 관련되지는 않는 것으로 이해된다.

그러므로 우드필드의 연구에서 가장 탁월한 노동자는 컴퓨터 기술과 사회적 기술을 모두 가진 남성이다. "마법사(wizard)야말로 최고의 소통자가 될 수 있다"는 인터뷰 참여자들의 이야기는 여성들의 사회적 기술은 여성적 속성으로 당연시되지만, 기술직 남성이 그것을 가졌을 때 사회적 기술의 소유는 우월한 능력으로 평가된다는 사실을 보여준다. 따라서 하이브리드 역할을 수행하는 많은 여성들은 자신들에게 주어진 기회를 긍정적으로 평가하지만, 자신들이 조직 안에서 충분히 인정받지는 못한다고 생각한다(Woodfield, 2002).

3) 해석적 유연성을 실현할 하이브리드 노동자로서 여성

IT 산업에서 사용자의 역할과 해석적 유연성의 중요성, 이를 실현하는 존재로서 하이브리드 노동자의 역량은 이 산업 분야에서 여성이 능력을 발휘할 기회가 커질 수 있으리라는 조심스런 기대를 가능하게 한다. IT 상품의 개발과 비즈니스를 연결하고(수평적 협업), 생산자와 사용자를 연결하는(수직적 분업) 일은 타인에 대한 관심과 감수성, 의사소통능력과 관계지향적 성향을 필요로 한다. 여성은 사회화 과정과 돌봄(care)에 대한 경험 속에서 타인의 요구(needs)에 민감하고 적절히 반응할 수 있는 능력을 키워 왔다. 페미니스트 심리학자 길리건(Carol Gilligan)은 여성의 성장 과정은 남성과 다른 궤도를 통해 이루어지며, 남성의 성장이 정의의 윤리(ethic of justice)를 내면화하는 과정이라면, 여성의 성장은 돌봄의 윤리(ethic of care)를 경험하는 과정이라고 보았다(Gilligan, 1982). 돌봄의 윤리란 타인에 대한 관심과 친밀성, 유대를 근거로 하는 관계의 윤리이며 신뢰와 유대,

상호 관심, 반응성의 가치를 중요시하는 존재론적 태도이다(Tronto, 1993). 사람에 대해 관심을 갖고 그를 돌보며 관계를 키워나가는 데 가치를 두는 도덕적 관점으로서 소통과 배려를 중요시하는 것이 돌봄 윤리의 특징이다. 이러한 돌봄 윤리는 기술 중심적 IT 노동과정(labour process)에서 또 다른 가치를 지닐 수 있는데, 하이브리드 노동이 그것이다. 빠른 속도와 기술 중심의 업무 환경에서 사용자라는 인간을 상상하고 그들의 욕구를 읽어 상품 생산과정에 반영하는 작업은 돌봄 윤리의 정향에 부합한다. 또 서로 다른 지식과 기술, 경력을 지닌 조직 구성원들 사이의 협력을 이끌어 낼 수 있는 능력도 관계지향적 윤리를 토대로 할 때 확대될 수 있다.

문제는 이런 하이브리드 노동이 남성 중심적 조직에서 성별화되고 의미화되는 방식이다. 우드필드의 사례 연구가 보여주듯이, 남성 중심적 조직문화에서 하이브리드 노동은 여성과 남성에게 각기 다른 의미와 결과를 가져올 수 있다. 하이브리드 노동자로서의 능력 역시 성별 위계(gender hierarchy) 속에서 인정되고 평가되는 것이다. 결국 중요한 것은 기술뿐만 아니라, 기술을 둘러싼 사회적 관계이며, 불평등한 젠더관계를 해체해가려는 노력이라는 점을 확인할 수 있다.

4. 한국 IT 산업 여성의 노동 경험: 성취의 조건으로서 하이브리드 노동

1) 한국의 IT 산업 여성 노동자 분포

한국의 과학기술 부문 노동시장은 젠더 불균형이 나타나는 대표적 분야이다(김지형·김효민, 2014). 과학기술 연구개발이라는 전문직으로서의 속성은 다른 직종에 비해 능력에 따른 공정한 대우가 가능할 것이라는 기대가 있지만, 현실은 다르다. IT 산업의 경우 신선미·강선미(2008)의 연구에 따르면, 디지털콘텐츠 직군과 HW 유지 직군(전기전자제품 또는 부품 조립, 검사, 설치, 수리 관련 직군)의 여성 취업자 비율(정규직)은 40% 수준이지만, 이들은 IT 분야에서 상대적으로 기술 수준이 낮고 임금도 낮다. 반면 IT 분야에서도 고임금 직군은 여성 취업자 비율이 매우 낮아 기술 영업 직군 취업자(2008년 현재 약 4만 8000명으로 추정) 중 여성은 거의 없다. HW 개발·설계 직군 취업자도 이 시기 약 21만 명으로 추정되지만 여성 비율은 3.0%에 불과했다. 고급 인력을 요구하는 직군 중에서 SW/SI 개발·설계, 시스템 운영 관리 직군의 여성 취업자 비율은 이 시기 12.4%, 13.8%에 그쳤다.

한국 사회에서도 IT 산업 여성 일자리에 대한 전망은 두 가지 상반된 방향으로 전개되어 왔다(김현희·최문경, 2000). 낙관적인 전망은 전문 지식과 자격을 갖춘 인력 수요 증대에 따라 과소 활용되어온 고학력 여성 노동력에 대한 수요가 증대하고, 산업의 소프트화, 즉 정보통신기술의 특성상 물리적인 힘보다는 창의력과 섬세한 기술이 요구되며, 여성적 경험에 바탕을 둔 창의성과 기술, 경험이 중요시될 것이라는 주장이다. 이에 비해 비관적 전망은 IT의 확산은 저숙련 여성의 일자리를 감소시키고 여성 고용을 불안정하게 하며, 임시직이나 프리랜서 등 비정규직을 증가시킬 것이라는 주장이다.

IT 산업 여성 취업자 수는 1997년 14만 2417명에서 2013년 29만 1258명으로 두 배 이상 증가했다(〈표 6-1〉).[4] 이 중 정보통신방송서비스 부문 여성 취업자는 2만 5765명에서 같은 기간 4만 7364명으로, 정보통신방송기기 부문 여성 취업자는 10만 7194명에서 18만 9250명으로, 소프트웨어 및

〈표 6-1〉 IT 산업 여성 종사자 수의 변화(1997~2013년, 단위: 명)

	1997		여성 비율(%)	여성/부문 간 비율(%)	2013		여성 비율(%)	여성/부문 간 비율(%)
	남	여			남	여		
정보통신방송 서비스	86,416	25,765	23.0	18.1	112,847	47,364	29.6	16.3
정보통신방송 기기	148,111	107,194	42.0	75.3	401,092	189,250	32.1	65.0
소프트웨어 및 디지털콘텐츠	39,111	9,458	19.5	6.6	164,128	54,644	25.0	18.7
합계	273,638	142,417		100.0	678,067	291,258		100.0

자료: 한국전자정보통신산업진흥회(2014).

디지털콘텐츠 부문 여성 취업자는 9458명에서 5만 4644명으로 늘었다. 그 결과 2013년 전체 IT 산업 여성 취업자의 65.0%는 정보통신방송기기 부문에 종사해 전체 인력의 2/3 가량이 이 부문에서 일하고 있음을 보여 준다. 그 외에 소프트웨어 및 디지털콘텐츠 부문이 18.7%, 정보통신방송 서비스 부문이 16.3%를 차지하고 있다.

〈표 6-1〉에 나타난 IT 산업 여성 취업자의 분포와 변화는 IT 산업 내 여성의 조건에 관한 몇 가지 해석을 가능하게 한다. 첫째, 1997년 IT 산업 내 여성 취업자의 3/4은 정보통신방송 기기 부문에 종사한다. 반도체 등 정보통신기기 관련 개발과 생산 부문에 여성 인력이 집중되었고 이 부문 인

---

4 IT 또는 ICT 산업(Information and Communication Technology Industry)은 정보기술 관련 상품 및 서비스를 생산하는 산업으로, IT 제품을 생산하는 IT 제조업과 정보처리 및 전자수단을 통해 정보를 처리, 전달 및 시현하는 IT 서비스업으로 구분된다. IT 서비스업은 다시 정보통신서비스업, 소프트웨어산업으로 나누어지며, 여기서 정보통신서비스업은 기간통신, 별정통신, 방송서비스 등 국내 통신 관련 서비스를 지칭하고, 소프트웨어산업은 패키지 소프트웨어, 컴퓨터 관련 서비스, 디지털 콘텐츠 등을 제공하는 산업을 가리킨다.

력의 42%를 구성하고 있다. 한국의 IT 산업 성장에서 반도체를 중심으로 한 제조업 생산직 여성들의 기여를 읽을 수 있다.

둘째, 위와 비교하여 서비스와 콘텐츠 부문 여성 취업자 비중은 크지 않으며 2013년도에도 IT 부문 여성인력의 16.3%와 18.7%에 머물고 있다. IT 산업의 성장에도 불구하고 여성인력은 남성에 비해 훨씬 더 기기 생산 부문에 편중되어 있음을 알 수 있다. 그 결과 서비스와 콘텐츠 개발 부문 여성 인력은 수도 작고 같은 직군 내 성비도 30%를 넘지 못한다.

셋째, 1997~2013년 사이 서비스 부문과 콘텐츠 부문 여성 취업자의 수와 비중이 역전되었다. 1997년 서비스 부문 여성 취업자가 콘텐츠 부문 여성 취업자보다 2.7배 이상 많았지만, 2013년에는 오히려 서비스 부문이 절대 수에서 콘텐츠 부문에 비해 7000 명 이상 적게 나타난다. 이 시기 소프트웨어와 콘텐츠 개발 부문 여성 인력이 확대된 데 비해 서비스 부문의 증가 추세는 상대적으로 완만했음을 알 수 있다.

이를 좀 더 자세히 보기 위해 〈표 6-2〉에서 각 부문별 상세 분류에 따른 여성 취업자 분포를 살펴보면, 2013년 정보통신방송기기 부문의 부품 9만 8979명, 통신기기 4만 3425명, IT서비스 2만 7717명, 정보통신응용기반기기 2만 7591명, 디지털 콘텐츠 개발제작 1만 9113명, 유무선 콘텐츠서비스 1만 7841명의 순서로 분포하고 있는 것을 알 수 있다.

2) IT 산업 여성의 노동 경험과 하이브리드 노동

한국의 IT 산업에서 일해온 여성들의 노동 경험을 살펴보기 위해 심층면접을 선택했다. 심층면접의 목적은 IT 산업에서 여성들이 성공적으로 기여하고 자신의 경력을 쌓아갈 수 있는 성취의 조건은 무엇인지 살펴보

〈표6-2〉 2013년도 IT산업 성별종사자 현황

구분			2013	성별	
				남자	여자
정보통신방송서비스			160,211	112,847	47,364
	통신서비스		74,516	57,104	17,412
		유선통신서비스	27,328	22,952	4,376
		무선통신서비스	14,410	12,093	2,317
		회선설비임대재판매 및 통신서비스모집, 중개서비스	5,507	2,174	3,333
		부가통신서비스	27,271	19,885	7,386
	방송서비스		39,170	27,202	11,968
		지상파방송서비스	14,542	11,305	3,237
		유료방송서비스	5,416	4,183	1,233
		프로그램제작공급	18,948	11,537	7,411
		기타방송서비스	264	177	87
	방송통신융합서비스		46,525	28,541	17,984
		IPTV	589	446	143
		유무선콘텐츠서비스	45,936	28,095	17,841
정보통신방송기기			590,342	401,092	189,250
	통신기기		118,740	75,315	43,425
	방송기기		55,189	41,309	13,880
	정보기기		17,866	12,491	5,375
	부품		291,145	192,166	98,979
	정보통신응용기반기기		107,402	79,811	27,591
소프트웨어및디지털콘텐츠			218,772	164,128	54,644
	패키지소프트웨어		36,786	28,972	7,814
	IT서비스		126,061	98,344	27,717
	디지털콘텐츠개발·제작		55,925	36,812	19,113
합계			969,325	678,067	291,258

자료: 한국전자정보통신산업진흥회(2014).

는 데 있다. 이를 위해 IT 산업의 세 부문에서 성공적으로 일해왔다고 평가되는 세 명의 여성의 만나 인터뷰를 실시했다. 인터뷰 참여자는 IT 분야의 전문가를 통해 추천을 받거나 관련 분야에서 임원직까지 승진하는 등 두드러진 업적을 인정받은 여성으로 선정되었다.

〈표 6-1〉에서 한국의 IT 산업 종사자는 정보통신방송서비스, 정보통신방송기기, 소프트웨어 및 디지털콘텐츠 부문으로 구분된다. 이러한 분류에 따라 이 글에서도 정보통신서비스 기획과 IT 기기 생산, 소프트웨어 개발 부문에서 일해온 세 명의 여성을 선정했다. 인터뷰는 반구조화된 질문지에 따라 1시간 30분에서 2시간 정도 이루어졌으며 녹취 후 분석했다.

(1) IT 서비스기획자로서 여성 하이브리드 매니저: "사람의 얼굴을 한 기획"

정보통신 및 IT 서비스 기획 부문의 인터뷰 참여자 노○○ 이사는 IT 서비스 회사의 전략기획실 실장으로 일하고 있으며 IT 분야의 경력만 10년이 넘는 20여 년 경력의 40대 여성이다. 그녀는 외국계 기업과 언론사에서 일한 후 한국의 대표적인 정보통신 기업인 K사에서 서비스 기획 업무를 수행하다가 IT 서비스 중견기업으로 옮겨왔다. 그녀는 대학에서 사회과학을 전공했고 통신 분야의 기업에서 비즈니스 경력을 쌓은 뒤 IT 회사에서 10여 년간 일했다. 그녀의 이런 경력은 비즈니스 역량과 IT 역량을 겸비한 하이브리드 매니저의 자격 요건에 정확히 부합하는 것으로 보였는데, 그녀 역시 자신을 '협업'(collaboration)의 전문가로 소개했다.

"IT 쪽은 전문적인 영역 부분이 기획과 개발, UX(User Experiences) 디자인, 시스템 엔지니어링, 아키텍트, 그 다음에 검수를 하는 영역, 그렇게 나눠지는데 조금 전문적이죠 사실. IT 쪽 인력들의 특징이 두 가지 레벨로 나눠지는데, 굉장히 전문적인 인력들과 그들을 엮어주는 굉장히 일반적이고 시장 지향적인 기획인력, 이 둘의 협업으로 이루어져요. 협업으로 이루어지기 때문에 사실 이 기획 파트와 개발 파트의 협업이 IT 비즈니스의 성공에서 제일 중요합니다."

인터뷰 서두에서 노 이사는 기획자와 개발자의 협업이 IT 비즈니스 성공을 결정하는 요인이라고 힘주어 이야기했다. 그리고 그녀의 설명에서 중요한 것은 기획자의 역할이다. 흔히 IT 인력이라면 개발인력을 생각하지만, 그것에 못지않게 중요한 것이 기획 인력이라고 그녀는 말한다. 노 이사는 기획인력이란 "각각의 전문 인력들을 엮어서 시장이나 유저들의 사용자 편의성에 가장 적합하게 만들어내는 사람들"이라고 정의한다. 기획인력도 두 부문으로 나누어지는데, 개발기획과 사업기획이 그것들이다. 보통 IT 인력이라면 개발기획까지를 말하는데, "사업기획 쪽에서 사업에 대한 방향성을 받아 그 사업기획에서 요구하는 바를 따라서 각각 전문적인 개발인력들을 엮어 실용적인 아웃풋(output)을 만드는 책임을 갖는 사람들, 즉 PM 역할을 하는 사람들"이 개발기획자들이다. 앞서 파머의 논의에서 제시된 하이브리드 매니저의 역할과 정확히 일치하는 내용이다.

노 이사는 IT 인력을 기술자 중심의 개발인력에 국한시키는 것은 잘못된 접근이라고 생각한다. IT 업무를 원활히 수행하려면 기획자와 개발자가 상대방의 업무에 대해 이해하고 있어야 하는데, 한국 IT 업계에서는 이 부분이 부족하다고 지적한다. 기획과 개발이 분리되어 서로 간의 장벽이 높기 때문이다. 청소년기 교육부터 문과와 이과를 구분하는 사회에서 비즈니스를 하는 사람과 엔지니어링을 하는 사람이 일찌감치 분리되고 서로에 대한 이해나 소통을 위해 충분히 노력하지 않는다는 것이다. 특히 개발자의 경우 자기 중심성이 강해 '내 영역 바깥의 일은 누군가가 알아서 하겠지'라는 성향이 특징적으로 나타난다.

"개발하는 사람들은 전문적으로 개발만 하면 된다는 생각 때문에 비즈니스나 전체적인 아키텍처링에 대해서 이해도가 좀 떨어지고 자기 영역을 고집하는 경향이 있어요. 근데 그런 고집을 하는 사람들이 기획이라는 것에 대해서 기획에서 정한 전체적인 방향성, 전략성 이런 것들에 대한 이해를 해주는 것이 필요한데 우리나라가 그게 약한 편입니다 …… 우리나라가 되게 명목상 문과와 이과를 많이 나누죠. 비즈니스를 하는 사람과 엔지니어링을 하는 사람을 나눠버리거든요. 그러니까 엔지니어링을 하는 사람은 문과 쪽에 대한 이해가 있을 필요가 없다, 이건 누군가가 전달을 해주면 되는 것뿐이고 나는 전달된 사항에 대해서 내 영역만 하면 된다는 생각을 기본적으로 갖고 있어요. '그렇게만 해야 돼'라고 생각을 하는 사람은 아무도 없지만 '내 영역 바깥의 일은 누군가가 알아서 하겠지'라는 성향을 갖는 것이 엔지니어들의 특징이에요. 시스템 엔지니어가 됐든 개발 엔지니어가 됐든 프로그래머가 됐든 그런 특징을 좀 가지고 있어요."

이처럼 비즈니스와 엔지니어링의 경계가 뚜렷할 때 나타나는 문제는 "공급자 시각에 선 개발"이다. 한국의 개발자들은 공급자의 시각에서 개발을 하는 경향이 강해 개발하기 쉬운 것들이나 개발자들이 원하는 것을 만드는 현상이 발생한다는 것이다. 미국의 경우 기획에 대한 이해력을 지닌 아웃풋이 많이 나오지만, 한국에서는 기획·개발·디자인의 영역이 명확하게 구분되어 있어서 기획이나 디자인에 대한 이해력을 지닌 개발자들이 많지 않은 편이다. 이런 현실은 개발자 중심의 아웃풋이 지배적인 결과를 낳는다. 따라서 한국 IT 산업에서 기획의 역할은 더욱 중요하다고 할 수 있다. 원하는 아웃풋을 얻으려면 기획자가 이 세 파트의 인력들을 잘 아우를 수 있을 정도의 능력을 갖추어야 하기 때문이다.

그렇다면 여성은 이런 기획자의 역할을 얼마나 잘 소화할 수 있을까? 한국의 IT 산업 자체는 효율성 추구가 지배적 원리이고 열악한 기반에서 장시간 일해야 하므로 여성들에게 우호적인 환경이 될 수 없다. "퍼포먼스"와 "효율성"이 가장 중요한 가치이고, "빠른 속도"와 "시간 압박"이 특징인 IT 산업에서 여성들이 일하기란 쉽지 않다. 특히 한국 IT 산업의 영세성과 취약한 자본구조, 그로 인한 기업 간 높은 경쟁은 IT 산업의 근무 환경을 "보호막 없는 잔인한" 것으로 만든다.

> "보호막도 별로 없고 그런 거죠. 일단 산업의 특성은 남녀 차별이 없을 수 있겠지만 비즈니스가 열악하기 때문에, 그리고 굉장히 트렌디한 시장의 요구 사항을 반영해야 되기 때문에. 기술도 계속 변하고 사람들의 유행도 계속 변하고 동종의 비즈니스가 굉장히 경쟁이 심하기 때문에 빨리 내야 되고, 시간에 대한 압박이 되게 많고. 그러다 보니까 우아하게 휴가 즐기면서 할 수 있는 영역이 아니에요. 숨 돌릴 틈이 없는 거죠. 틈 없이 계속 몰아쳐야만 되는 영역이다 보니까. 보호막 없이 잔인한 기업 환경이 그대로 적용될 수밖에 없는…"

이런 상황에서는 여성이든 남성이든 서로를 배려할 수 있는 여건이 못 되며, 여성도 "남성화"될 수밖에 없다. "밤 3일 새고 나서 누가 누구를 배려하겠는가?"라고 노 이사는 반문한다. 짧은 시간에 성공적인 아웃풋을 내기 위해 며칠씩 밤을 새우는 환경에서 가족이나 양육 등 여성에게 주어진 현실적인 돌봄 책임을 감당할 수 있는 사람은 없고, 따라서 남성과 똑

같이 일 중심적인 삶을 살아야 한다는 것이다. "시간 싸움, 인내력 싸움, 더 집중해서 더 짧은 시간에 원하는 아웃풋을 만들어 내야 하는 조건에서" 그것을 견디지 못하는 사람은 일을 계속할 수 없고, 이처럼 일과 가족 돌봄을 양립하기 어려운 환경에서 여성들은 결혼을 미룰 수밖에 없다.

또 남성이 많고 남성 중심적으로 의사결정이 이루어지는 "비즈니스 문화" 속에서 여성들은 "불편한 존재"로 인식될 수 있다. 여성이 지닌 감성이나 성향의 차이가 남성들에게는 이해하기 어렵고 의사결정의 걸림돌로 여겨질 수 있는 것이다.

그럼에도 불구하고 노 이사는 IT 산업은 상대적으로 퍼포먼스 중심이라는 바로 그 요인 때문에 오히려 남녀를 구분하지 않는 경향이 있다고 강조한다. 기획 업무에서 여성은 훨씬 더 많은 성과를 내고 있는데, 그 이유는 사용자 중심의 감성적 접근에서 여성들이 강점을 지니기 때문이다.

> "기획은 아무래도 사업 기획 쪽하고 감각을 공유해야 되는데 유저들의 감성적인 접근이나 이런 것들에 대한 입체적이고 종합적인 판단을 여자들이 더 많이 하죠. 유저 익스피어런스(user experiences)의 중요성. 본인이 유저가 돼서 유저의 행동 패턴이나 이용 행태 이런 것들을 분석해내는 감성적인 어프로치(approach)가 필요하고, 감성적인 어프로치(approach)를 가지고 기획안을 만들죠."

사용자의 경험에 대해 이성적 판단은 물론 감성적 이해까지 시도하고 사용자의 입장에서 기술에 대한 요구나 기대를 상상해보는 작업에서 여성들이 우수한 능력을 보인다는 것이다. 이 같은 감정이입(empathy)과 공감능력은 사용자 중심의 서비스 기획에서 높은 가치를 지닌 사회적 기술로 평가된다.

아울러 의사소통 능력도 중요한데 비즈니스와 개발 파트의 "랭귀지"가 다르므로 그것들을 끊임없이 맞춰가야 하기 때문이다. 그리고 이런 업무에서 여성이 남성보다 뒤떨어지는 것은 없다. 오히려 서비스를 만들어낼 때 여성의 감성이 중요할 수 있는데, 기획과 개발업무 모두 다 "따져야 하는, 굉장히 여성적인 느낌"의 일이다. 여기서 하나라도 그냥 넘어가면 나중에 버그로 터지기 때문에 개발자와 기획자는 갈등을 겪을 수밖에 없다. 이 과정에서 여성적인 섬세함을 가진 기획자는 꼼꼼히 따지는 작업을 효과적으로 수행할 수 있다는 것이다.

따라서 효율성과 수행(performance)을 중시하는 문화에서 여성이 더 불리하다고 느끼지는 않는다. 한국의 많은 기업에서 여성들이 경험하는 차별은 높은 수준의 집중과 협력, 성과를 요구하는 IT 조직에서 정당화되기 어렵다는 것이다. 그리고 이런 평등한 젠더관계를 가능하게 하는 것은 여성이 지닌 공감과 소통 능력이다.

노 이사가 지닌 하이브리드 매니저의 역할에 대한 인식 중 독특한 점은 인문사회학적 소양에 대한 강조이다. 사용자와 소통하고 사용자의 욕구를 읽기 위해서는 인간에 대한 이해가 필요하기 때문이다.

"니즈를 잡아내는 능력이 필요한 거죠. 그럼 뭐냐면 사람에 대한 관심이고요. 관심을 실현해낼 수 있는 실행력이 필요한 거죠. 여기서 영역이 다 나뉘어요. 관심은 인문학, 인문사회학적인 마인드, 그리고 '잡아낸다'라고 하는 거는, 비즈니스적으로 엮어낸다는 거는 비즈니스 마인드고요. 그 다음에 '실행한다'라고 한다는 거는 아까 말했듯이 구체적으로 만들어낼 수 있는 전문 개발 영역이에요 …… 사람들이 원하는 거를 엮어서 아웃풋으로 만들어내는 형태의 예가 돼야 되는 거죠. 그러니까 원하는 것을 파악하는 능력, 그것들을 엮어 내는 능력, 그리고 그것을 실행하는 능력, 인문사회적 능력, 비즈니스 능력, 개발 능력, 이게 다 필요하다는 거죠. 이걸 단계별로, 그래서 인문사회학과 관련된 것들은 교양적인 차원에서 남을 이해하고 자기를 이해하고 실존적인 어떤 형태의 자아를 갖추는 것이 필요하고, 내 자아가 성립이 되면 남의 자아와 내가 공존하는 것을 배울 것이고. 이게 기본적으로 필요한, 사람을 이해하는 방법인 거죠."

사용자의 욕구를 파악하기 위해서는 사람에 대한 관심과 자신에 대한 이해, 자신과 타인의 공존과 소통을 가능하게 하는 방법을 체득해야 한다는 것이다. 그리고 이를 위해 인문학과 사회과학은 하이브리드 매니저를 위한 소양을 제공해줄 수 있으리라는 생각이다. 이러한 그녀의 인식은 기술에 대한 사용자의 주권의식으로 이어지고 자본주의의 파괴력을 억제할 수 있는 '사람의 얼굴을 한 기획'으로 나아간다.

"인문사회학적인 바탕은 사람을 이해하는 능력이고요. 유저로서의 인간, 그러니까 유저로서의 인간이라고 하는 거는 제가 이제 잘 쓰는 말인데, UX가 주권이 될 것이다. 사람들이 원하는 experience, 내가 원하는 새로운 방식이 권리가 돼서 상품이나 서비스에 반영이 되어야 하는. 주권이라는 말은 우스울 수 있겠지만 권리죠. 그러니까 권리가 될 수 있는 비즈니스 환경이어야만 한다는 거죠 …… 기획 내용은 사람들이 원하는 걸 그대로 담아주고. 사람들을 편리하게 해주고 도와주려고 하는 입장에서 만든 상품과 서비스가 성공할 수밖에 없거든요."

"자본과 IT의 공통점은요. 인간의 얼굴을 하기가 되게 어렵다는 거예요. 효율성을 추구하고 퍼포먼스 중심으로 나가기 때문에, 그리고 승자승 원칙이거든요. 승자가 계속 다음 승리를 가져올 수밖에 없는 원칙을 가졌기 때문에 자본과 IT가 그냥 나가는 대로 계속 내버려 두면 굉장한 디스토피아를 만들어낼 것이다. 그러면 그것을 바로 잡아줄 수 있는 게 바로 기획이기 때문에 사람의 얼굴을 한 기획으로 사람이 원하는 것을 제대로 만들어 내야 된다고 하는 ……"

한국의 IT 하이브리드 매니저로서 노 이사가 지닌 인식은 비즈니스와 IT, 기획과 개발의 연결자로서의 역할은 물론, 사용자의 관점에 선 기술 개발이라는 휴머니즘의 차원을 포함한다. 그리고 그것은 그대로 둘 경우 자본의 이윤추구 동기에 따라 무제한적인 파괴력을 행사할 수 있는 정보기술의 힘에 대한 자각에서 출발한다. 자본의 일방적인 주도에 따라 움직이는 IT 산업의 디스토피아를 우려하면서 사용자의 복지를 증진시킬 수 있는 방향으로 IT 발전을 선회하려는 인간의 얼굴을 가진 기획의 실현. 이것이 하이브리드 매니저로서 그녀가 지닌 직업적 윤리의식의 규준이자 희망이다.

(2) 반도체 개발자로서 하이브리드 매니지먼트의 경험: "돌봄의 리더십"

반도체 생산 분야의 대기업에서 30여 년간 설계 업무를 해온 양○○ 이사는 고졸 사원으로 입사해 여성으로서는 처음으로 개발직 이사까지 승진한 입지전적 인물이다. 그녀는 1980년대 중반 고등학교를 졸업한 후 반도체 개발부서의 연구보조원으로 회사생활을 시작해 첫 10년은 주로 보조업무를 수행했다. 이후 사내 대학에 들어가 반도체공학을 전공하고 박사과정까지 수료했으며 인터뷰 당시에는 박사논문 집필을 앞두고 있었다. 여성이 희소한 반도체 개발 분야에서 고졸사원으로 입사해 이사에 이르기까지 그녀는 늘 시간에 쫓기며 일 중심적인 삶을 살았다.

"저는 임신과 육아가 제 퇴근 시간하고 무관했었어요. 늘 그런 건 아니지만 바쁠 땐 새벽 세 시, 네 시까지 하고. 그리고 (그 때는) 그냥 엔지니어지, 지금처럼 법적으로 모성보호법이 있고 해서 법적으로 보내야 하고 그런 상황이 아니었기 때문에 저는 아이가 있을 뿐이지 똑같다고 생각했거든요. 힘들고 그런 건 있었지만, 내가 똑같은 성과를 내야하고, 아니 더 잘 내야 하고 그래야 살아남을 수 있다는 절박감을 가지고 살았던 것 같아요."

임신과 출산기에도 새벽까지 일했다는 그녀의 생애를 잘 표현하는 단어는 "살아남아야 한다는 절박감"이다. 그녀가 일해온 1980~1990년대는 어린이집 등 돌봄의 사회화 수준이 낮았기 때문에 어려웠지만, 무엇보다 반도체 생산이라는 노동과정 자체가 시간과의 싸움이었으므로 일과 돌봄을 병행해가야 하는 여성들에게는 더욱 힘든 조건이었을 것이다.

"hard-work에요. on-time의 개발을 해야 하고, 항상 under-pressure죠. 항상 긴장되고, 항상 개발 기간에 쪼이고, 품질에도 엄청난 노력을 기울여야 하고. 반도체 개발을 시작해서 시제품이 나와서 테스터를 하고 양품이다 아니다 판단이 나올 때까지 긴장의 연속이고, 항상 그 시간 싸움을 많이 하거든요. 시장에는 딱 그 시간이 있잖아요. 그걸 못 맞추면 이제 뭔가 사업이 끝이 나니까. 항상 스트레스 받는데, 여성이 견디기가 힘든 게 그거죠. 사회적 통념도 있고, 육아가 제일 큰 것 같고. 그리고 hard-work를 견뎌낼 수 있는 강인함이 여성한테서는 얻어내기 힘들다는 생각을 항상 많이 했어요, 주변 여건들이. 그게 가장 큰 게 육아고. 제가 거의 첫 번째 이다시피 아이를 갖고 회사를 다닌 사람이었으니까. 실험이었던 것 같아요, 저는. 그만큼 그걸 깨기 위해 힘들었죠. 그 당시에는 많은 분들이 결혼하고 다니는 것조차 생각 못하던 때였

으니까."

따라서 학력과 성별에 따른 불평등이 심각한 한국 사회에서 이중적 불리함을 극복하기까지 그녀가 했던 노력은 상상하기 어려운 수준인 것으로 보인다. 그녀의 인터뷰 기록은 시간 압박이 강한 노동과정과 남성 중심적 문화를 가진 조직에서 여성이 얼마나 힘들게 싸워왔는지를 보여주는 일종의 영웅서사(a heroic narrative)를 담고 있다. 그러나 그녀의 서사가 자기애(self-love)나 자기 과시로 빠지지 않는 이유는 여성이 직면한 성차별과 돌봄 책임의 문제를 깊이 인식하고 고민하며 해결해가기 위한 각고의 노력을 진솔하게 보여주기 때문이다. 그리고 그런 고민과 노력 사이에서 그녀는 자신의 성취가 개인적 노력뿐만 아니라 가족과 지역사회의 도움 덕분이라는 인식에 이른다.

그녀는 늘 "언제 그만두냐?", "결혼해서도 일할까?", "아이 낳고도 할까?"라는 의심의 시선 앞에서 살아왔다. 그리고 그런 시선들을 물리치고 아이를 키우며 일할 수 있었던 데에는 가족과 이웃의 지원이 있었다고 인정한다. 결혼 후 두 아이를 낳아 시집과 친정을 오가며 아이를 맡기는 "전쟁으로 시작해서 전쟁으로 끝나는" 삶을 살아온 그녀는 자신의 두 아이를 부모는 물론, 동네 사람들의 도움을 받아 키웠다.

"첫째는 다섯 살 될 때까지 부산에 맡겨놨었고, 둘째를 낳고서는 시부모님하고 친정어머니하고 왔다 갔다 하시다가 결국은 시부모님이 다 짐 싸들고 오셔서 함께 살았죠. 주로 시어머님이 봐주셨고, 교육이나 이런 거 필요한 건, 정말이지 동네가 다 키웠다고 보면 돼요. 가는 동네마다 전부 다 제가 미리 우리 아이 소개를 해두고, 계좌번호 다 알아놓고, 먹을 것 언제든지 먹게 하고. 동네를 다 이용했던 것 같아요…… 그게 필요하다고 생각했기 때문에, 담임선생님조차도. 가장 많이 도와주셨던 분이 문방구 아저씨, 준비물 이런 거. 제가 아무리 늦게 퇴근해서 가도 다 주셨기 때문에."

그녀 자신은 물론 가족과 이웃사람들이 함께 아이를 돌봤다는 이야기는 '한 아이를 키우는 데는 온 마을이 필요하다'는 공동체적 믿음을 담고 있다. 그리고 그녀가 자신의 성취를 개인적인 노력의 결과가 아니라, 가족과 이웃의 배려와 지원이 가져온 결과로 이해하고 있음을 보여준다. 그녀의 생애이야기가 영웅서사의 구조를 띠고 있지만 단순한 영웅서사로 해석될 수 없다는 점을 알 수 있다.

양 이사가 이처럼 힘든 상황 속에서도 일을 계속해온 데에는 기술에 대한 사랑이 중요한 요인으로 자리 잡고 있다.

"저는 기술을 워낙 좋아해요. 반도체 기술이 변화되는 거나, 제가 너무 모른다는 것 때문에 반도체 성장이랑 제 성장이랑 성장을 같이 했거든요. 그런 배움에 대한 즐거움이 있었고, 진실을 발견하는 희열, 그런 것에 젖어 살았던 것 같아요. 다른 젊은이들처럼 젊은이의 삶을 살고, 누구를 만나고 그런 데 별로 관심이 없었던 것 같아요. 그냥 이 기술 트렌드가 너무 좋고, 내가 너무 모르는 게 너무 많은데 하나하나 알아갈 때. 그 기쁨으로 30년이 된 것 같아요."

한국 반도체 산업의 성장과 자신의 성장사를 동일시하는 의식과 신기술을 발견하는 희열에 대한 이야기는 그녀가 기술자로서 자신의 경험과 역량을 얼마나 중요하게 생각하는지 알려준다. 그리고 기술에 대한 자부심은 그녀를 또래의 다른 여성들과는 구별되는 존재로 만들어왔다. 따라서 그녀의 서사에서 가장 많이 등장하고 강조되는 단어는 '기술'이다.

그러나 그녀의 정체성은 테크니션에 그치지 않는다. 자신의 어떤 점이 임원직으로의 승진을 가능하게 했는지에 관한 물음에 그녀는 "팀워크(teamwork)"를 강조하고 사람들에 대한 관심을 지적했다.

"저는 일하면서 늘 한 생각이, 내 하나의 힘보다는 조직의 힘이 크다는 생각을 해서 조직의 활력, 팀워크을 많이 이끌어내려고 했었어요. 임원을 목표로 한 적은 없어요. 아까 말한 진실을 발견하는 희열, 새로운 것을 알았을 때의 기쁨이 가장 컸기 때문에, 기술에서 그런 기쁨을 찾으려고 했죠. 노력을 했던 부분은, 항상 제가 부족하다고 생각했을 때는 팀원들하고 함께하면 되겠다고 생각해서 조직에 대한, 소위 부하 직원 관리라든지 그네들의 역량이든지 이런 것들에 대해 시스템을 만들고 몇 사람이 빠지더라도 돌아가게끔 해놓고 나머지는 교육을 시킨다든지 등 조직 운영을 굉장히 잘했다고 (사람들이) 얘기하고, 시스템을 잘 만들었다고 하고."

위의 이야기는 개발 전문가인 그녀가 기술뿐만 아니라 사람에 대한 관심도 적지 않게 지니고 그것을 실행해온 이력을 담고 있다. "기술에서 기쁨"을 얻을 뿐 아니라, "조직 운영"을 잘했다는 평가를 받았다는 이야기는 그녀가 기술은 물론 인간관계 능력까지 갖추고 있음을 보여준다. 하이브리드 매니저의 특징이다. 그렇다면 자기중심적인 기술 전문가들 사이에서 그녀는 어떻게 리더십을 발휘했을까?

"회사에서는 한 사람 한 사람 파악해서 어떻게 융합시킬지 고민했어요. 보통 엔지니어들은 내 할 일만 하면 되지 다른 데 간섭하려 하지 않아요. 내 할 일 잘

했는데, 왜 네가 나를 간섭해? (그렇게 생각하죠). 고립된 것이 커요 …… 뭔가 성과가 안 나오고 저하고 안 맞는다고 생각되는 친구가 있으면, 보통 남성들은 그 사람을 포기하거든요. 그런데 저는 그 친구가 끊임없이 이야기하게 하고, 같이 커피 마시고, 마음을 편안하게 해주는 거죠. 마음을 열고, 치밀하게 그 사람 주변을 봐요. 가정환경이나 친구가 어떤지, 문제는 없는지요. 그 사람을 서베이하듯이 (그 사람이) 그럴 수밖에 없었다는 것을 이해하려고 하죠. 포기하지 않고 끝까지 노력해요. 그걸 알아준다면 그 (사람에게도) 아킬레스건이 있는데, 그걸 찾아주면 (문제가) 확 풀리죠. 그럼 이 친구에게는 더 이상 말 안 해도 돼요. 끝까지 따라오죠."

사람에 대한 관심과 소통을 위한 노력, 부하 직원을 포기하지 않고 끝까지 이해하려는 노력을 계속하는 것, 함께 일상을 나누고 함께 문제를 해결하려는 태도가 그녀가 지닌 리더십의 핵심이다. 이런 리더십은 그녀가 지닌 여성의 경험과 어떤 관계가 있을까?

"인내가 있다는 것, 욱하지 않는다는 것이 여성의 장점이라고 생각해요. 구성원들에게 하나하나 인내심을 갖고. 이건 정말 엄마의 리더십인 것 같아요. 자식에 대한 배려, 기다려주고. 이런 것을 개발하면 저는 앞으로도 (여성이) 큰 역할을 할 수 있을 거라고 생각해요. 그건 남성에게 없는 것이거든요. 내 자식 같고, 내 동생 같고 …… 여성들이 관계지향적이기 때문에 조직을 끌어갈 때 한국인의 정으로 (한다면). 조직을 끌어갈 때 여러 가지가 있을 수 있겠지만 (이런 점이) 믿음을 줄 수 있고, 저 상사는 나를 믿고 있구나 (하는). 저는 뭘 느꼈느냐면 남성들은 (흔히) 의리 있다고 하잖아요? 그런 것보다도 여성의 섬세한 감성이 더 조직에 어필한다는 것을 많이 느꼈거든요. (남성들이) 술 한 잔 먹고 '나

믿지?' 하는 것보다도, (여성들은) 더 감성적으로 끈끈해요."

인내심을 가지고 상대방을 배려하는 자신의 태도를 양 이사는 '엄마의 리더십'이라고 정의한다. 자식을 키우고 가족을 돌보듯 부하 직원에게도 마음과 정성을 다한다는 것이다. 그런 태도는 남성들이 갖기 어려운, 돌봄의 경험에서 형성되는 윤리이며 감성이자 의식이다. 그녀의 이야기에서 여성의 돌봄 경험은 남성의 '의리' 문화보다 더 깊고 오래 갈 수 있는 관계의 윤리로 재구성된다. 어린 시절 대가족의 5남매 자녀 중 외동딸로 성장한 그녀는 집안의 대소사를 도맡아했고 문제를 해결해왔다. 아버지가 일찍 돌아가셔서 어쩔 수 없이 맡게 된 역할이지만, 이 책임감 때문에 돌봄의 의무를 회피하지 않았고 어릴 때부터 "속이 들었다"는 이야기를 들어왔다. 여성이 지닌 딸로서, 그리고 어머니로서의 경험과 돌봄의 윤리, 인간에 대한 책임감, 감성적 공감 능력 등은 조직에서 부하 직원을 이끌어갈 때 매우 효과적인 능력이라는 사실을 그녀의 경험 속에서 발견할 수 있다.

(3) 소프트웨어 개발자로서 하이브리드 노동자: "사람을 이롭게 하는 기술"

IT 대기업에서 개발업무를 하고 있는 김○○ 씨는 대학에서 컴퓨터공학을 전공한 후 솔루션 업체에서 서버 개발업무를 시작으로 앱 개발업무를 수행하는 경력 6년차 개발자이다. 아직 20대이고 길지 않은 경력을 지닌 그녀는 특별히 컴퓨터에 대한 관심보다는 개발업무를 좋아했고 취업이 잘 될 것 같아 현재의 직업을 선택했다. 그녀가 일하는 개발팀은 20여명의 직원 중 여성이 두 명에 불과해 다른 기업에서처럼 개발업무에서 여성의 희소성을 보여주고 있다.

그녀의 인터뷰에서 두드러지는 점은 대개의 개발자들이 지닌 기술 몰입적·자기중심적 성향과는 달리, 팀워크와 커뮤니케이션을 강조한다는 것이다. '공감' '팀워크' '동기부여' 등 그녀는 자신이 다른 사람과 함께 일하는 것이 즐거우며 일을 잘 하기 위해서는 커뮤니케이션이 중요하다고 말한다.

> "제가 개인적으로 공감했던 방법은 관련된 사람들이 모여서 뭔가 주제가 정해지거나 아니면 함께 리서치를 하고 그렇게, 나는 앱 개발자니까 개발만 한다는 마음보다는 이 서비스를 함께 만들고 있다는 동기부여가 중요한 것 같거든요. 그런 부분을 회사에서 심어주면서 하면, 저도 앱 개발자지만 서비스에 관심이 있으니까."

그녀가 일하는 회사는 사업기획과 개발기획, 개발업무를 수행하는 사람들이 함께 모여 자유롭게 토론하는 방식으로 일을 진행한다. 그녀는 그런 회사의 업무조직 방식을 마음에 들어한다. 이렇게 함께 모여 토론하는 이유는 새로 개발된 서비스의 테스트가 빠르고 사용자의 의견도 신속하게 수집될 수 있기 때문이다. 여기서 그녀는 커뮤니케이션의 중요성을 강조한다. 다른 사람의 의견을 잘 듣고 자신의 의견을 적절히 제시해서 설득력을 높여야 하기 때문이다. 그리고 이런 커뮤니케이션에서 여성인 자신은 좀 더 쉽게 타인과 가까워질 수 있다고 생각한다.

그녀의 인터뷰에서 두드러지는 것은 사용자를 이롭게 하는 일에 대한 자부심이다. "세상의 불편한 걸 바꿔보고 싶다"는 마음으로 일한다는 그녀는 "사람들을 편하게 해주고 세상을 점점 더 편리하게 만들어가는 데 기여하고 있다는 데서" 자부심을 느낀다. 자신 역시 개발자이지만 한편으로 서비스 사용자이므로 사용자 입장에서 의견을 내려고 노력한다. 그녀의 행복감은 이 같은 사용자 지향적 의식에서 형성되는 것으로 보인다. 세상의 변화에 기여하고 있다는 생각에서 자부심과 보람을 느끼기 때문이다.

"제가 세상을 편하게 바꾸고 있다, 이런 부분. 생각해보면 시대가 흐르면서 세상이 편해졌지만 그게 시간이 흘러져서 편해진 게 아니라 사람들의 조금의 변화들이 편하게 만들었잖아요. 그런 부분에 제가 일조하고 있다는 사명감이라고 해야 하나, 그런 게 있는 것 같아요. 사람들이 제가 만든 것 잘 쓰고 있다는 피드백을 받을 때 특히 자부심과 보람을 느끼고, 세상을 변화시키고 있다는 보람을 느껴요."

개발자이지만 사람에 대한 관심과 사람을 이롭게 한다는 사명감을 가지고 있다는 그녀의 이야기는 IT 산업의 사용자 중심주의를 담고 있다. 기술과 비즈니스, 사람에 대한 관심, 감성의 가치에 대한 인식이 그녀의 인터뷰 전반에 깔려 있는데, 아래의 진술은 개발자로서 그녀가 지닌 하이브리드적 정체성을 보여준다.

"알파고 얘기 나오면 사람들이 불안해하고, 농담이지만, 하잖아요. 그런데 분명히 저는 아날로그가 존재해야 한다고 생각하거든요. 저도 IT 쪽에 종사를 하고 있지만 아날로그적이고 감성적인 것 되게 좋아해요. 손글씨를 좋아한다거나. 그런 부분들은 분명히 니즈가 있고. 또 IT나 기술들이 일자리를 뺏지만 그걸로 인해서 다른 업계가 생길 수도 있는 거거든요. 물론 기계가 바둑을 두지만 사람들이 기계가 두는 바둑을 보고 싶어 하는 건 아니잖아요. 사람과 기계의 대결이었으니까 관심이 있던 거지 기계와 기계가 바둑 두는 건 관심 없을 것 같거든요. 그렇게 생각해보면 세상의 변화에 맞춰서 다른 직업들이 생기고 다른 감성들이 생기지 않을까. 저는 그렇게 생각하고 있습니다."

디지털 기술을 가지고 일하지만 아날로그적 감성을 중요시한다는 위의 이야기는 그녀가 기술뿐만 아니라 사람과 감성에 대한 관심 역시 적지 않게 지니고 있음을 알려준다. 기술 중심적 발전에 갇히기 쉬운 IT 산업에서 하이브리드적 노동자로 살아가려는 그녀의 의지와 기대를 엿볼 수 있다.

그러나 김 씨는 여성으로서 자신이 현재의 일을 언제까지 계속할 수 있을지는 알 수 없다고 이야기한다. 결혼을 하고 아이를 낳게 되면 일과 육아를 같이 해나가기 어려울 것이라고 보기 때문이다. 그녀의 주변에서도 출산 후 일을 계속하는 사람들은 아직 많지 않기 때문에 그녀 역시 자신의 미래를 가늠하기 어렵다. 젊은 여성 개발자들이 결혼과 출산 후에도 계속 일할 수 있는 환경을 만들어가는 것이 현재 IT 산업이 직면한 과제의 하나라는 사실을 알 수 있다.

5. 토의

IT 산업의 서비스 기획, 기기 생산, 소프트웨어 개발 부문에서 일해온 여성들의 생애 이야기는 이 산업 노동과정이 갖는 특징이 여성의 노동 경험과 정체성, 조직 내 지위, 미래 전망을 다른 산업과는 다르게 규정짓고 있음을 보여준다. 급속한 기술 변동, 불규칙한 시장의 수요 변화, 전 세계적 무한 경쟁이라는 IT 산업의 공통적 상황과, 소수의 대기업과 다수의 중소·벤처기업, 기업 간 지배-종속, 복잡한 다단계 하청 구조라는 한국 IT 산업의 특수한 조건이 맞물려 IT 노동자들은 훨씬 더 강력한 속도 경쟁과 시간 압박에 처해 있는 것으로 나타났다.

이러한 시간 압박 문화 속에서 여성들은 현실적으로 남성에 비해 더 큰 갈등을 겪을 수 있다. 결혼한 여성의 경우 일과 가족 돌봄을 양립해가야 하는 이중 부담이 크기 때문이다. 평소 야근이 잦고 프로젝트 마감 시점에는 최소한의 생활시간만 허용될 정도로 납기일의 압박이 센 업무의 특성과, 복잡한 다단계 하청 구조에서 끊임없이 변하는 고객의 니즈를 반영해야 하는 책무, 예측하기 어려운 프로젝트의 성패(成敗) 등은 결국 노동시간을 연장함으로써 프로젝트의 불안정성을 줄이려는 관행을 확산시켰다. 이러한 상황에서 정해진 퇴근시간 없이 일해야 하는 여성들은 일과 돌봄을 병행하는 것이 고통스러울 수밖에 없다. 또 빠른 기술 변화의 속도는 출산휴가나 육아휴직처럼 일정 기간 노동시장을 이탈하는 행위를 회복하기 어려운 단절의 경험으로 만들기 쉽다.

이 같은 어려운 상황 속에서도 인터뷰에 참여한 세 명의 여성들은 모두 자신의 분야에서 짧게는 6년, 길게는 30년 동안 일해왔다. 특히 노 이사와 양 이사는 결혼을 하고 아이를 키우면서 일을 계속했다. 이들이 일과 가족의 양립 불가능한 현실을 견뎌온 데에는 가족과 이웃의 지원이라는 중요한 요인이 존재한다. 일과 돌봄을 병행하기 위한 전략의 필요성을 보여주는 대목이다.

그러나 무엇보다도 인터뷰 참여자들이 일을 계속하고 능력을 인정받아온 데에는 일에 대한 사랑과 자부심, 성취 욕구가 강하게 자리 잡고 있다. 세 여성의 일이 다소 다르지만, 그들의 이야기에서 공통적으로 나타나는 요소는 기술애(技術愛), 사용자에 대한 관심과 그들의 욕구를 읽으려는 노력, 소통의 가치에 대한 인식이었다. 그리고 그들은 사람과 소통의 중요성을 머리로만이 아니라, 감성적으로 이해하고 접근할 수 있는 능력을 지니고 있었다. 기술에 대한 해석적 유연성을 실현하고 조직 구성원들의 의사소통을 매개하는 기술발달의 촉진자 역할을 적절히 수행한 사람들이다.

이러한 일을 여성이 더 잘하리라는 추측은 성급한 판단일 것이다. 다만 여성들이 성장과 사회화, 육아와 돌봄의 수행 과정에서 타인과 맺는 관계지향적 윤리의 경험이 기술과 소통의 결합이라는 하이브리드적 역량을 키울 수 있는 기회로 작용했다는 가정은 어느 정도 타당한 것으로 보인다. 이들이 끊임없이 강조하는 '유저(user)에 대한 이해', '팀', '아날로그적 감수성의 중요성', '삶을 편리하게 하는 기술' 등의 언어는 여성주의적 가치인 돌봄(care), 관심(concern) 그리고 관계지향성(connection)의 기술적 번역(translation)이라고 해석할 수 있다.

6. 맺음말

지금까지 IT 산업에서 여성이 지닌 조건과 위치에 대한 이론적 논의를 살펴보고 한국의 IT 산업 여성들이 수행해온 하이브리드 노동의 특징을 밝혔다. IT를 포함한 과학기술과 젠더관계에 관한 페미니스트들의 논의에서 젠더와 기술은 상호 구성적인 관계에 있으며, 기술 변화에서 젠더의 영향을 배제할 수 없는 것처럼, 젠더관계의 분석에도 기술은 중요한 요인으로 다루어져야 함을 알 수 있었다.

IT 산업에서 여성들의 지위 변화와 관련된 전망을 모색하는 시도에서는 기술과 비즈니스, 기술과 사람에 대한 이해와 관계 맺기의 역량을 지닌 하이브리드 노동의 중요성이 부각되었다. 한국 사회에서도 IT 산업의 서비스, 기기 생산, 소프트웨어 개발의 세 분야에서 하이브리드 노동의 가치가 인정되고 있으며, 여성들은 개발자와 기획자, 생산자와 사용자, 팀의 구성원들을 연결시켜주는 하이브리드 노동을 수행하고 있었다. 그리고 이런 여성의 하이브리드 노동은 기술의 민주화, 사용자 중심의 기술 발전을 촉진하는 역할을 해온 것으로 보인다.

여성이 하이브리드 노동에 더 적합한지는 생물학적으로 결정될 수 없다. IT 조직에서 여성들이 연결자 역할을 자주 수행하는 것은 그들이 지닌 돌봄(care)의 사회적 경험과 깊은 관련이 있을 것이다. 여성은 또한 사용자로서 기술 생산물에 대한 해석적 유연성을 통해 기술 발달에 영향을 줄 수 있다. 중요한 것은 급속하게 발전하는 IT 산업에서 여성이 생산자이자 사용자로서 지니는 위치를 더욱 개선해가고, 동시에 그 과정에서 젠더관계의 불균형을 시정해나갈 수 있어야 한다는 점일 것이다.

문제는 IT 산업의 근무 환경이 일과 돌봄을 함께 해나갈 수 있는 조건으로 바뀌어야 한다는 사실이다. 법정 노동시간을 준수하고 규정된 출퇴근 시간을 지키며 휴일근무나 야근을 줄여가려는 노력은 여성뿐만 아니라 남성을 위해서도 필요한 변화이다. 여성과 남성이 모두 일과 가족 돌봄의 책임을 공유할 때, 남녀 모두 소통에 대한 관심과 역량 키워갈 때 하이브리드 노동의 가치가 확산되고 인간의 얼굴을 지닌 기술 발달이 촉진될 수 있을 것이다.

07 디지털 자본주의로의 이행을 위한 제도와 거버넌스 혁신

정무권

1. 서론

정보기술(ICT: Information and Communication Technolgies)의 발전으로 사회는 매우 빠른 속도로 변화하고 있다. 물론 1970년대 이후, 자본주의 체제의 변화로서 후기산업사회론, 포스트 포드주의, 서비스경제화, 지식기반경제화의 개념 등으로 논의되었으나, 그것은 여전히 산업사회적 자본주의체제의 부분 변형으로 보았다. 그러나 최근에 이른바 독일의 메르켈 수상의 주도에 의한 '산업 4.0'(Industry 4.0), 또는 다보스 회의에서 제안된 '제4차 산업혁명'(the Fourth Industrial Revolution)이라는 개념에 따른 사회변동 전망은 더욱 급진적이고 근본적인 변화를 의미하고 있다.

이른바 제4차 산업혁명은 새로운 기술들 간의 융합을 통해 생산, 금융, 교통, 통신, 문화 등 경제적 생산관계뿐만 아니라 사회의 다양한 영역에 전면적으로 적용됨에 따라 이전과 차원이 다른 새로운 생산 시스템, 노동시장의 구조, 일의 성격 변화를 가져올 것으로 예견된다. 단순히 산업조직·구조의 변화뿐만 아니라 인간 삶의 양식에서부터 정치적·사회적 제도에 이르기까지 사회 전체의 제도와 삶의 양식에 급격한 변화를 가져오고 있는 것이다.

일부 학자들은 이러한 변화를 단순히 새로운 기술 적용에 의한 기능적인 차원에서 경제사회의 변화가 아니라 좀 더 본질적으로 자본주의 체제의 발전양식에서 기존의 자본과 노동의 관계와 권력관계 그리고 이에 대응하는 정치사회관계가 보다 다른 차원으로 이행하고 있는 것으로 해석한다. 이를 '디지털 자본주의'(digital capitalism) 또는 '인지자본주의'(cognitive capitalism) 등 새로운 자본주의의 개념화로 표현하고 있다. 이들 관점은 새로운 자본과 노동의 관계를 규정하면서 노동의 가치생산의 방식이 달라지며, 이에 상응하는 사회, 정치제도의 변화를 보다 면밀히 규명하고 그것이 자본주의 체제의 변동에 의미하는 바가 무엇인가를 분석하고 있다.

이와 같이 ICT 발전에 의한 디지털 혁명이 자본주의 체제의 근본적 변화를 가져오는 중요한 전환기적 변화로 인식함에 따라 미래에 미치는 영향은 크게 두 가지 길로 예측되고 있다. 하나는 긍정적인 측면으로 새로운 기술 발전이 인간 삶의 편리함과 풍요를 가져다줄 것이라는 관점과 다른 하나는 보다 비관적인 것으로서 ICT를 접목한 기계의 생산이 인간 노동을 대체하고 정보를 통제함에 따라 다양한 차원에서의 불평등과 갈등이 심화될 것이라는 것이다. 이러한 두 가지의 긍정적 경로와 부정적 경로의 불확실성에서 제4차 산업혁명이라는 새로운 기술들의 융합과 발전의 결과가 미시적인 생산, 일, 조직의 변화에서부터 거시적으로 자본주의 체제의 변화에 어떻게 영향을 미칠 것인가를 이해하고, 보다 사회통합적인 경로로서의 제도형성과 거버넌스 형성이 매우 중요한 연구 과제라고 할 수 있다.

최근에 이러한 변화에 대한 다양한 해석과 시나리오들이 제시되고 있으며, 이러한 충격에 대비해 어떤 새로운 사회적 대응이 필요한 시점이다. 특히 우리의 경우, 선진국의 대응에 비해 많이 뒤처져 있으며, 디지털 혁명이 가져올 변화의 충격에 더욱 취약한 상황이기 때문이다.

따라서 이 장에서는 ICT의 발전에 의한 급격한 사회변동의 방향에 대한 예측과 충격, 효과들에 대한 논의들을 정리하고 사회적 통합과 포용적 성장이 가능한 제도와 거버넌스의 개혁 문제들을 비판적으로 검토하며 미래의 연구과제와 정책과제를 제시하고자 한다.

2. ICT의 발전과 디지털 자본주의

1) 디지털 자본주의란?

현재 우리가 겪고 있는 변화와 미래사회를 어떻게 규정할 수 있을까? 이 시대를 규정하는 개념으로 후기산업사회, 지식기반경제, 또는 세계화와 신자유주의 등으로 표현되고 있다.

그러나 이러한 개념들은 산업사회 또는 산업자본주의의 모델을 기반으로 만들어진 개념이라고 할 수 있다. 그런데 최근 디지털 기술의 발전은 경제사회를 디지털 정보와 데이터 네트워크의 교환이 경제사회 활동의 중심이 되어가는 체제로 전환시키고 있다(Schiller, 2000, 슈밥, 2016; 로스, 2016; 최윤식, 2016; Zysman and Newman, 2016; World Economic Forum, 2016). 특히 사물인터넷과 인공지능의 기술이 기존의 기술들을 융합시키면서 사물과 사람 그리고 사물과 사이버 공간을 보다 긴밀하게 연결시키는 것을 가능하게 만들고, 그 사이에 정보와 데이터의 흐름이 중심이 되고 있다. 그리고 이러한 새로운 기술의 패러다임이 경제, 사회, 정치체제를 빠른 속도로 변화시키고 있다. 이러한 흐름을 2016년 다보스 포럼에서는 '제4차 산업혁명'이라 부르며 대대적인 사회변화를 예고했다. 이미 독일에서는 2011년에 메르켈 정부에 의해 '인더스트리 4.0'이라고 명명하고 대대적인 경제, 산업, 사회구조와 제도의 변화를 추진하고 있다.[1]

이러한 변화를 기술변화에 의한 경제체제나 시장의 효율성 증대 그리고 사회문화 생활의 편리함의 제공이라는 단순한 사회의 기술적 진보라기보다는 좀 더 본질적으로 자본주의 경제체제라는 정치경제의 역학관계나 사회관계를 변화시키는 것으로 인식할 필요가 있다. 그렇다면 디지털 기술을 기반으로 다른 기술과의 융합에 변화하는 현재의 자본주의 체제는 이전의 자본주의 체제와 무엇이 다른가?

일부 거시적·구조적 차원에서 자본주의 변화를 보는 이론적 관점에 따르면 이러한 디지털 혁명은 기존의 산업자본주의 체제와는 좀 더 본질적 차원의 생산관계, 생산력 그리고 자본과 노동의 관계를 만들어내고 있다. 하나의 대표적인 예로, 자본주의 위기와 변화를 주요 중심 테제로 하는 마르크스주의적 관점에서도 최근의 ICT 혁명은 그동안 신자유주의에 의해

---

1 사실 제4차 산업혁명이 기존의 기술변화에 대하여 실제로 획기적이며 근본적인 사회의 변화를 가져오는 것이냐에 대한 많은 비판들이 있다. 여기서 제4차 산업혁명을 의미할 때, 제1차는 증기기관과 기계화, 제2차는 전기화와 대량생산, 제3차는 디지털화와 자동화, 제4차는 사물과 사물을 연결하는 디지털화와 인공지능의 결합으로 지금까지 개발된 기술들의 융복합화가 가능한 점을 의미하고 있다. 제4차 산업혁명으로 제시되는 기술들은 사물인터넷(IoT), 인공지능(AI), 빅데이터, 클라우드, 3D 프린팅, 재생에너지 기술 등이다. 특히 사물인터넷, 인공지능, 빅데이터, 클라우드 기술이 결합된 사이버-물리 시스템(cyber-physical systems)의 등장이 제3차의 디지털화와 단순 자동화의 도입과 큰 차이점이다.

위축되어왔던 '마르크스의 부활'이라고 주장하면서, 디지털 자본주의 또는 인지자본주의로 새로운 이론화와 개념화를 통해 최근의 자본주의 체제의 변화를 새롭게 해석한다(조정한, 2011, Peters and Bulut, 2011, Fucks and Mosco, 2016, Betrancourt, 2016). 반면에 쉴러(Dan Schiller)를 비롯한 다양한 비마르크스주의 관점에서도 ICT 혁명이 가져오는 디지털 자본주의의 특성과 문제점들을 다양하게 제시하고 있다(Schiller, 2000).

일찍이 기술발전에 의해 산업사회에서 후기산업사회 또는 지식기반경제(knowledge-based economy)라는 경제구조의 변화에 대한 논의가 있어왔다(Powell and Snellman, 2004; Godin, 2006, Jessop, 2008; Leydesdorff, 2013). 이 개념은 경제학 주류의 신고전주의 경제학 내에서 기존의 물적 요소 투입적 성장이론을 비판하고 인적자본의 개발에 의한 내생적 성장 이론(endogenous growth theory)에 기반을 두고 주로 이해되어왔다(Romer, 1994). 기술의 발전에 따라 새로운 지식을 창출하는 인적자본의 역할이 더욱 커지며, 지식을 어떻게 효율적으로 생산하고 확산하는 가가 자본주의 전체 또는 국가경제의 성장에 매우 중요하다는 것이다. 이러한 지식기반경제 이론은 정책적 차원에서 교육, 직업훈련, 과학기술 R&D 등의 제도 인프라 개혁과 발전 그리고 이에 상응하는 기업의 조직체계와 기업관 관계, 노동시장에서 지식노동자의 중요성과 숙련의 분화에 따른 양극화의 문제를 제기한다. 그러나 전체적인 패러다임이 여전히 기능주의적이며 신고전주의적 경제학의 관점에 머무르고 있어서 보다 근본적인 차원의 사회변동을 설명하기 어렵다는 비판이 나오기도 한다.

다른 한편으로, 비록 소수파이기는 하지만 마르크스주의 관점인 '인지자본주의론'(cognitive capitalism)에서는, 전통적인 산업사회에서 자본이 노동의 '근력'을 착취하는 메커니즘이 주된 가치 생산과정이었다면, 오늘날 디지털 사회에서는 비물질 노동(immaterial labor)이 주된 노동의 형태로 변화하고 있기 때문에 기존의 노동가치 이론으로서는 현대 자본주의를 설명할 수 없다고 주장한다. 즉, 최근 디지털 혁명에 의해 최근의 자본주의는 우리의 생명, 지각, 감정, 마음, 소통, 욕망, 행동 등의 움직임을 조작하고 그것의 성과를 수탈하고 착취하는 메커니즘으로 그 자본주의 구조가 변화하고 있다는 것이다(조정환, 2011: 23). 이런 관점에서 최근의 마르크스주의 학자들은 '인지'가 하나의 새로운 자본과 노동과의 관계를 설정하는 새로운 메커니즘이며, 전통적인 자본주의 설명의 가설인 노동가치 이론이 변화해야 한다고 주장한다.

인지자본주의의 핵심 주장은 디지털 기술에 의한 새로운 비즈니스 및 산업의 확대로 비물질 자산과 노동에 따른 새로운 축적체제가 새로운 자본주의 기반으로 성장했다는 것이다(Peters and Bulut, 2011:; Fuchs, 2014; Boutang, 2011; Rindermann and Thompson, 2011).[2] 인지자본주의 체제에서의 지식 및 문화 상품과 비물질노동이 주가 되며, 이에 따라 새로운 가치의 창출과 축적, 분배의 메커니즘 형성되어 기존의 전통적 마르크스주의에서 주장하는 가치법칙의 이론이 적용될 수 없기 때문에 새로운 가치 측정과 축적, 분배 메커니즘에 대한 분석이 필요하다는 것이다.

이러한 새로운 축적체제에서 노동과정은 전통적인 산업사회의 포드주의적 조립생산체제에 의한 노동의 계층적 투입이 아니라, 수평적·집단적 노동자들의 언어와 소통에 의한 새로운 집단지식 및 집단지성, 학습에 의한 노동과정이 주된 가치생산의 메커니즘이 된다는 것이다. 이에 따라 지

2 인지자본주의론에 의하면 자본주의 발전 단계를 첫 단계를 중상주의, 둘째 단계를 산업자본주의, 셋째단계를 인지자본주의로 규정한다. 인지자본주의 비판으로는 김공회(2012) 참조.

식 노동자들의 집단지성 및 창의성이 새로운 축적 자산이 된 반면에, 부는 지식 및 재산권에 의해 소수의 개인 및 자본이 독점하는 과정에서 임금 및 부의 불균등 분배가 이루어진다는 것이다.

인지자본주의 시각은 이러한 새로운 메커니즘을 통해서 최근의 금융위기, SNS에 의한 민주적·정치적 변화, 다양한 디지털 기술에 의한 다양한 지식과 문화들이 상품화되고, 노동시장에서의 비정규직 및 양극화의 증가 등 근본적인 자본과 노동의 관계의 변화를 설명하려고 있다.

인지자본주의론은 마르크스주의 내부적으로 개념과 이론체계, 해석에 대한 상호 토론과 비판이 이루어지고 있으며 나름대로 거시적 관점에서 현재의 자본주의 변화에 대한 의미 있는 해석들을 설명하고 있다.

어쨌든, 미래의 디지털 시대에는 소위 "디지털화될 수 있는 것은 무엇이든 디지털화될 것이다"라는 예견처럼, 우리의 경제와 일상생활은 빠른 속도로 변화하고 있다(Buhr, 2017: 6). 이미, 영화, 비디오, 음악, 책, 뉴스, 금융은 거의 모두 디지털화되었다. 이제는 이미 예견되었던 시나리오들이 하나씩 실현이 되면서, 자동자의 자율주행, 생산과정에서의 사물인터넷과 인공지능의 부분적 적용 그리고 다양한 분야에서의 서비스들이 ICT 기술에 의한 디지털화, 빅데이터화, 네트워크화, 플랫폼화되면서 생산과정과 노동시장에서 우리가 예측하기 힘들 정도로 빠르게 변화하고 있다.

그러나 이와 같은 자본주의 체제의 변화에 대한 논쟁들은 변화의 단초에 대한 의미 있는 개념과 시각들을 제공해주고 있는 단계라고 할 수 있으며, 변화를 충분히 예측하고 설명할 수 있는 단계는 아니다. 따라서 아직 지배적인 개념과 이론 그리고 경험적 증거가 불확실한 현 시점에서는 미래의 변화가 인간의 근본적인 삶을 긍정적으로 변화시킬 것인지, 아니면 지금보다 더 심한 불평등과 갈등을 야기하면서 암울한 미래를 가져다줄 것인지 예측하는 것은 쉽지 않다. 우리의 미래를 높은 추상적 수준에서 기능주의적이며 기술결정론적인 시각에서 해석하기보다는 현재의 행위자들의 담론 형성, 정치적 투쟁, 제도 개혁의 과정 등 제도와 담론의 수준에서 변화의 경로와 과정을 추정하는 것이 중요하다고 본다.

여기에서는 아직 명확하게 규정할 수는 없지만 이른바 디지털 자본주의가 몰고 올 경제적·사회적·정치적 변화를 중범위적 제도 수준에서 자본주의 체제를 분석하는 자본주의 다양성의 관점에 따라 상호영역들의 관계에 초점을 두어 분석하고자 한다.

2) 새로운 사회적 생산체제로서 디지털 자본주의의 영향: 기업조직, 일, 노동시장

자본주의 다양성 관점의 특징은 생산체제를 신고전주의 경제학처럼 추상적인 기술적·경제적 효율성의 관점에서 보는 것이 아니라 특정 사회의 역사적·정치적·문화적 특성에 따라 사회에 뿌리내려 상호 연계되어 형성된 제도로 본다. 따라서 기업조직의 특성이나 노동, 자본, 기술의 투입과 활용에 의한 생산과정을 사회적 생산체제(social system of production)로 인식한다(Hollingworth and Boyer, 1997; Hall and Soskice, 2001). 따라서 기술발전에 따라 생산체제 및 노동시장의 작동 메커니즘과 특징은 역사적·정치적 과정 속에서 다양하게 발전할 수 있는 것이다. 이는 특정 사회마다 역사적으로 만들어진 제도 형성 과정과 경로 의존성을 갖기 때문에, 생산체제의 발전과정은 행위자와 제도가 상호작용하는 역사적·정치적 과정으로서 인식한다. 이런 관점에서 기술의 변화에 따라 기업조직, 일(work), 노동시장의 변화를 추정해본다. 먼저 기업조직의 변화부터 살펴보기로 한다.

(1) 경제 및 기업조직에의 영향

산업구조와 기업조직에 대한 최근의 담론은 크게 세 가지 가정을 제시하고 있다(Buhr, 2017: 6~7). 첫째로, 디지털 혁명은 완전히 새로운 비즈니스 모델과 가치를 창출할 것이다. 둘째로, 디지털 혁명은 현재의 경제 및 기업들의 다양한 문제들을 점진적으로 해결해나가는 점진적인 진보의 과정을 밟을 것이다. 셋째로, ICT의 발전은 과거의 기술에 비해 크게 새롭지도 않은 것이며, 혁신을 통해 현재의 문제를 해결하기에 충분치 않을 것이라는 가정이다.

그러나 현 시점에서 어느 방향으로 경제구조와 기업조직들이 변화할지는 아직 분명하지 않다. 최근의 담론은 첫 번째와 두 번째 가설의 중간에 놓여 있다고 할 수 있다(Buhr, 2017: 6). 무엇보다 먼저 생산과 분배과정에서 실시간 네트워킹(real time networking)이 현재는 현실적으로 가능해졌고, 이는 생산을 보다 저렴하고 지속 가능하며 효율적으로 만들었다(슈밥, 2016; 로스, 2016). 둘째로, 실시간 네트워킹은 소비자들의 수요가 바로 제품 생산이나 서비스 생산과 유통에 연계되어 생산과 서비스의 맞춤화와 비용 효과성을 높일 수 있게 되었다. 셋째로, 자동화와 컴퓨터화로 작업의 세계가 좀 더 인간화 될 수 있다. 넷째로, 디지털화는 더 많은 새로운 제품과 서비스 그리고 사회문제 해결을 가능하게 하는 잠재력을 지녔다.

생산에서의 자동화의 심화는 불가피하다. 반면에 스마트 생산과 빅데이터 기술은 새로운 비즈니스 모델이 나올 가능성이 많다. 앞으로는 기계와 인간이 서로 소통하게 되고 이로 인해 새로운 생산과정과 사회 시스템이 발전될 것이다. 소비와 생산은 더욱 개인화되고 맞춤형이 될 것이다. 온-오프 생산이 가능하고 생산은 더욱 효율적이 되지만, 일의 성격은 시간과 공간을 넘어서 더욱 개인화되고, 노동시장의 구조는 개인들이 숙련과

〈그림 7-1〉 디지털 혁명의 구조 결과

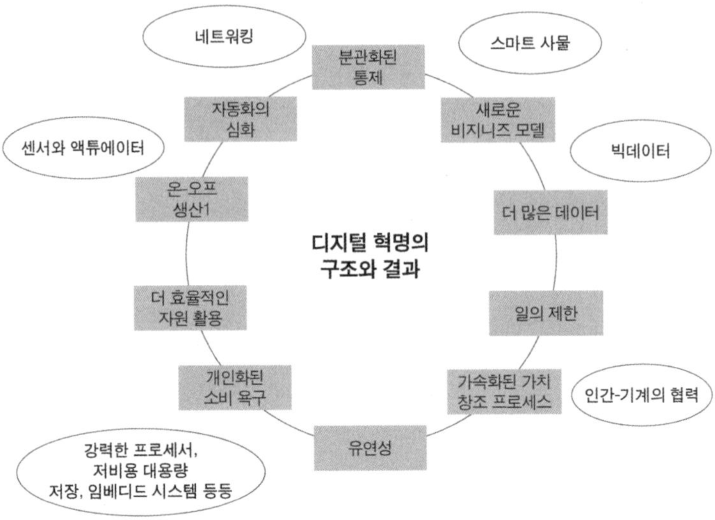

자료: Buhr(2017).

지식의 수준에 따라 더욱 양극화되며, 불평등이 심화될 가능성이 높다.

이러한 가설들을 반영하듯이, 지금 영미와 유럽의 선진국들은 정부 차원에서의 R&D 지원과 투자 육성 정책을 대대적으로 실시하고 있다. 또한 이를 선도하는 IT 또는 TC 기업들은 디지털 기술이 지닌 특성, 즉 초기에 투자비용이 많이 들지만 일단 성공하면 추가 생산비용이 들지 않는다는 점과 일단 선도적인 제품 및 생산의 플랫폼을 만들어내면 이에 대한 지대 이익을 누릴 수 있다는 점에서 대대적인 투자를 하고 있다(Kopp, Howaldt and Schultze, 2016; 로스, 2016; 최윤식, 2016).

〈그림 7-1〉은 디지털 혁명의 결과 비즈니스 모델과 사회경제에 어떤 영향을 줄 것인가를 가시적으로 보여주는 개념도이다. 사물인터넷과 인공지능의 결합은 사물들이 인간을 매개할 필요가 없이 서로 직접 소통을 할 수 있게 된다. 이에 따라 사물과 기계들 사이에서도 다음 단계에 무엇을 할

수 있을 것인가를 스스로 결정할 수 있게 된다. 사물들이 읽을 수 있고, 배울 수 있으며, 이를 인공지능과 빅데이터 기술들이 가능하게 만든다는 것이다. 센서와 액튜에이터, 인공지능, 빅데이터에 의해 기계들 간의 네트워킹과 분업화가 진행되고 스마트 생산과 소비가 가능하게 됨으로서 전반적으로 효율적이며 맞춤형의 생산과 소비가 가능하다는 것이다(Buhr, 2017; 한국정보화진흥원, 2015). 이러한 사이버-물리 시스템(cyber-physical systems)은 전반적으로 생산, 소비, 노동, 레저, 문화, 사회관계 등 사회의 모든 영역에 영향을 미칠 것이며, 지금의 변화가 현재 진행형인 것이다.

그러나 이러한 기술발전에 의한 기업조직 및 생산시스템의 변화가 보다 사회통합적으로 노동친화적이며 노사 간 상호 협력적인 관계의 경로를 형성할 것인가, 아니면 보다 경쟁적이며 노동배제적인 자유주의적 방식으로 진화할 것인가는 기술을 적용하고 기업조직을 만들어가는 기업주, 자본, 노동자, 정부의 정치적 과정이 매우 중요하다. 예를 들어, 최근의 유럽에서 독일이 보여주고 있는 것처럼, 산업조직의 변화를 추구하는 '인더스트리 4.0'도 기업주, 노동자, 학자, 정부가 합의를 통해 국가 차원의 산업경쟁력을 강화시키면서 노동을 포용하는 동반성장을 강조하는 방식으로 진행되고 있다. 또한 노동조합의 주도로 정부와 협력해 '노동 4.0'을 기획하면서 노동시장의 문제와 노동통합의 문제를 함께 고려하면서 추진하고 있다. 스웨덴이나 덴마크와 같은 스칸디나비아 국가들에서도 한편으로는 자국의 산업 경쟁력을 강화시키기 위해 첨단 기술을 도입하고 산업 및 기업 구조조정을 하는 과정에서도 전통적인 노사합의주의를 가능한 수용하려는 노력을 보이고 있다.

물론 이러한 과정을 보는 관점에 따라 다양한 해석이 나올 수 있다. 급진적인 관점에서는 진정한 의미의 노동통합이나 사회통합이 아니며, 이제는 포디즘 시대의 케인지안 복지국가를 만들었던 노사정 합의의 조합주의는 불가능하고 본다. 지금의 '인더스트리 4.0'이나 '노동4.0'은 이미 자본의 우월적인 권력하에 최소한의 포용적 전략이라는 해석도 나온다.

어쨌든, 정도는 다르나 최근의 기술발전을 적용하고 환경 변화에 적응하는 방식에서도 국가별로 비교해보면, 점점 시장경쟁적, 자유주의적 방식으로 수렴하는 경향이 강하나, 여전히 과거의 역사적 경로에 의해 형성된 제도적 특성과 주요 행위자들의 권력관계를 유지하면서 환경 변화에 적응하고 있는 것을 볼 수 있다. 이는 결국 미래의 경로 형성은 정치적 과정 속에서 행위자들의 어떤 아이디어와 담론 그리고 정치적 관계로 제도를 만들어나가느냐에 차이가 여전히 존재한다고 할 수 있다.

(2) 일의 성격과 노동시장에의 영향: 거시적 수준

디지털 경제화는 점점 일(work)의 성격을 변화시키고 있다. 여기서 일은 노동의 성격을 통해 직업(job)의 변화를 함께 의미한다. 앞으로의 자동화는 단순히 로봇이 사람의 일을 대체하는 것과 달리 아주 작은 일련의 생산도 가능하게 만들 것이다. 물론 노동은 생산의 중요한 부분이 되지만, 그 성격은 매우 달라질 것이다. 특히 미래는 지능적인 데이터의 획득, 저장, 분배가 사물과 사람, 더 나아가서 사물과 사물을 연계시킴으로써 기존의 산업사회에서의 생산방식과는 전혀 다른 방식이 된다. 전통적인 생산라인의 노동자들과 지식 노동자들이 이전 그 어느 때보다 융합되어질 것이다. 그 결과로서 노동과정은 더욱 효율적이며 효과적으로 진행될 것이다. 다시 말해 행정과 생산과정은 더욱 자동화될 것이다. 그리고 일을 하는 시간이나 과정에서 다양한 선택들이 있을 것이고 특히 고급 지식과 숙련을 가진 소수의 사람들은 자신의 일의 방식이나 시간을 보다 자율적으로 조정할 수 있을 것이다. 이에 따라 주된 예측은 일자리의 급속한 감축이다. 그러나 새로운 생산과정은 동시에 새롭고 다양한 보조 시스템들과 그에 상응하는 일자리를 만들어낼 것이다.

이와 연관해 다음의 네 가지 경향이 나타나고 있다. 첫째로 일의 조직은 시간과 공간의 관점에서 더욱 유연화될 것이다. 둘째로 일의 과정은 더욱 디지털화되고 분권화되며, 계층화의 정도가 약해질 것이다. 셋째로, 작업 과정은 더욱 투명화될 것이다. 이는 보상 체계에 많은 변화를 가져올 것이다. 넷째로 반복적이며 일상적인 작업은 디지털화되고 자동화될 것이다.

이러한 경향들 사이에서 세 개의 시나리오를 가정할 수 있다. 첫째로, 자동화 시나리오 이다. 시스템이 인간을 지시할 것이다. 모니터링과 통제가 기계에 의해서 이루어질 것이고, 모든 것이 실시간으로 작동될 것이다. 노동은 이러한 과정을 가능하게 하는, 사이버-물리 시스템에 대응하는 소수의 고숙련자들의 일의 특성이 될 것이며, 따라서 저숙련 노동자들의 가치는 더욱 떨어지게 된다. 이에 따라, 중간 수준의 숙련 일들이 자동화로 많이 줄어들고, 다수의 단순 디지털 일자리들이 늘어 날 것으로 예상된다.

최근에 프레이(Carl Bendikt Frey)와 오즈번(Michael A. Osborne)은 미국의 노동시장의 변화 추세를 정밀히 분석해 이러한 일자리의 변화 추세를 추적했다(Frey and Osborne, 2014). 이들은 자동화 시나리오에 가깝게 해석한다. 이들은, 미래의 디지털 시대에 일자리와 노동시장이 크게 변하지만, 지금의 자동화를 가속화하고 일부의 고숙련 일자리가 새롭게 창출되기 시작하는 것으로 추정하고 있다. 다른 한편, 오토(David Auto)와 아제몰루(Daron Acemoglu)는 많은 단순 반복 육체노동은 기계가 대체하지만, 여전히 높은 수준의 노동자와 낮은 수준의 노동자들은 덜 자동화되면서 더 많은 경험과 상호작용을 통해 일정 수준의 전문화의 방향으로 진행될 것으로 예측하고 있다(Auto and Acmoglu, 2011).

이러한 진행 방향은 개별 국가들의 산업구조의 특징과 생산 과정의 질 수준의 차이에 따라 달라질 수 있다. 특히 제조업의 경우, 자동화 시나리오는 미국의 예에 적절하지만, 이미 고숙련의 다기능 유연 전문화되어 있는 독일의 경우 생산체제는 보다 전문화로의 방향으로 발전할 가능성이 높다. 독일에서 현재 추진 중인 '인더스트리 4.0' 프로젝트는 이러한 전문화의 경로를 예상하면서 추진하고 있다고 볼 수 있다.

둘째로, 전문화 시나리오이다. 미래사회에는 사이버물리시스템(CPS)이 생산과정에 중심 수단이 될 것이다. 따라서 높은 수준의 숙련과 지식을 가진 노동자들이 중요한 역할을 할 것이다. CPS는 기업에서 높은 숙련의 노동자들의 의사결정을 지원하고, 이들이 또 CPS를 지시하게 된다. 따라서 고숙련 노동자들이 조직에서 지배적인 역할을 하게 된다. 저숙련 노동자의 수는 줄어들 것이다.

셋째로, 위의 둘 시나리오의 혼합 모델이다. 첫 번째 모델의 양극화 현상이나, 두 번째 모델의 노동자의 고숙련의 상향화로의 극단적인 방향으로 발전되지 않고, 모니터링과 통제의 임무들이 상호 협력적이고 상호작용적인 기술에 의해 수행될 것이고, 이러한 기술들이 사람과 사물을 네트워크화시킬 것이다. 따라서 일의 성격이 매우 유연하게 됨으로써 일자리들이 늘어날 가능성이 있다.

그러나 어떤 시나리오로 발전하는가에 대해서는 결국 미래사회를 설계하는 집단, 세력 간의 권력관계가 중요한 변수가 될 것이다. 즉, 기술과 지식을 누가 지배하는가, 어떤 가치가 기술과 일, 사람과 기계와의 관계를 지배할 것인가에 따라 일의 성격과 노동시장의 발전과정이 달라 질 수 있다.

(3) 일과 생산조직, 노동시장에의 영향: 기업 수준

위와 같은 디지털 자본주의로의 발전에 따라 다양한 시나리오로 일의 성격과 노동시장의 형성 경로가 예견된다. 그렇다면 보다 미시적인 수준에서 기업조직의 일의 성격과 노동과정은 어떻게 전개될 것인가?

기업에서의 일과 생산조직의 변화도 크게 두 가지 길로 나누어진다(Meyer, 2014; Kopp, Howaldt and Schultze, 2016). 앞의 거시적인 시나리오와 연계되어 생각해볼 수 있다. 첫째로, 기존 산업구조가 보다 포디즘적인 성격이 강한 사회에서는 양극화 조직적 특징을 갖는 형태로 발전할 가능성이 높다. 자동화를 통해 일과 임무, 의사결정구조가 좀 더 수직적으로 분업화되면서 의사결정자와 집행자가 분리된다. 이는 조직의 계층에 따라 권한과 급여, 다양한 복지 수준들이 분리되고 양극화될 가능성이 높다. 혁신은 주로 고위 전문가 중심으로 주도되고 나머지 집행과 중간 수준은 수동적이 된다.

둘째로, 전문화 수준이 높거나 혼합적 형태로 기계와 인간이 협력적인 관계를 유지할 수 있다면, 생산조직 보다 높은 수준의 다변화 생산체제를 가진 조정시장경제 체제하에서는 일과 생산조직이 집단지성화(swarm organization)로 발전할 개연성이 높다(Buhr, 2017). 그리고 저숙련 일들은 모두 자동화되어질 것이다. 높은 수준의 지식기술 노동자와 중간 수준, 엔지니어 등이 보다 수평적인 상호작용과 집단적인 지성을 통해 혁신역량을 더욱 높이는 조직 형태가 될 수 있다.

이러한 기업조직의 형태는 자본주의 다양성에서 제기된 기업 간의 관계와 노동조직 그리고 노동시장의 구조에도 영향을 미친다. 그리고 사회적 생산체제로서 교육제도 및 직업훈련체계에서 어떤 특성의 제도들이 이러한 산업조직 특성과 상호 보완적으로 양립할 수 있을 지에 대한 고민이 필요하다.

양극화 조직은 소수의 고기술 혁신가와 다수의 중간 및 낮은 수준의 노동조직으로 발전하게 되며, 네트워크형 집단지성 조직은 보다 많은 고기술 숙련 노동자들을 생산조직에 채용하고 이들 간의 수평적인 상호조직과 혁신을 통해서 상대적으로 덜 자동화된 다변화 생산체제로 발전할 가능성이 높은 것이다. 따라서 뒤에 논의하게 될 새로운 기술의 도입에 따라 어떤 산업 정책, 인적자원개발, 복지체제의 새로운 제도 디자인과 거버넌스의 결합이 전략적으로 매우 중요해진다.

이와 같은 자본주의 디지털화는 궁극적으로 포디즘 및 포스트 포디즘과 케인즈주의 생산체제를 기반으로 한 자본주의 다양성(VOC)의 관점에서 제기되었던 사회적 생산체제와 다른 새로운 사회적 생산체제를 만들어낼 것이다. 하드웨어의 생산뿐만 아니라 지식과 서비스 산업에서, 더 나아가서 정부의 행정과 돌봄 서비스 분야에서도 지금과 매우 다른 방식의 생산이 이루어질 것이다. 새로운 생산 모델은 생산물 그 자체가 스마트 방식이고 자신들을 스스로를 제어하면서 생산할 수 있다는 것이다.

이러한 두 개의 생산조직으로 진화하는 경로를 예상하지만, 기본적으로 디지털 혁명은 인간노동을 로봇과 인공지능에 의한 기계로 대치하게 되고, 기존의 많은 직업들이 통째로 사라지게 될 가능성이 높다. 이러한 직업의 변화에 대해서는 이미 비교적 합의된 많은 예측들이 나오고 있다.

지금도 디지털화·네트워크화된 일자리들이 국민경제 전체 여러 분야에서 점점 빠르게 증가하고 있다. 이러한 전환 과정에서 일자리의 내용뿐만 아니라 일의 기본구조가 변화하고 있는 것이다. 앞으로 이러한 일자리나 일의 구조에서의 디지털화는 점점 빠르게 확대될 것이다. 이러한 변화는 이미 최근의 새로운 비즈니스 모형으로 성공한 에어비앤비(Airbnb)나 우버택시(Uber tax) 등에서 볼 수 있다.[3] 점점 더 전통적으로 생산조직에 종속된 노동자들보다는, 플랫폼을 통해 유연하게 일을 하는 프리랜서, 자유자영업자, 노동자 집단이 더욱 증가할 것이다.

디지털 일자리는 한편으로는 반복적이며 억압적인 포디즘적 일자리로부터 자율적이며 권력을 강화시키기도 하지만, 다른 한편으로는 자격관리와 능력관리에서부터 성과 측정을 디지털화함으로서 일의 성격을 포디즘적 테일러주의를 재강화시킬 수도 있다. 이러한 야누스적인 일자리의 변화는 노동의 조직을 어떻게 하느냐에 따라 크게 방향성이 달라질 수 있는 것이다. 따라서 미래의 일의 성격의 발전 방향은 여전히 불확실하지만, 분명한 것은 디지털 시대의 일자리는 더욱더 불확실한 새로운 위험들을 발생시킬 것이며, 이에 대한 새로운 보호제도들이 필요하다는 것이다.

이러한 맥락에서, 다양한 새로운 제도와 거버넌스의 양식들이 왜, 어떤 형식으로 필요한지를 지금부터 고민해야 한다. 가장 중요한 것은 미래의 일자리는 일의 성격에서 시간과 공간으로부터 훨씬 자유로울 수 있고, 사적 영역과 일의 세계 간의 경계와 분리를 파괴시킬 수 있기 때문이다. 이러한 경우, 더 많은 값싼 디지털 프롤레타리아를 양산시킬 가능성이 높다. 더욱이 노사관계가 적용되기 어렵기 때문에, 이들은 전통적인 노동권이나 사회적 보호체제에서 제외될 가능성이 높다. 다시 말해서, 새로운 형태의 불안정과 보호의 문제가 발생한다.

따라서 기존의 기업과 산업에 종속된 노사관계와 노동조직과는 다른

---

3 그러나 소위 플랫폼 기술을 통한 공유경제라는 이름하에 성공한 이 두 비지니스 모형은 오히려 소비자 권리에 대한 보호 장치가 없거나 참여하는 플랫폼 노동자를 착취하는 구조로 진행된다는 비판을 받고 있다.

차원의 노사관계와 노동조직의 발전이 필요하다. 그리고 국가의 이러한 기본 권리보호와 규제의 역할도 필요하다.

한편으로는 개별화되면서 다른 한편으로는 네트워크화된 노동자들은 더 이상 구체적인 노동시간과 공간에 얽매이지 않게 된다. 따라서 디지털 시대에는 일의 환경조건과 계약관계를 형성하는 데에 더 큰 자율이 존재하게 된다. 이런 과정에서 고용관계에 대한 규제가 없으면 비즈니스, 자본의 영향력이 더 커지고 피고용인의 영향력이 더욱 취약해질 가능성이 높은 것이다. 반면에 지식과 기술이 이미 개인 노동자에게 내재화되어 있는 가운데 이들의 집단적 조직과 지성이 잘 발휘되면, 고용 및 계약관계가 더욱 수평적으로 전개될 가능성이 높다.

3) 디지털 혁명과 사회시스템

(1) 디지털 혁명은 사회혁신을 통한 사회시스템의 변화이다.

ICT의 발전을 단순히 기술의 발전이 아니라 사회 시스템의 변화를 함께 수반한다는 것을 강조할 필요가 있다. 즉, ICT의 발전은 네트워크를 통한 소통을 그 어느 때보다 원활하게 해줌으로써 인간사회의 행위자들이 상호작용하는 시스템의 변화로 이해해야 한다는 의미이다. 이는 대량의 빅데이터 생산과 분배에 의한 데이터의 개인생활 보호 안정화, 법률제도에서부터 사회적 기술의 변화, 이미 논의되었던 비즈니스 조직과 모델의 변화에 따라 일자리의 성격과 조직의 변화 등으로 사회시스템과 관련된 사회제도의 변화에 다양하게 영향을 미친다는 의미이다. 따라서 이러한 영향들이 보다 사회통합적으로 성과를 낼 수 있도록 관련된 사회제도를 혁신시키면서 전반적인 사회시스템의 변화를 함께 이끌어내야 한다.

이러한 기술의 변화가 보다 긍정적인 사회적 혁신을 만들어내기 위해서는 '개방된 혁신시스템'이 필요하다(Cohen and Levinthal, 1990; Moulaert, MacCallum and Hillier, 2013). 소수의 기술 혁신자나 대기업이 주도하는 것이 아니라, 일반 시민의 다수가 지식과 기술의 공유를 통해 역량과 권력강화를 기반으로 보다 사회통합적인 다양한 사회적 혁신들을 만들어내는 것이다. 혁신은 소수의 능력자와 엘리트의 소유물이 아니다. 그리고 이러한 개방적인 사회적 혁신은 시민사회의 다양한 구성원들의 보다 창의적인 아이디어를 통해 기업과 경제사회에 크게 기여할 수 있다.

따라서 디지털 자본주의 시대에는 개인, 조직, 지역공동체 간 열린 소통과 네트워크에 의해 상호작용에 의한 학습과 혁신을 만들어내는 "상호작용의 경쟁력"(interaction competence)을 키워야 한다(Buhr, 2017: 11). 소통과 학습의 디지털화는 이를 더욱 용이하게 할 수 있는 것이다. 결국 이를 위해서는 정보와 지식이 얼마나 개방적인 사회적 시스템의 제도화에 의해 공유·확산되는가에 달려 있다(Schafer-Gumbel, 2015; Saxer, 2015).

정부의 혁신 정책은 바로 이런 열린 사회시스템을 얼마나 구축하는가에 달려 있다. 혁신 정책은 초·중등교육과 고등교육 그리고 직업훈련 교육 시스템이 상호 유기적으로 연계되어 집단 지성적 학습(collective intelligence learning)을 가능하게 하고, 연구, 비즈니스, 직업과 노동시장이 보다 통합된 사회체제로 발전할 수 있도록 기여해야 한다. 또한 혁신 정책은 다학문적이며 융합적인 연구를 통해 새로운 기술과 새로운 지식을 창출할 뿐만 아니라 사회제도의 혁신에도 기여해야 한다. 즉, 디지털 혁명은 새로운 고급기술의 혁신뿐 아니라 사회혁신, 사회관계에 더욱 초점을 두어야 한다. 따라서 기술발전에 의한 제도의 발전은 단선적인 것이 아니라 인간사회의 다양한 구성원들의 사회관계와 권력관계의 변화를 의미하는 것이다. 따라서 정치인, 정부 정책 결정자, 기업, 노동, 시민사회의 다양한 구성원들은 디지털 혁명을 신기술의 발전에 의한 경제적 효과로만 이해하면 안 된다. 더 나아가 신기술이 사회의 다양한 제도와 사회관계에 어떻게 영향을 미치는가를 이해함으로써 이에 대응해 사회통합적 사회제도와 사회관계를 변화시키는 것도 정책적 과제로서 중시해야 한다.

(2) 디지털 혁명은 사회적 진보를 이끌어야 한다.

이에 따라 디지털 자본주의 시대가 보다 사회통합적인 방향으로 인류의 사회적 진보를 가져오기 위해서는 좀 더 적극적인 시민들의 참여가 필요하다. 여기에는 새로운 정치제도와 사회제도 그리고 상호 관계를 협력적으로 조정할 수 있는 새로운 협력적 거버넌스의 구축이 뒷받침되어야 한다. ICT 기술이 가져올 부정적인 영향을 최소한으로 줄이기 위해서는 지식과 기술을 보다 많은 사람들이 평등하게 공유하고 혜택들이 고루 분배될 수 있도록 참여와 사회통합을 통해 포용적 성장을 할 수 있는 제도적 네트워크를 만들어야 한다(Buhr, 2017).

이런 맥락에서 디지털 자본주의 시대에는 시민사회 차원의 사회혁신 역량을 최대한으로 동원시키면서 동시에 복지국가제도에서도 다양한 개혁이 필요하다. 디지털 경제화가 가져올 일자리와 노동시장 그리고 분배에 가져올 부정적인 영향을 선제적으로 감지해 이에 대해 제도적으로 대응해야 한다.

이러한 사회적 혁신과 정부의 새로운 역할은 ICT 기술혁신이 가져다줄 소통과 네트워크의 혁신을 십분 활용해 다양한 이해관계자들 간의 '대화'(dialogue)를 통해 갈등과 문제들을 풀어나가야 한다.

사회관계에 영향을 미칠 데이터와 프라이버시의 안정한 보호, 생산과정과 소득분배에 미칠 지식재산권의 범위와 활용의 문제, 교육과 직업훈련의 기회균등을 비롯해 다양한 사회적 실천과 행위들이 새로운 기술에 따른 변화와 충격에 적절히 대응할 수 있도록 함께 변화시키는 사회적 혁신이 필요하다. 이러한 다이얼로그는 기업 내 또는 조직 내에서뿐만 아니라, 지역사회, 국가 전체 그리고 글로벌 차원에서 다양한 채널을 통해 이루어져야 한다. 시민사회, 시장, 정부가 서로 협력해 다양한 공공재와 공공서비스를 공동생산하고 공유할 수 있어야 한다.

따라서 사회혁신은 현재의 사회적 관행들을 새롭게 재탄생시키는 작업이다. 현재의 문제점들을 해결하기 위하여 이에 영향을 미치는 기존의 관행들이 보다 적극적으로 개선해야 한다. 따라서 변화가 "누구를 위한 것인가?" 라는 질문을 끊임없이 해야 하며 혜택이 보다 사회에 보편적으로 돌아갈 수 있도록 새로운 가치들을 창조해내야 한다. 산업화 시대의 계급, 계층, 집단 간의 대립적 관계가 아니라 서로 긴밀한 소통을 통해 협력적 네트워크와 집단 지성을 이끌어냄으로써 모두가 윈-윈할 수 있는 제도의 설계와 이를 뒷받침하는 가치를 창출해내야 한다.

3. 사회통합적 디지털 자본주의로의 이행을 위한 제도 혁신과 거버넌스를 위한 주요 쟁점

1) 지식과 정보의 공공성 확대

누가 지식과 기술을 통제할 것인가? 빅데이터에 의해 양산되는 대량의 개인의 프라이버시와 관련된 정보는 누가 관리하고 통제할 것인가? 인공지능과 결합된 사이버-물리 시스템(CPS)이 어떤 가치에 따라 어떤 결정을 내리게 할 것인가? 기계와 인공지능이 생산과 서비스 과정에서의 결정을 지배하게 되면서 정보와 네트워크, 의사결정을 누가 통제해야 하는가가 중요한 미래 과제로 남는다.

따라서 사회통합적 디지털 자본주의로 이행하기 위해서는 지식과 정보의 공공성에 대한 문제를 보다 본질적으로 깊게 제기해야 한다. 기능주의적 기술의 발전관은 기술의 진보가 경제의 영역에서 생산성과 효율성에 미치는 영역에만 초점을 둔다. 기술 그 자체는 비가치적일 수 있지만, 기술의 활용 방향은 가치 중심적이며 정치적이다. 인지자본주의론에서도 제기되었지만, 현재의 정보·디지털 사회에서도 생산에서의 다수의 소비자와 비물질적 노동의 보이지 않는 협업으로 비물질적 상품들과 가치가 생산된다. 그러나 그 결실은 지적 재산권이라는 최종 생산자의 독점권으로 인해 소득과 부는 소수의 개인 생산자 또는 기업에 독점된다.

따라서 지식과 기술의 발전이 누구를 위한 것이며, 어떤 가치에 의해 공유되고 활용되는가에 대한 끊임없는 담론의 제기와 비판적 담론이 필요하다. 따라서 인간사회의 정치적 공동체 형성에서 지속적으로 제기되어 왔던 자유, 평등, 연대 등 공공가치에 대한 적용과 비판이 필요한 것이다. 앞에서 이미 제기했듯이 기술발전 또한 사회적인 것이며, 사회의 진보를 이끌어야 한다는 규범적 가정이 담보되어야 한다.

특히 디지털 혁명은 두 가지 이유에서 새로운 가치 설정이 필요하다. 첫째로, 디지털화를 통한 사회변화는 현재의 경제활동, 학습, 인간 삶의 양식을 급격히 변화시킨다는 것이다. 둘째로, 디지털 혁명은 이전에는 존재하지 않았던 사이버 공간과 가상현실을 만들어내고 많은 경제, 사회활동이 이 공간에서 실재 공간과 접목되면서 이루어진다. 이와 같이 이전에 경험해보지 못한 새로운 공간에 대한 법적·사회적·규범적 적용, 새로운 질서에 대한 적용 기준, 가치가 필요하다. 새로운 공간은 더욱 역동적이 될 것이고 상상할 수 없었던 많은 문제들을 만들어낼 것이다. 그런 가운데, 인간 공동체의 보편적 규범이었던 자유, 평등 연대에 대한 새로운 해석과 적용에 대하여 고민을 해야 한다.

따라서 공공성에 대한 새로운 정의와 적용을 위한 담론과 이론적 논쟁들이 필요하며, 이에 맞추어 법제도와 사회적 규범을 만들어내야 한다. 공공성과 공공가치를 더욱 강화시키고 담론을 통해 시민사회에 내재되어 기술을 통한 인류의 진보가 기술과 소수의 기술독점자가 아닌 시민에 의해 통제되도록 하는 것이 중요하다.

2) 새로운 조정시장경제 체제와 복지체제의 비전

(1) 한국 경제의 새로운 성장전략과 복지체제의 상호 보완 관계의 형성

최근 세계경제의 위기가 심화되는 가운데 한국 경제는 더욱 심각한 위기에 처해있다. 한국 경제의 기반이었던 대기업 중심 제조업 기반의 경쟁력 구조가 심각한 위기에 직면했다. 한국은 한편으로는 디지털 경제화로 앞서가는 선진국의 산업 경쟁력을 따라잡아야 하고 다른 한편으로는 저가의 생산력을 기반으로 쫓아오는 중국 등 신흥 산업화 국가들과의 경쟁으로부터 벗어나야 하는 심각한 이중적 부담에 처해있다.

미래의 한국은 기존의 생산 및 산업구조의 패러다임에서 벗어나 보다 사회통합적인 경로와 복지국가의 형성을 위한 새로운 성장전략과 복지체제의 상호 보완관계를 만들어야 한다. 따라서 앞의 거시적인 자본주의체제의 사회변동에 대한 이해와 함께 보다 한국적 맥락에 초점을 두어 한국

경제가 디지털 자본주의 시대를 맞이해 새로운 성장전략과 산업구조의 재편, 거시경제 정책 그리고 복지체제의 변화 방향에 대한 보다 면밀하고 현실적인 연구와 제도설계가 필요하다.

최근 선진국들의 디지털 경제화와 복지제도 변화 경향은 기존 산업구조와 복지레짐이 점진적으로 해체되는 가운데 새로운 전략과 제도의 형성이 기존의 유산에 기반을 둔 경로를 따라가고 있다. 유럽의 맥락에서는 기존의 사회통합적인 복지국가의 틀을 가능한 유지하면서 디지털 자본주의로의 이행 전략과 사회복지체제의 개혁 방향을 설정하는 반면에, 영미식의 자유주의 맥락에서는 최소한의 복지를 기반에 두고 격차와 경쟁을 통한 혁신으로 대응하는 경향이 강하다. 그러나 위기와 변화의 대응 과정에서 새로운 경로의 형성은 담론의 형성과 정치 과정이 매우 중요하다. 한 사회의 위기가 심화될수록 기존의 제도와 패러다임이 해체될 가능성이 높고, 새로운 제도 발전의 경로를 형성할 수 있는 가능성이 높다. 따라서 미래의 변화의 관점에서 최근 한국 제도들의 문제와 변화의 과정을 성찰적으로 분석하고, 사회통합적이며 포용적인 성장을 위해 제도 혁신 경로에 대한 담론을 형성하며, 새로운 제도에 대한 대안을 제시하는 것 등의 연구가 필요하다.

(2) 디지털 자본주의에 대비한 사회정책적 대응의 필요성

디지털 자본주의에 대응하기 위해서는 보다 구체적인 사회정책적 차원에서의 문제제기와 제도설계 전략이 필요하다. 그리고 사회정책적 대응의 범위는 기존의 케인지안 패러다임의 복지국가와 비교해 더욱 광범위하다고 할 수 있다.

① 새로운 디지털 시대에 걸맞는 인적자본개발과 숙련형성체제(human

capital and skill formation)의 형성: 디지털 자본주의는 물리적 자본의 영역에서 인간, 개인에게 내재하는 지식, 숙련, 창의성 등 무형의 자본이 더욱 중요해진다. 따라서 중요한 사회정책적 영역은 사회의 구성원에게 보다 평등한 지식과 기술을 습득하여 사회적 차원에서의 혁신을 도모할 수 있는 인적자본개발과 숙련형성체제가 중요하다. 이러한 영역에서의 한국의 정책과 제도에 대한 문제점들을 더욱 심층적으로 연구하고 대안을 만들어 낼 필요가 있다.

앞에서 디지털 시대가 됨에 따라 디지털 기술을 중심으로 한 다양한 기술의 융합이 기업의 생산시스템의 변화를 가져오고

② 직업, 노동시장 및 노사관계 형성: 이미 포디즘적 자본주의체제에서의 포스트포디즘과 서비스경제로의 이행은 노동시장의 이중화와 다변화를 심화시키고 있다. 그러나 디지털 자본주의화는 이와 또 다른 성격의 직업의 형성과 급격한 노동시장구조의 변화를 예견하고 있다. 생산관계의 변화뿐만 아니라 공유경제화로의 확대는 기존의 사회적 위험과는 또 다른 새로운 사호회적 위험을 만들어 낼 가능성이 높다. 또한 노사관계의 변화도 일의 성격과 산업구조 및 생산관계의 변화에 따라 기존의 틀을 벗어난 다양한 형태로 변화할 것으로 보여진다. 따라서 생산체제의 변화에 따른 노동시장구조의 변화와 노사관계의 변화에 대한 면밀한 연구가 필요하다

③ 사회적 위험의 다원화와 이에 대응하는 사회정책들의 개발: 디지털 자본주의 체제로의 이행과 함께 인구구조 및 가족구조, 젠더관계의 변화는 더욱 다양하고 복잡한 사회정책적 대응들이 필요로 할 것이다. 일과 노동시장구조의 변화에 따른 소득격차가 더욱 심각해지며, 기존의 포디즘적 케인지안 복지국가의 기본 모체였던 사회보험의 보편적 작동이 점점 어려워지게 된다. 따라서 최근에 새로운 대안으로 떠오르는 기본소득제도와

같이 새로운 형태의 소득보장에 대한 대안들이 필요하다. 또한 이미 서비스경제화와 인구구조의 변화로 심각해진 새로운 사회적 위험의 등장에 따라 여성, 가족, 돌봄서비스 정책에 대한 수요가 증가하고 있다. 디지털 경제화는 이에 더하여 새로운 종류의 사회적 위험이 증가할 가능성이 높다. 또한 공유경제화는 제도의 설계에 따라 다양한 방향과 결과를 갖는 방향으로 발전할 수 있다. 따라서 더욱 다원화해질 새로운 사회적 위험에 대한 연구와 다양한 사회정책적 연구가 필요하다. 또한 이러한 사회정책적 대응에 필요한 조세 및 재원조달에 대한 연구가 수반되어야 한다.

3) 기술의 혁신과 사회적 혁신의 동반자적 공존

앞에서 디지털 혁명은 사회관계의 변화라는 관점에서 제기된 바와 같이 사회통합적 디지털 자본주의로 이행하기 위해서는 다양한 영역에서의 사회적 혁신이 기술혁신과 함께 동반되어야 한다.

최근 사회적 혁신(social innovation) 개념이 새로운 환경 변화에 대응해 많은 주목을 받고 있다. 사회적 혁신이란 글로벌 경제위기, 인구구조의 변화, 디지털 혁명 등에 의한 생산 및 사회기술의 진보는 전통적인 복지국가나 신자유주의적 시장에 의한 사회문제 해결이 점점 어려워진다는 것을 깨달으면서, 새로운 기술의 적용과 함께 기존의 사회의 다양한 부분에서의 관행과 제도의 혁신을 통해 새로운 문제 해결을 해나가는 과정을 의미한다(Buhr, 2017).

앞에서 제기된 바와 같이 디지털 혁명의 결과는 결국 사회적 진보를 이끌어내야 한다. 그렇게 하기 위해서는 기술의 혁신은 사회적 혁신과 함께 수반되어야 한다는 것이다. 기술의 발전이 누구를 위한 발전이며, 기계 vs

인간의 관점에서 인간의 공적 목적에 의해 통제될 필요성이 있는 것이다. 다시 말해서 디지털 혁명의 혜택이 사회 모든 구성원에게 고루 돌아가도록 사회제도의 변화가 함께 이루어져야 한다는 것이다. 기업의 조직에서나 노동시장에서 보다 괜찮은 일자리가 창출되어야 하며, 사회적 관계는 구성원들이 참여적이며 권능 부여가 가능해야 하고 사회통합적인 제도와 사회관계가 형성되어야 한다.

특히, 기존의 복지국가론은 복지혼합의 관점에서 국가-시장-시민사회와의 분명한 경계와 역할 설정을 통해 국가 중심적 사회적 보호를 강조해왔다. 그러나 미래 사회에서는 기존 복지국가의 역할은 한계가 있다. 더욱 다원화되며 복잡해지는 노동시장의 변화와 사회적 위험의 발생에 따른 복잡 다양한 복지 수요는 그 해결에 있어서 국가-시장-시민사회의 역할과 경계가 불분명해지는 가운데 상호 역할분담과 협력이 더욱 중요해진다. 미래의 경제에는 경제적 혁신과 사회문제 해결을 위해 시민사회의 성장과 역할이 더욱 중요지며, ICT기술과 네트워크가 이를 더욱 가능하게 만들 것이다.

미래사회는 개인 및 노동자들의 지식과 창의력이 개인 및 기업과 산업의 경쟁력 강화에 더욱 중요해진다. 기계화된 대량생산을 주도했던 산업사회의 생산방식과 달리 미래의 디지털 자본주의 사회는 중요한 자산인 지식과 창의력이 인간 개개인에게 내재되어 있고, 더욱이 집단지성과 협력관계가 더욱 중요해진다. 따라서 비즈니스의 혁신과 다양한 사회문제의 해결을 위해서는 개인화되고 분업화된 경쟁으로 혁신을 추구했던 산업사회와 신자유주의적 사고방식으로는 어렵다. 경제사회적 차원의 혁신과 상호 새로운 역할과 거버넌스 체제가 필요하다. 여기서는 다루지 않았지만, ICT 기술발전으로 인해 우리는 더 많은 공공재(public goods)와 공유재

(common goods)를 만들어낼 수 있으며, 이에 기반을 둔 공유경제화(commons economy)가 가능해지고, 또한 혼합적 조직으로서의 사회적 경제(social economy)의 성장은 이러한 변화의 단초를 보여준다. 따라서 시민사회의 새로운 역할과 재해석이 필요하며, 이를 미래의 불확실한 상황에 대응을 가능하게 하는 협력적 사회적 혁신을 가능하게 하는 제도설계에 대한 연구가 필요하다

4. 결론: 미래의 제도 형성과 연구 과제

지금까지 ICT의 혁신적 발전의 결과로 예측되는 미래사회의 문제를 디지털 자본주의라는 개념과 자본주의 다양성(VOC)의 관점에서 다양한 가설과 시나리오를 가지고 분석해보았다.

아직 도래하지 않은 미래에 대해 경험적 현상을 직접적으로 논의하기는 어렵다. 그러나 한 가지 확실한 것은 최근의 경험적 현상들이 보여주듯이, 디지털 혁명은 과거 그 어느 때의 변화보다도 더욱 빠른 속도로 현재의 구조, 제도, 및 행위들을 변화시킬 것이라는 점이다. 과거의 기술 발전 역사에서 현 시대의 디지털 혁명은 현재의 위기이자 새로운 기회를 줄 수 있는 중요한 전환기라는 것이다.

특히 한국 사회의 관점에서 다가오는 디지털 혁명은 더욱 위기를 촉진시키고 새로운 변화를 더욱 필요로 한다는 것이다. 기존의 산업구조에서의 성장전략의 한계, 불평등과 사회적 갈등이 심화되고 있는 과정에서 현재의 문제와 모순을 더욱 심층적으로 분석, 이해하는 동시에 미래 변화에 대한 이론적·경험적 연구에 기초해 대안적인 정책과 제도 설계에 대한 연

구가 필요하다.

첫째, 거시적으로 디지털 자본주의로의 이행에 대한 구조적, 제도적 변화에 대한 대응연구가 필요하다.

둘째, 특히 외국과의 비교의 관점에서 한국의 변화 양식에 대한 보다 심층적인 연구가 필요하다. 한국의 경제구조와 성장전략의 한계, ICT를 둘러싼 기술발전의 과정과 전략, 제도, 정책 등의 특성과 한계를 심층적으로 연구하고 이를 둘러싼 제도적 보완과 관계로서 정부의 역할, 노동시장, 노사관계, 교육 및 인적자원개발체제, 복지체제 등에 대한 상호 관계연구가 필요하다.

셋째, 디지털 자본주의로의 이행에서 사회통합적 경로를 갖기 위해서는 시민사회의 역량 강화가 필요하다. 한국의 기존 산업사회 발전전략은 시민사회와 시장이 없는 가운데 국가주도의 성장전략이었다. 이러한 한계가 산업화의 성공에도 불구하고 그 이후에 많은 문제와 모순을 가져다주었다. 따라서 미래의 성장전략은 시민사회의 역량강화에 의한 시민, 기업, 노동, 정부의 협력적 거버넌스를 통해서 사회적 혁신을 통한 사회통합적 제도형성의 경로를 밟아야 할 것이다. 이런 과정에서는 시민사회 주도의 사회적 혁신 역량의 강화와 이를 주제하는 포용적인 거버넌스의 형성이 중요하다.

참고문헌

고상원 외. 2007. 「ICT와 고용창출」(수탁연구과제 07-06). 정보통신정책연구원.

권건호. 2013.1.28. "몸집 키웠다 줄였다 '10년 전쟁': 정통부 vs 산자부 IT 영역 놓고 라이벌 구도". ≪주간동아≫.

권오재. 2015. 「Kingdon의 다흐름모형(MSF)을 통한 정부조직개편 연구: 정보통신부를 심으로」. 연세대학교 대학원 석사학위논문.

권헌영. 2008. 「이명박 정부의 조직개편과 정보기술법제의 변화」. ≪과학기술법연구≫, 제14집 제1호, 49~78쪽.

김건우. 2016.. "디지털 경제, 과소평가되고 있다(LGERI 리포트)". ≪LG Business Insight≫, 4월 6일.

김공회. 2012. 「인지자본주의론의 가치이론 이해 비판」. ≪마르크스주의 연구≫, 제9권 제1호, 89~123쪽.

김낙년. 2012. 「한국의 소득불평등, 1963-2010: 근로소득을 중심으로」(Working Paper). 낙성대경제연구소.

_____. 2013. 「계층별 조세 부담률: 장기추이와 국제비교」(Working Paper). 낙성대경제연구소.

_____. 2015a. 「한국의 부의 불평등, 2000-2013: 상속세 자료에 의한 접근」(Working Paper). 낙성대경제연구소.

_____. 2015b. 「한국에서의 부와 상속, 1970-2013: 상속세 자료에 의한 접근」(Working Paper). 낙성대경제연구소.

김대규·윤석민. 2010. 「방송위원회와 정보통신부의 통합 과정: 인사와 조직문화를 중심으로」. ≪한국방송학보≫, 제24-3호, 50~97쪽.

김도환. 2007. 「산업연관분석에 의한 정보통신산업의 경제적 파급효과」. ≪한국경영과학회지≫, 제32권 3호.

김동욱. 2002. 「정부조직개편 연구」. 바른사회를 위한 시민회의 심포지엄 발표 논문(2002.12.26).

_____. 2003. 「중앙정부 조직개편과 기능조정 연구: 경제 및 공간·환경 부문 개편」. 한국행정학회 비정기 학술논문 발표(2003.1.7).

김동욱 외. 2007. 「통신·방송 융합에 따른 미래 정부조직 설계」. 한국전파진흥원 제출 보고서.
김명호 외. 2007. 「e-biz 정책: 정보통신산업의 경제적 파급효과에 관한 연구」. ≪e-비지니스 연구≫. 제9권 제4호.
김문조. 2013. 『융합문명론: 분석의 시대에서 종합의 시대로』. 나남.
김민식·정원준. 2014. 「ICT 산업의 발전과 빅뱅파괴 혁신의 이해: 파괴적 혁신과의 비교를 중심으로」. ≪방송통신정책≫, 제26-1호.
김수경·이상용. 2014. 「한국의 ICT산업의 발전과 고용 간의 인과관계에 관한 실증적 분석」. ≪Information Systems Review≫, 제16권 2호.
김영범. 2014. 「복지지출과 성별 임금격차의 관계에 대한 연구: 경제협력개발기구 자료를 중심으로」. ≪사회보장연구≫, 30권 2호.
김원동. 1996. 「대니얼 벨: 정보화사회」. 『현대사회의 구조와 변동』. 사회비평사.
_____. 1997. 「한국의 행정정보화: 추진 경과와 현황 및 발전 방안의 모색」. ≪사회과학연구≫, 36호, 141~164쪽.
_____. 2000. 「사회변동과 정보사회」. 『현대사회학의 이해』. 일신사.
_____. 2001. 『정보사회와 지역정보화』. 한울.
_____. 2004a. 「제3물결 문명의 정보사회」. 『정보사회의 이론과 실제』. 진한도서.
_____. 2004b. 「정보사회·감시·사회운동: 데이빗 라이언의 '감시사회론'을 중심으로」. ≪지역사회학≫, 5권 2호, 25~53쪽.
_____. 2005. 「정보사회와 지식 권위: 구조적 변화의 원인과 특징, 대안의 탐색」. 『한국사회 어디로 가나?: 권위주의 이후의 권위구조, 그 대안의 모색』. 굿인포메이션.
_____. 2009. 「대니얼 벨의 탈산업사회이론 연구: 고용구조 변화의 추이와 서비스 부문에 대한 분석을 중심으로」. ≪사회와 이론≫, 15호, 79~125쪽.
_____. 2015. 「대니얼 벨과 탈산업사회의 사회학」. 『오늘의 사회이론가들』. 한울.
김원종. 2000. 「사회변동과 정보사회」. 『현대사회학의 이해』. 일신사.
김정언 외. 2013. 『창조경제 구현방안 연구: ICT기반의 융합산업 활성화 방안』. 경제·인문사회연구회 미래사회연구총서 13-01-01.
김정욱 외. 2016. 『2016 다보스 리포트: 인공지능발 4차 산업혁명』. 매일경제신문사.
김종현. 2013. 『영국 산업혁명의 재조명』. 서울대학교출판문화원.
김종호. 2005. 「방송·통신 통합기구 설립논의에 따른 방송영상 산업 정책 추진체제에 관한 연구」(문화관광부 용역보고서). 경희대학교 산학협력단.
김지형·김효민. 2014. 「과학기술 젠더 불균형: 현황과 과제」. ≪과학기술학연구≫, 제14권 2호, 251~280쪽.
김현희·최문경. 2000. 「과학기술의 발달과 여성: 과학, 기술, 컴퓨터 그리고 사이버 공간」, ≪정보와사회≫, 2호, 1~33쪽.
나성현 외. 2013. 「ICT 산업고용실태 현황 및 ICT 일자리 창출대책」. 미래창조과학부.
대통령자문 정책기획위원회. 2008. 「차세대 성장동력 산업 육성-미래산업 창출을 위한 블루오션 전략」. 참여정부 정책보고서 2-07.
디지에코(Digieco). 2015a. 『2015년 모바일 트렌드 전망(디지에코 보고서)』. KT경제경영연구소.
_____. 2015b. 『2015년 상반기 모바일 트렌드(디지에코 보고서)』. KT경제경영연구소.
로스, 알렉(Alec Ross). 2016. 『(알렉로스의) 미래산업보고서』. 안기순 옮김. 사회평론.
문성훈. 2011. 「옮긴이의 말」. 『인정투쟁: 사회적 갈등의 도덕적 형식론』. 문성훈·이현재 옮김. 사월의책.
문정훈·황윤민. 2014. 「농식품 분야 ICT융합 최신 사례」. ≪한국통신학회지(정보와통신)≫, 31권 5호. 61~66쪽.
문형돈 외. 2009. "이명박 정부의 IT산업 정책 변화 및 시사점". ≪IT spot Issue≫, 정보통신산업진흥원.
미래창조과학부 홈페이지. http://www.msip.go.kr(검색일: 2016.6.14).
미래창조과학부. 2013. 「ICT R&D 중장기 전략」.
_____. 2015. 「K-ICT 소프트웨어 글로벌 선도전략」
_____. 2016a. 「2016년도 국가정보화 시행계획 요약」. 『2016년도 국가정보화 주요 정책방향 설명회 자료집』.
미래창조과학부·한국인터넷진흥원. 2015. 『2015년 인터넷이용실태조사 요약보고서』. 인터넷통계정보검색시스템.
_____. 2015. 『2015 정보격차 실태조사』.
_____. 2016. 「2016년도 ICT융합프로젝트 추진방향 사전공개 설명회」. 2016년도 ICT융합프로젝트 추진방향 사전공개 설명회 발표 자료.
박대식. 2001. 「정부조직개편에 대한 제도-선택적 분석:국민의 정부 정부조직개편을 중심으로」. ≪한국행정학보≫, 35권 3호, 1~19쪽.

_____. 2009.「정부조직개편 결정과정 비교분석」. ≪한국조직학회보≫, 6권 3호, 143~172쪽.
박동서. 1987.『정보화 사회와 체신부의 역할』. 통신정책연구소.
_____. 1995.「정부조직의 개편: 1994년 12월」. ≪행정논총≫, 33권 1호, 115~123쪽.
박상인. 2006.『삼성전자 몰락해도 한국이 사는 길』. 미래를 소유한 사람들.
박재민·전주용. 2008.「정보통신산업의 산업연계구조와 고용파급효과」. ≪정보통신정책연구≫, 제15권 1호.
박준식. 1998.「정보기술의 발전」.『정보사회의 이해』. 나남.
박진우. 2012.「ICT부문 패러다임에 대응하는 정책추진체계」. 소통과 창조 포럼 토론회(스마트 생태계와 ICT 정책추진체계) 발표 논문(2002.6.18).
박천오. 2011.「한국 정부조직개편에 대한 비판적 고찰」. ≪한국조직학회보≫, 8권 1호, 1~30쪽.
박치성 외. 2011.「정부조직개편의 효과 실증분석: 노무현·이명박 정부의 중앙부처 간 업무관계 네트워크의 변화를 중심으로」. ≪행정논총≫, 49권 4호, 51~82쪽.
방석현. 1985.『2000년대를 향한 체신부문의 미래상: 조직을 중심으로』. 통신정책연구소.
벨, 대니얼(Daniel Bell). 1987.「산업사회와 정보사회」.『뉴미디어와 정보사회』. 나남.
_____. 1991.『제3의 기술혁명: 그에 따른 사회·경제적 변화』(한국통신 초청 대강연집). 한국전기통신공사출판부.
_____. 2006.『탈산업사회의 도래』. 김원동·박형신 옮김. 아카넷.
복득규 외. 2003.『클러스터: 한국 산업과 지역의 생존 전략』. 삼성경제연구소.
산업통상자원부·KIAT. 2016.「2015 산업기술인력 수급 실태조사 보고서(14년 기준)」.
샌델, 마이클(Michael J. Sandel). 2011.『마이클 샌델의 하버드 명강의』. 김선욱 감수·이목 옮김. 김영사.
서병조. 2016.「ICT 융합 프로젝트 추진방향과 전략」. 2016년도 ICT융합프로젝트 추진방향 사전공개 설명회 발표 자료. 한국정보화진흥원.
서환주 외. 2008.「ICT 산업의 연구개발투자 파급효과 분석」. ≪e-비지니스연구≫, 9권 4호.
세넷, 리처드(Richard Sennett). 2004.『불평등 사회의 인간존중』. 유강은 옮김. 문예출판사.
송희준. 2012.「통신·방송환경 변화와 정부조직」.『정보통신방송산업 발전과 정부조직의 설계』. 서울대학교 행정대학원 정보통신방송정책 세미나(2012.1.17).
쉬만크, 우베(Uwe Schimank)·폴크만, 우테(Ute Volkmann). 2011.『현대사회를 진단

한다: 사회진단의 사회학』. 김기범 외 옮김. 논형.
쉴러, 허버트(Herbert Schiller). 1990. 『현대 자본주의와 정보지배논리』. 강현두 옮김. 나남.
슈밥, 클라우스(Klaus Schwab). 2016. 『클라우스 슈밥의 제4차 산업혁명』. 송경진 옮김. 새로운 현재.
신광영. 2004. 『한국의 계급과 불평등』. 을유문화사.
신선미·강선미. 2008. 「IT분야 여성인력 수급의 특징과 정책 방향」. ≪정보와통신≫, 25권 5호, 85~86쪽.
신장섭·장하준. 2003. 『주식회사 한국의 구조조정: 무엇이 문제인가』. 장진호 옮김. 창비.
오재록·박치성. 2013. 「정부조직 개편에 따른 부처 간 네트워크 및 권력관계 변화: 경제부처를 중심으로」. ≪한국행정학보≫, 47권 3호, 101~127쪽.
옥동석. 2013. 「국정철학과 정부조직 개편」. 세종포럼 발표 자료(2013.5.22.)
웹스터, 프랭크(Frank Webster). 2016. 『현대 정보사회이론』. 조동기 옮김. 나남.
유승호. 2015. 「자본주의 불평등과 리처드 세넷의 사회학」. 『오늘의 사회이론가들』. 한울.
윤건 외. 2013. 「규제와 진흥 관점에서 바라본 ICT 거버넌스 개편방향」. ≪정보화정책≫, 20권 2호, 20~38쪽.
윤상오. 2005. 「정부부처간 정책경쟁에 관한 연구: 산업정보화 정책분야를 중심으로」. ≪한국사회와 행정연구≫, 16권 2호, 163~189쪽.
위키백과. 2016a. "마이크로소프트." https://ko.wikipedia.org(검색일: 2016.5.27).
———. 2016b. "스티브 잡스." https://ko.wikipedia.org(검색일: 2016.5.27).
———. 2016c. "구글의 역사." https://ko.wikipedia.org(검색일: 2016.5.27).
———. 2016d. "마크 저커버그." https://ko.wikipedia.org(검색일: 2016.5.27).
———. 2016e. "구글 딥마인드." https://ko.wikipedia.org(검색일: 2016.4.11).
———. 2016f. "알파고." https://ko.wikipedia.org(검색일: 2016.4.11).
이경남. 2012. 「ICT 인력고용 현황 및 시사점」. ≪방송통신정책≫, 제24권 16호.
_____. 2014. 「SW인력의 고용 구조 분석 및 시사점」. ≪방송통신정책≫, 제26권.
이경선 외. 2013. 「창조경제 실현을 위한 ICT 분야 해외 일자리 창출 방안에 대한 연구」. 정보통신정책연구원.
이승우 외. 2014. 「ICT 인력양성 중장기 정책 방향 연구」. 『한국통신학회 2014년도 하계종합학술발표회 발표논문집』.
이승훈. 2016. "인공지능 플랫폼 경쟁이 시작되고 있다". ≪LG Business Insight≫, 5월 11일.

이영수 외. 2001.「한국의 ICT 지출추계 및 파급효과 분석」. ≪산업조직연구≫.
이윤식. 2009.「이명박 정부의 국가정보화 기본계획 및 실행계획에 관한 비판적 검토」. ≪한국지역정보화학회≫, 12권 4호, 1~38쪽.
이의규 외. 2013.「2012년도 IT 전문·융합인력 실태분석 및 전망」. 한국직업능력개발원.
이정아·김영훈. 2014.「 IT & Future Strategy 보고서」. 한국정보화진흥원
이종선. 2002.『DJ정부의 구조개혁과 노동시장』. 백산서당.
이현덕. 2012.12.13. "이현덕의 정보통신부: 김영삼과 정보통신부". ≪전자신문≫.
이호영·김사혁 외. 2015.『커넥티드 사회의 구조변동』. 정보통신정책연구원.
이호영·김희연 외. 2015.『초연결사회의 지속가능성을 위한 사회문화적 조건과 한국사회의 대응(1) 총괄보고서』. 정보통신정책연구원.
장세진. 2008.『삼성과 소니』. 살림Biz.
장승관. 2012.「2011 경제발전경험모듈화사업: 산업기술대학을 통한 기술 인력양성」. 지식경제부.
장하준. 2002.『사다리 걷어차기』. 정성백 옮김. 부키.
정동진·정해식. 2004.「정보통신산업 수출 및 가격변화의 파급효과 분석: 2000년 산업연관표를 중심으로」. ≪정보통신정책연구≫, 11권 2호.
정보기술·사업관리 인적자원개발위원회. 2016.「SW(정보기술) 산업인력현황 보고서」.
정보통신기술진흥센터. 2015a. "세계경제포럼(WEFF), 기술 진보와 사회변화 보고서 발표". ≪ICT Brief≫, 2015-37호.
_____. 2015b. "일본, 미래사회 대비한 '인공지능' 연구개발 가속화". ≪ICT Brief≫, 2015-37호.
_____. 2015c. "일본, 인공지능 활용 가능성에 주목...향후 유망 분야 도출". ≪ICT Brief≫, 2015-46호.
_____. 2015d. "첨단기술과 결합한 '로봇'...미래 수익창출원으로 각광". ≪ICT Brief≫, 2015-46호.
_____. 2015e. "일, IoT·빅데이터·인공지능이 가져올 변화에 대응한 정책 검토". ≪ICT Brief≫, 2015-48호.
_____. 2015f. "ITU, 연례 '정보사회 평가 보고서' 발표". ≪ICT Brief≫, 2015-48호.
_____. 2016g. "인공지능, 글로벌 ICT업계 핵심 성장동력으로 자리매김". ≪ICT Brief≫, 2016-05호.

_____. 2016h. “구글, 시가총액 1위 등극...SW기반 기술이 미래 주도”. ≪ICT Brief≫, 2016-05호.

_____. 2016i. “인간 능력에 도전하는 인공지능 기술에 전산업계 이목 집중”. ≪ICT Brief≫, 2016-09호.

_____. 2016j. “일본, 인공지능 선도국으로 도약하기 위한 투자 가속화”. ≪ICT Brief≫, 2016-09호.

_____. 2016k. “인공지능, 새로운 산업혁명을 이끌어갈 미래 성장엔진”. ≪ICT Brief≫, 2016-11호.

_____. 2016l. “일본, 인공지능·로봇과 상생하며 산업경쟁력 강화 도모”. ≪ICT Brief≫, 2016-11호.

제정경제부 외. 2005. 『차세대 성장동력사업 추진성과와 향후 과제』.

조민수·박희영. 2015. 「ICT 노동시장의 수급불균형 분석」. ≪방송통신정책≫, 제27권 12호.

조정환. 2011. 『인지자본주의: 현대 세계의 거대한 전환과 사회적 삶의 재구성』. 갈무리.

창조경제혁신센터 홈페이지. https://ccei.creativekorea.or.kr(검색일: 2016.6.21).

최윤식. 2016. 『2030 대담한 미래』. 지식노마드.

최장집. 2002. 『민주화 이후의 민주주의: 한국 민주주의의 보수적 기원과 위기』, 후마니타스.

키에르, 안네 메테(Anne Mette Kjær). 2004. 『거버넌스』. 이유진 옮김. 오름.

토플러, 앨빈(Alvin Toffler). 1976. 『미래를 위한 학습 1-2』. 이상주·김안중 옮김. 배영사.

_____. 1982. 『미래주의자』. 최정호 옮김. 주우.

_____. 1989a. 『미래 쇼크』. 이규행 옮김. 한국경제신문사.

_____. 1989b. 『제3물결』. 이규행 옮김. 한국경제신문사.

_____. 1989c. 『예견과 전제』. 이규행 옮김. 한국경제신문사.

통계청. 2016. 「가구 인터넷보급률 및 컴퓨터 보유율」. 국가지표체(검색일: 2016.6.17).

포스코연구소. 2014. 『인더스트리 4.0, 독일의 미래 제조업 청사진』. 포스코경영연구원.

퐁스, 아르민(Armin Pongs). 2003a. 『당신은 어떤 세계에 살고 있는가?(1)』. 김희봉·이홍균 옮김. 한울.

_____. 2003b. 『당신은 어떤 세계에 살고 있는가?(2)』. 윤도현 옮김. 한울

플로리다, 리처드(Richard Florida). 2005. 『도시와 창조계급』. 이원호·이종호·서민철

옮김. 푸른길.
하원규·최남희. 2015.『제4차 산업혁명』. 콘텐츠하다.
한국과학기술기획평가원. 2015.『2013년도 우리나라 여성과학기술인력 현황』.
한국교육개발원. 2013.『취업통계연보』. 각 연도.
한국인터넷진흥원. 2015.『2015 한국인터넷백서』.
한국전자정보통신산업진흥회. 2013.『2012 정보통신부문 인력동향 보고서』. 지식경제부·한국전자정보통신산업진흥회.
_____. 2014.『2014 ICT 실태조사』.
한국전자통신연구원. 2012.『한국전자통신연구원 35년사』.
한국정보통신산업진흥원. 2014.『2013년도 IT·SW분야 인력양성 사업』.
한국정보통신진흥협회. 2013.『방송통신부문 인력동향보고서』. 방송통신위원회·한국정보통신진흥협회.
한국정보통신진흥협회·한국전자정보통신산업진흥회. 2016.『ICT 실태조사』.
한국정보화진흥원. 2013.『새로운 미래를 여는 빅 데이터 시대』.
_____.. 2014a.「국가정보화 과거-현재-미래」.『국가정보화 20주년 기념 보고서』.
_____. 2014b.「국가정보화 20년의 기록」.『국가정보화 20주년 기념 보고서』.
_____. 2014c.「국가정보화 20년의 성과」.『국가정보화 20주년 기념 보고서』.
_____. 2015a.「사이버물리시스템(CPS) 기반의 사회시스템 최적화 전략」. ≪IT & Future Strategy≫, 제7호.
_____. 2015b.『2015 국가정보화백서』.
_____. 2016.『ICT 기반 국가미래전략 2015 BIG STEP』.
한병철. 2012.『피로사회』. 김태환 옮김. 문학과 지성사.
허재준 외. 2003.『정보통신기술과 숙련노동』. 한국노동연구원.
현대경제연구원. 2013.『지속가능성장을 위한 경제주평 13-14(통권 531호)』.
호네트, 악셀(Axel Honneth). 2011.『인정투쟁: 사회적 갈등의 도덕적 형식론』. 문성훈·이헌재 옮김. 사월의 책.
홍동표 외. 1999.「산업연관표를 이용한 정보통신산업의 경제효과 분석」. ≪정보통신정책연구≫, 6권 1호.
홍성걸. 2013.「박근혜정부의 정부조직개편: 평가와 전망」.『한국정책학회 하계학술발표논문집』, 563~575쪽.

황주성 외. 2011. 『ICT·인문사회 융합 활성화 방아 연구』. 정보통신정책연구원.
황준석. 2004. 「우리나라 IT 산업 분석 및 산업경쟁력 제고를 위한 IT 활용 방안 연구」. 산업자원부 용역보고서. 서울대학교 공학연구소.
후지모토 다카히로(藤本隆宏). 2005. 『TOYOTA 진화능력: 능력구축경쟁의 본질』. 김기찬·고기영 옮김. 가산북스.

≪전자신문≫. 1998.4.8. "정보화의 개념 정립(김문환)".
≪연합뉴스≫. 2015.4.16. "세계 시총 순위...삼성전자 22→28위, 현대차 201→360위(종합)".
≪한겨레≫. 2008. 3. 04. "[이사람] "여성 프로그래머 소수이니 뭉쳐야죠".
≪한겨레≫. 2016.6.30. "속보: 미래석학 앨빈 토플러 잠들다".
≪ChosunBiz≫. 2015.8.7. "애플 33위⇒1위, 월마트 3위⇒12위...확 바뀐 미(美) 기업 순위".
≪IT dongA≫. 2016.2.2. "시가총액 1위를 보면 IT의 흐름이 보인다".

Acemolgu, Daron and David Auto. 2011. "Skills, Tasks and Technologies: Implications for Employment and Earnings." National Bureau of Economic Research. Working Paper 16082. Kronberg.
Aghion, P. and Howitt, E. 2007. "Capital, Innovation and Growth Accounting." *Oxford Review of Economic Policy*, 23(1), pp. 79~93.
Allen, Robert. C. 2011. *The British Industrial Revolution in Global Perspective*. Cambridge University Press.
Amsden, Alice H. 1989. *Asia's Next Giant: South Korea and Late Industrialization*. Oxford Unieversity Press.
_____. 2002. *Asia's Next Giant: South Korea and Late Industrialization*. Oxford: Oxford University Press.
Bae, Seoung-O. 2012. "Korea Needs to Groom More Top Scientists and Engineers." *Samsung Economic Research Institute Quarterly*, 5(3), pp. 14~21.
Barak, Michalle E. Mor. 2011. *Managing Diversity: Toward a Globally Inclusive Workplace*. London: SAGE.
Barnett, William P. 2008. *The Red Queen among Organizations: How Competi-*

tiveness Evolves. Princeton, NJ: Princeton University Press.

Barney, J. 1991. "Firm Resources and Sustained Competitive Advantage." *Journal of Management*, 32, pp. 1231~1241.

Bartlett, Christopher A. and Sumantra Ghoshal. 1989. *Managing across Borders: The Transnational Solution*. Boston: Harvard Business School Press.

Bathelt, Harald, Anders Malmberg and Peter Maskell. 2004. "Clusters and Knowledge: Local Buzz, Global Pipelines and the Process of Knowledge Cre-ation." *Progress in Human Geography*, 28, pp. 31~56.

_____. 1993. *Agendas and instability in American politics*. Chicago: University of Chicago Press.

Baumgartner, F. and Jones, B. 2002. *Policy dynamics*. Chicago: University of Chicago Press.

Becker, Gray S. 1964. *Human Capital: A Theoretical and Empirical Analysis*. Chicago: University of Chicago Press.

_____. 2008. "Human Capital." In The Concise Encyclopedia of Economics. http://www.econlib.org/library/Enc/HumanCapital.html.

Becker, W. and Dietz, J. 2004. "R&D Cooperation and Innovation Activities of Firms: Evidence for the German Manufacturing Industry." *Research Policy*, 33: pp. 209~223.

Benner, C. 2002. *Work in the New Economy: Flexible labor markets in Silicon Valley*. London: Blackwell Publishing

Best, M. 1990. *The New Competition: Institutions of Industrial Restructuring*. Cambridge: Polity Press.

Betrancourt, Miachael. 2015. *The Critique of Digital Capitalism: An Analysis of the Political Economy of Digital Culture and Technology*. Brooklyn, NY: Punctum Books.

Bloemraad, Irene. 2004. "Who Claims Dual Citizenship? The Limits of Postnationalism, the Possibilities of Transnationalism, and the Persistence of Traditional Citizenship." *International Migration Review*, 38(2), pp. 389~426.

Bourdieu, Pierre. 1977. *Outline of a Theory of Practice*. New York: Cambridge

University Press.

_____. 1985. "The Forms of Capital." in J. G. Richardson(ed.) *Handbook of Theory and Research for the Sociology of Education*, pp. 241~258. New York: Greenwood Press.

Boutang, Yann Moulier. 2011. *Cognitive Capitalism*. Cambridge: Polity.

Bowornwathana, B. and Poocharoen, O-o. 2010. "Bureaucratic Politics and Administrative Reform: Why politics matter." *Public Organization Review*, 10, pp. 303~321.

Brackley, Anne. 1996. "Whatever happened to hybrid managers?: The short history of the hybrids." *The Computer Bulletin*, Vol. 38, Issue 6.

Bresnahan, T. and Trajtenberg, M. 1995. "General Purpose Technolgies: Engines of Growth?" *Journal of Econometrics*, 65(1), pp. 83~108.

Brouwer, Erik, Kleinknecht, Alfred and Jeroen O. N. Reijnen. 1993. "Employment Growth and Innovation at the Firm Level." *Journal of Evolutionary Economics*, Vol.3, pp. 153~159.

Burdette, Rebecca. 1999. "Testimony of Rebecca Burdette." Testimony to the U.S. House Judiciary Committee, Subcommittee on Immigration and Claims, Oversight Hearing on the Benefits to the American Economy of a More Educated Workforce(Washington DC, March 25).

Buhr, Danial. 2017. "Social Innovation Policy for Industry 4.0." Working Paper for the Project of Good Society-Social Democracy, 2017 Plus. The Friedrich-Ebert-Stiftung.

Burt, Ronald. 1992. *Structural Holes: The Social Structure of Competition*. Cambridge: Harvard University Press.

_____. 2004. "Structural Holes and Good Ideas." *American Journal of Sociology*, 110(2), pp. 349~399.

Cainelli, G., Mancinelli, S. and Mazzanti, M. 2007. "Social Capital and Innovation Dynamics in District-based Local Systems." *Journal of Socio-Economics*, 36, pp. 932~948.

Cardona, M., Kretschmer, T. and Strobel, T. 2013. "ICT and Productivity: Conclusions from the Empirical Literature." *Information Economics and Policy*, 25, pp.

109~125.

Chard, R. E. 2004. *The Mediating Effect of Public Opinion on Public Policy: Exploring the Realm of Health Care*. SUNY Press.

Chase-Dunn, Christopher. 1975. "The Effects of International Economic Dependence and Inequality: A Cross-National Study." *American Sociological Review*, 40, pp. 720~738.

Chaudhry, K. A. 1993. "The Myths of the Market and the Commen History of Late Developers." *Politics and Society*.

Choi, In-Bom. 2003. "Korean Diaspora in the Making: Its Current Status and Impact on the Korean Economy." in C. Fred Bergstein and Inbom Choi(eds.). *The Korean Diaspora in the World Economy*. Washington, DC: Institute for International Economics.

Cohen, M., March, J. and Olsen, J. 1972. "A garbage can model of organizational choice." *Administrative Science Quarterly*, 17, pp.1~25.

Cohen, W. and Levinthal, L .1990. "Absorptive Capacity: A New Perspective on Learning and Innovation." *Administrative Science Quarterly*, 35, pp. 128~152.

Coleman, James. 1988. "Social Capital in the Creation of Human Capital." *American Journal of Sociology*, 94, pp. S95~S120.

_____. 1990. *Foundations of Social Theory*. Cambridge, MA: Belknap Press.

Conley, R. S. 2006. "Reform, Reorganization, and the Renaissance of the Managerial Presidency: The Impact of 9/11 on the Executive Establishment." *Politics & Policy*, Vol.34, No.2, pp. 304~342.

Cortright, Joseph. 2006. *Making Sense of Clusters: Regional Competitiveness and Economic Development*. Washington, DC: Brookings Institution.

Crouch, Colin. 2013. "From Defensive to Assertive Social Democracy." *Social Europe Journal*, No.1.

Davis, Gerald F. 1991. "Agents without Principles? The Spread of the Poison Pill through the Intercorporate Network." *Administrative Science Quarterly*, 36(4), pp. 583~613.

Development International Conference(AHRD, Austin, TX, Mar 3-7, 2004). pp. 90~97

(Symp. 4-3)

Deyo. F. C. 1987. *The Political Economy of the New Asian Industrialism*. Cornell University Press.

Doms, Mark, Dunne, Timothy and Mark J. Roberts. 1995. "The Role of Technology Use in the Survival and Growth of Manufacturing Plants." *International Journal of Industrial Organization*, Vol.13, pp. 523~542.

Drucker, P. 1994. *Innovation and Entrepreneurship: Practice and Principles*. Oxford: Butterworth and Heinemann.

Durkheim, E. 1997(1893). *The Division of Labor in Society*. New York: The Free Press.

Edquist, C. 1997. *Systems of Innovation: Technologies, Institutions, and Organizations*. London: Printer.

Erickson, Bonnie H. 1982. "Networks, Ideologies, and Belief Systems." in peter V. Marsden and Nan Lin(eds.). *Social Structure and Network Analysis*, pp. 159~172. Beverly Hills, CA: Sage.

Estevez-Abe, M., Iversen, I. and Soskice, D. 2001. "Social Protection and the Formation of Skills: A Reinterpretation of the Welfare State." in Hall, P, A. and Soskice, D.(eds.). *Varieties of Capitalism*. Oxford: Oxford University Press.

Faulkner, Wendy. 2001. "The Technology Question in Feminism: A View From Feminist Technology Studies." *Women's Studies International Forum*, Vol.24, No.1, pp. 79~95.

Feere, Jon. 2010. "Birthright Citizenship in the United States: A Global Compar-ison." Center for Immigration Studies. http://www.cis.org/sites/cis.org/files/articles/2010/birthright.pdf.

Florida, R., Cushing, R. and Gates, G. 2002. "When Social Capital Stifles Innovation." *Harvard Business Review*, August, p. 20.

Florida, Richard. 2008. *Who's Your City?: How the Creative Economy is Making Where to Live the Most Important Decision of Your Life*. New York: Basic Books.

Foreign Policy. 2008. "The 2008 Global Cities Index." November-December.

Frey, Carl Bendikt, and Orborne, Michael A. 2013. *The Future of Employment: How Subseptable are Jobs to Computerization?* Oxford University.

Friedman, Benjamin M. 2006. *The Moral Consequences of Economic Growth*. New York: Vintage Books.

Friedmann, John. 1986. "The World City Hypothesis." *Development and Change*, 17(1), pp. 69~83.

Fuchs, Christian, and Mosco, Vincent(eds.). 2016. *Marx in the Age of Digital Capitalism*. Haymrket Books.

Fuchs, Christian. 2012. "Capitalism or Information Society? The Fundamental Question of the Present Structure of Society." *European Journal of Social Theory*, Nov, pp. 1~22.

_____. 2014. *Digital Labor and Karl Marx*. New York: Routledge.

Fukuyama, F. 1995. *Trust: The Social Virtues and the Creation of Prosperity*. New York: The Free Press.

Fumagalli, Andrea. 2011. "Twenty Theses on Contemporary Capitalism(Cognitive Biocapitalism)." *Journal of the Theoretical Humanties*, 22 Nov(online published).

Funk, R. 2014. "Making the Most of Where You Are: Geography, Networks, and Innovations in Organizations." *Academy of Management Journal*, 57(1), pp. 193~222.

Garcia-Miniz, A. S. and Vicente, M. R. 2015. "ICT Technologies in Europe: A Study of Technological Diffusion and Economic Growth under Network Theory." *Telecommunication Policy*, 38, pp. 360~370.

Garelli, Stephane. 2006. *Top Class Competitors: How Nations, Firms and Individuals Succeed in the New World of Competitiveness*. John Wiley & Sons.

Gilligan, Carol. 1982. *In a Different Voice*. Harvard University Press.

Gi-Wook Shin and Joon Nak Choi. 2015. *Global Talent: Skilled Labor as Social Capital in Korea*. Stanford University Asia-Pacific Research Center.

Godin, Benoit. 2006. "The Knowledge-Based Economy: Conceptual Framework or Buzzword?" *Journal of Technology Transfer*, 31, pp. 17~30.

Graham, Philip and Hearn, Greg. 2001. "The Coming of Post-reflexive Society: Commodification and Language in Digital Capitalism." *Culture and Policy*, pp. 79~90.

Granovetter, Mark S. (1974)1995. *Getting a Job: A Study of Contacts and Careers*(2nd ed). Chicago: University of Chicago Press.

Granovetter, Mark S. 1973. "The Strength of Weak Ties." *American Journal of*

Sociology, 78(6), pp. 1360~1380.

_____. 1985. "Economic Action and Social Structure: The Problem of Embeddedness." *American Journal of Sociology*, 91(3), pp. 481~510.

Gulati, R. 1995. "Social Structure and Alliance Formation Patterns: A Longitudinal Analysis." *Administrative Science Quarterly*, 40, pp. 619~652.

Hall, P, A. and Soskice, D.(eds.). 2001. *Varieties of Capitalism: The Institutional Foundations of Comparative Advantage*. Oxford: Oxford University Press.

Hannan, M. T. and Freeman, J. 1989. *Organizational Ecology*. Cambridge, MA: Harvard University Press.

Hayutin, Adele. 2010. "Population Age Shifts Will Reshape Global Work Force." Stanford Center on Longevity, Stanford University.

Hollingworth, Rogers, J. and Robert Boyer(eds.). 1997. *Contemporary Capitalism*. Cambridge: Cambridge University Press.

Hubert, Agnès. 2014. *Social Innovation: A Decade of Changes*. Bureau of European Policy Advisors(BEPA).

Information Technology Association of America. 1997. *Help Wanted: The IT Work-force Gap at the Dawn of a New Century*. Arlington, VA: Information Technology Association of America.

Ingelhart, Ronald and Pippa Norris. 2009. *Cosmopolitan Communications: Cultural Diversity in a Globalized World*. Cambridge: Cambridge University Press.

Ingelhart, Ronald. 1997. *Modernization and Postmodernization: Cultural, Economic, and Political Change in 43 Societies*. Princeton: Princeton University Press.

ITU. 2015. *ITU Measuring the Information Society 2015*.

Iversen, T. and Stephens, J. D. 2008. "Partisan Politics, the welfare state, and three words of human capital formation." *Comtemporary Political Studies*, 20(10).

Jacobs, Jane. 1965. *The Death and Life of Great American Cities*. London: Penguin Books.

Jenkins-Smith, H. C and Sabatier, P. A. 1994. "Evaluating the Advocacy Coalition Framework." *Journal of Public Policy*, 14(2), pp. 175~203.

Jessop, Bob. 2008. "The Knowledge-Based Economy." Institute for Advanced Studies,

Lancaster university.

Joppke, Christian. 2005. *Selecting by Origin: Ethnic Migration in the Liberal State.* Cambridge, MA: Harvard University Press.

Judy, Richard W. 1999. "Immigration Policy and America's Workforce Needs: Re-Establishing the Connection." Testimony to the U.S. House Judiciary Committee, Subcommittee on Immigration and Claims, Oversight Hearing on the Benefits to the American Economy of a More Educated Workforce, Washington, DC, March 25.

Judy, Richard W. and Carol D'Amico. 1997. *Workforce 2020: Work and Workers in the 21st Century.* Indianapolis: Hudson Institute.

Katzenstein, Peter J. 1985. *Small States in World Markets: Industrial Policy in Europe.* Ithaca: Cornell University Press.

Kenney, M. 2000. *Understanding Silicon Valley: The Anatomy of an Entrepreneurial Region.* Stanford: Stanford Univ. Press.

Kim, Andrew Eungi. 2009. "Demography, Migration and Multiculturalism in South Korea." *Asia-Pacific Journal*, 6(2). http://www.japanfocus.org/-andrew_eungi-kim/3035.

Kim, Eun Mee, Ok-kyung Yang and Hae-young Lee. 2009. *Multicultural Society of Korea.* Korea: Nanam Sinseo

Kingdon, J. 1995. *Agenda, alternatives, and public policies*(2nd ed). New York: Longman.

Kirkegaard, Jacob Funk. 2007. *The Accelerating Decline in America's High-Skilled Workforce: Implications for Immigration Policy.* Washington, DC: Peter G. Pe-terson Institute for International Economics.

Klucking, T. V. 2003. "Kingdon On Defense: An Analysis Of The Policy Streams Approach And A Policy Streams Analysis Of The Gold Water-Nichols Act." Doctoral Dissertation, Auburn university.

Koepp, Rob. 2002. *Clusters of Creativity: Enduring Lessons on Innovation and Entre-preneurship from Silicon Valley and Europe's Silicon Fen.* John Wiley & Sons.

Kopp, Ralf, Jurgen Howaldt and Jurgen Schultze. 2016. "Why Industry 4.0 needs Workplace Innovation: a critical look at the German debate on advanced manufacturing." *European Journal of Workplace Innovation*, 2(1), pp. 7~24.

Krugman, P. 1989. "What's New about the New Economic Geography?" *Oxford Review of Economic Policy*, 14(2), pp. 7~17.

Landry, R., Amara, N. and Lamari, M. 2002. "Does Social Capital Determine Innovation? To What Extent?" *Technological Forecasting and Social Change*, 69, pp. 681~701.

Latzer, Michael. 2009. "Information and communication technology innovations: radical and disruptive?" *New Media & Society*, 11(4).

Leydesdorff, L. 2013. *The Knowledge-based Economy: Modeled, Measured, Simulated*. Universal Publishers.

Li, D. et al. 2008. "Friends, Acquaintances, or Strangers? Partner Selection in R&D Alliances." *Academy of Management Journal*, 31(2), pp. 315~334.

Lin, N. 2001. *Social Capital: A Theory of Social Structure and Action*. Cambridge: Cambridge University Press.

Lundvall, B-A. and Johnson, B. 1994. "The Learning Economy." *Journal of Industry Studies*, 1(2), pp. 23~42.

Lyon, David. 1986. "From Post-Industrialism to Information Society: A New Social Transformation?" *Sociology*, 20(4).

_____. 1988. *The Information Society: Issues and Illusion*. Polity.

March, J. 1991. "Exploration and Exploitation in Organizational Learning." *Organization Science*, 2, pp. 71~87.

Marsh, D. and Rhodes, R. A. W(eds.). 1992. *Policy Networks in British Government*. Oxford: Clarendon Press.

Marshall, Alfred. 1920. *Principles of Economics*. London: Macmillan and Company.

Maskell, P. et al. 1998. *Competitiveness, Localized Learning, and Regional Development: Specialization and Prosperity in Small Open Economies*. London: Routledge.

Maskell, Peter, Harald Bathelt and Anders Malmberg. 2005. "Building Global Knowledge Pipelines: The Role of Temporary Clusters." DRUID Working Paper 05-20, Danish Research Unit for Industrial Dynamics, Copenhagen.

Meijerink, S. and Huitema. 2010. "Policy Entrepreneurs and Change Strategies: Lessons from Sixteen Case Studies of Water Transitions around the Globe." *Ecology and Society,* 15(2), pp. 21. http://www.ecologyandsociety.org/vol15/iss2/art21/

Meyer, David R. 1986. "The World System of Cities: Relations between International Financial Metropolises and South American Cities." *Social Forces*, 64(3), pp. 553~581.

______. 1991. "Change in the World System of Metropolises: The Role of Business Intermediaries." *Urban Geography*, 12(5), pp. 393~416.

Meyer, Henning. 2014. "Inquality and Work in the Second Machine Age." *Social Europe Journal*, No. 4.

Mills, M. R. 2007. "Stories of Politics and Policy: Florida's Higher Education Governance Reorganization." *The Journal of Higher Education*, 78(2), pp. 162~187.

Mkandawire, T. 2001. "Social policy in Developmental Context, United Nations Research Institute for Social Development," http://www.unrisd.org/80256B3C005BCCF9/(httpAuxPages)/C83739F8E9A9AA0980256B5E003C5225/$file/mkandaw1.pdf

Moe, Terry M. 1984. "The New Economics of Organization." *American Journal of Political Science*, 28, pp. 739~777.

Moore, Karenza et al. 2008. "Gendered Futures? Women, the ICT Workplace and Stories of the Future." *Gender, Work and Organization*, Vol.15, No.5, pp. 523~542.

Morel, N.(eds.). 2012. *Towards a social investment welfare state?* Bristol: Polity Press.

Moretti, Enrico. 2012. *The New Geography of Jobs*. Boston: Houghton Mifflin Harcourt.

Morgan, S. Philip. 2003. "Is Low Fertility a Twenty-First-Century Demographic Crisis?" *Demography*, 40(4), pp. 589~603.

Moulaert, Frank, Diana, MacCallum, and Jean, Hillier. 2013. "Social innovation: intuition, precept, concept." in Moulaert, Frank(ed.). *The International Handbook of Social Innovation: Collective Action, Social Learning and Transdisciplinary Research*, pp, 13~24. Northampton: Edward Elgar.

Nelson, R. and Winter, S. 1982. *An Evolutionary Theory of Economic Change*. Cambridge, MA: Harvard University Press.

Nonaka Ikujiro. 1995. *The Knowledge-Creating Company*. Oxford: Oxford University Press.

OECD. 2012. "ICT Skills and Employment: New competences and jobs for a greener and smarter economy." *OECD Digital Economy Papers*, No.198.

_____. 2016a. *ICT value added*(indicator). doi: 10.1787/4bc7753c-en(Accessed on 20 June 2016).

_____. 2016b. *Key ICT indicators*. http://www.oecd.org/sti/ieconomy/oecdkeyictindicators.htm

_____. 2016c. *Social expenditure*. http://stats.oecd.org/

Ong, Aihwa. 1999. *Flexible Citizenship: The Cultural Logics of Transnationality*. Durham, NC: Duke University Press.

Organisation for Economic Co-Operation and Development. 2012. *Education at a Glance 2012: OECD Indicators*. Paris: OECD.

Palmer, Colin. 1990. "'Hybrids': a critical force in the application of information technology in the nineties." *Journal of Information Technology*, 5, pp. 232~235.

Perkmann, M. 2002. "Policy entrepreneurs, multilevel governance and policy networks in the European polity: The case of the EUREGIO." http://comp.lancs.ac.uk/sociology/ soc104mp.html in 2002.

Perlmutter, Howard V. 1969. "The Tortuous Evolution of the Multinational Corporation: A Drama in Three Acts." *Columbia Journal of World Business*, 4, pp. 9~18.

Peteraf, M. 1993. "The Cornerstone of Competitive Advantage: A Resource-based View." *Strategic Management Journal*, 14, pp. 171~191.

Peters, G. 1992. "Government Reorganization: A Theoretical Analysis." *International Political Science Review*, Vol.13, No.2, pp. 199~217.

Peters, Michael A. and Bulut, Ergin(eds.). 2011. *Cognitive Capitalism, Education, and Digital Labor*. New York. Peter Lang.

Pick, J. B. and Azari, R. 2011. "A Global Model of Utilization of Technology Based on Governmental, Social, Economic, and Business Investment Factors." *Journal of Management Information Systems*, 28(1), pp. 51~85.

Pick, J. B. and Nishida, T. 2015. "Digitial Divides in the World and its Regions: A

Spatial and Multivariate Analysis of Technological Utilization." *Technological Forecastng and Social Change*, 91, pp. 1~17.

Polanyi, M. 1967. *The Tacit Dimension*. London: Routledge & Kegan Paul.

Polese, Mario. 2009. *The Wealth and Poverty of Regions: Why Cities Matter*. Chicago: The University of Chicago Press.

Porter, Michael E. 1990. *The Competitive Advantage of Nations*. New York: Free Press.

_____. 1998. *Competitive Advantage: Creating and Sustaining Superior Performance*. New York: Free Press.

Portes, A. 1998. "Social Capital: its Origins and Applications in Modern Sociology." *Annual Review of Sociology*, 24, pp. 1~24.

Portes, Alejandro and Julia Sensenbrenner. 1993. "Embeddeness and Immigration: Notes on the Social Determinants of Economic Action." *American Jour-nal of Sociology*, 98, pp. 1320~1350.

Portes, Alejandro and Ruben G. Rumbaut. 2001. *Legacies: The Story of the Immigrant Second Generation*. New York: Russell Sage Foundation.

Portes, Alejandro. 1995a. "Economic Sociology and the Sociology of Immigration: A Conceptual Overview." in Alejandro Portes(eds.). *The Economic Sociology of Immigration*, pp. 1~41. New York: Russell Sage Foundation.

_____. 1995b. "Children of Immigrants: Segmented Assimilation and Its Determinants." in Alejandro Portes(eds.). *The Economic Sociology of Immigration*, pp. 248~279. New York: Russell Sage Foundation.

Powell, W. W. and Snellman, K. 2004. "The Knowledge Economy." *Annual Review of Sociology*, 30, pp. 199~220.

Powell, Walter W. 1990. "Neither Market nor Hierarchy: Network Forms of Organization." in Barry M. Staw and Larry L. Cummings(eds.). *Research in Organizational Behavior*, 12, pp. 295~336. Greenwich, CT: Jai Press.

Powell, Walter W. et al. 2005. "Network Dynamics and Field Evolution: The Growth of Inter-Organizational Collaboration in the Life Sciences." *American Journal of Sociology*, 110(4), pp. 1132~1205.

Prahalad, C. K. and Yves Doz. 1987. *The Multinational Mission: Balancing Local*

Demands and Global Vision. New York: Free Press.
Putnam, R. 1994. *Making Democracy Work: Civic Traditions in Modern Italy*. Princeton: Princeton University Press.
_____. 1995. "Bowling Alone: America's Declinging Social Capital." *Journal of Democracy*, 6(1), pp. 65~78.
_____. 2000. *Bowling Alone: The Collapse and Revival of American Community*. New York: Simon and Schuster.
Rauch, James E. 1999. "Networks versus Markets in International Trade." *Journal of International Economics*, 48, pp. 7~35.
Reich, M. R. 1999. "The politics of health sector reform in developing countries: three cases of pharmaceutical policy." *Health Policy*, 32(1995), pp. 42~77.
Reich, Robert. 1992. *The Work of Nations: Preparing Ourselves for 21st Century Capitalism*. Vintage Books.
Rhodes, R. A. W. 1997. *Understanding Governance*. Buckingham: Open University Press.
Rindermann, Heiner and Thompson, James. 2011. "Cognitive Capitalism: The Effect of Cognitive Ability on Wealth, as Mediated Through Scientific Achievement and Economic Freedom." *Psychological Science*, 22(6), pp. 754~763.
Rollcall. 2012. 3. 7. "Schiff and Bass: Intensify Efforts to Win Global War for Talent."
Romer, P. 1990. "Endogenous Technological Change." *Journal of Political Economy*, 98(5), pp. 71~101.
_____. 1994. "The Orgins of Endogenous Growth." *Journal of Economic Perspective*, 8(1), pp. 3~22.
Rostow W. W. 1993. *The Stages of Economic Growth*. Cambridge University Press.
Rutten, R. and Boekema, F. "Regional Social Capital: Embeddedness, Innovation Network and Regional Economic Development." *Technological Forecasting and Social Change*, 74, pp. 1834~1846.
Sakamoto, Takayuki. 2012. "Three Worlds of Productivity Growth: Human Capital Policy Profiles and Productivity Growth Outcomes." http://ssrn.com/abstract=2150552 or http://dx.doi.org/10.2139/ssrn. 2150552.
SaKong Il and Koh Youngsun(ed.). 2010. *The Korean Economy: Six Decades of*

Growth and Development. KDI.

Sassen, Saskia. 1994. *Cities in a World Economy*. Thousand Oaks, CA: Pine Forge Press.

_____. 2001. *The Global City*(2nd ed). Princeton, NJ: Princeton University Press.

_____. 2007. *A Sociology of Globalization*. New York: Norton.

Saxenian, Annalee. 1996. *Regional Advantage: Culture and Competition in Silicon Valley and Route 128*. Cambridge: Harvard University Press.

_____. 2006. *The New Argonauts: Regional Advantage in a Global Economy*. Cambridge, MA: Harvard University Press.

Saxer, Marc. 2015. "Shaping the Great Digital Transformation." *Social Europe Journal*, Vol.9, Issue 1.

Schafer-Gumbel, Thorsten. 2015. "Shaping a Social Democratic Digital Revolution." *Social Europe Journal*, Vol.9. Issue 1.

Schiller, Dan. 2000. *Digital Capitalism: Networking the Global Market System*. Boston: MIT Press.

_____. 2011. "Power under Pressure: Digitial Capitalism in Crisis." *International Journal of Communication*, Vol. 5, pp. 924~941.

Schumpeter, Joseph A. 2013. Capitalism, socialism and democracy. London: Routledge.

Sea-Jin Chang. 2003. *Financial Crisis and Transformation of Korean Business Groups: The Rise and Fall of Chaebols*. Cambridge: Cambridge University Press.

Seidman, H. and Gilmour, R. 1986. *Politics, Position, and Power*. New York: Oxford University Press.

Shin, Gi-Wook. 2006. *Ethnic Nationalism in Korea: Genealogy, Politics, and Leg-acy*. Stanford, CA: Stanford University Press.

_____. 2012. "Racist Korea? Diverse but Not Tolerant of Diversity." in Walter Demel and Rotem Kowner(eds.). *Race and Racism in Modern East Asia: Western and Eastern Constructions*, pp. 369~390. New York: Brill

Smith, Aaron. 2015. "Searching for Work in the Digital Era(Pew Research Center Report)." http://www.pewinternet.org.

Solow, R. M. 1957. "Technical Change and the Aggregate Production Function." *Review of Economics and Statistics*, 39(3), pp. 312~320.

Stiroh, K. J. 2002. "Information Technology and the US productivity Revival: What do the Industry Data Say?" *American Economic Review*, 92(5), pp. 1559~1576.

Storper, Michael. 2007. "The New Argonauts: Regional Advantage in a Global Economy."(book review) *Journal of Economic Geography*, 7, pp. 113~117.

The guardian. 2016.3.15 "AlphaGo: its creator on the computer that learns by thinking."

The New York Times. 2016.3.16 "Google's Computer Program Beats Lee Se-dol in Go Tournament."

Therdore, N. and Peck, J. 2000. "Searching for Best Practice in Welfare to Work: The Means, the Method and the Message." *Policy & Politics*, 29(1), pp. 81~98.

Tilly, Charles. 2007. "Report of the Committee on the Elimination of Racial Discrimination." General Assembly Official Records A/62/18.

Tronto, Joan C. 1993. *Moral boundaries: a political argument for an ethic of care*. New York: Routledge

True, J. L., Jones, B. D. and Baumgartner, F. R. 2006. "Punctuated-Equilibrium Theory: Explaining Stability and Change in Public Policymaking". in Paul Sabatier(ed.). *Theories of the Policy Process*(2nd ed).

Tsogas, George. 2012. "The commodity form in cognitive capitalism." *Culture and Organization*, 18(5), pp. 377~395.

Tushman, M. L. and Andersion, P. 1986. "Technological discontinuities and organizational environments." *Administrative Science Quarterly*, 31, pp. 439~465.

U.S. Department of Commerce, Office of Technology Policy. 1997. "America's New Deficit: The Shortage of Information Technology Workers." Washington, DC: U.S. Department of Commerce.

Uzzi, Brian. 1997. "Social Structure and Competition in Interfirm Networks: The Paradox of Embeddedness." *Administrative Science Quarterly*, 42, pp. 35~67.

Varieale, sinone. 2014. "Cognitive Capitalism." *Cultural Trends*, 23(1), pp. 70~72.

Vercellone, Carlo. 2008. "The hypothesis of cognitive capitalism." London: Birkbeck College and SOAS(halshs-00273641).

Wang, Dan. 2015. "Activating brokerage: Interorganizational knowledge transfer through skilled return migration." *Administrative Science Quarterly*, 60, no. 1(March 2015), pp. 133~176.

Wajcman, Judy. 2004. *Techno Feminism*. Cambridge: Polity.

_____. 2007. "From Women and Technology to Gendered Technoscience." *Information, Communication & Society*, Vol. 10, No. 3, pp.287~298.

Wallerstein, Immanuel. 1974. *The Modern World-System Vol. 1: Capitalist Agriculture and the Origins of the European World-Economy in the Sixteenth Century*. New York: Academic Press.

Watts, Duncan J. and Steven H. Strogatz. 1998. "Collective Dynamics of 'Small-World' Networks." *Nature 393(6684)*, pp. 409~410.

Wentling, Rose Mary. 2004. "Women in Information Technology." Online Submission, Paper presented at the Academy of Human Resource.

Williams, Robin and David Edge. 1996. "The social shaping of technology." *Research Policy*, 25, pp. 865~899.

Williamson, O. 1975. *Markets and Hierarchies: Analysis and antitrust implications*. New York: The Free Press.

Woodfield Ruth. 2002. "Woman and information systems development: not just a pretty (inter)face?" *Information Technology & People*, Vol.15 Issue 2, pp. 119~138.

Woolcock, M. 1998. "Social Capital and Economic Development: Toward a Theoretical Synthesis and Policy Framework." *Theory and Society*, 27, pp. 151~208.

World Bank. 2010. *Information and Communication for Development: Global Trends and Policies*. Washington. D.C: World Bank.

World Economic Forum. 2016. *Digital Media and Society: Implications in a Hyperconnected Era*(Industry Agenda).

Yami, S. et al. 2010. *Coopetition: Winning Strategies for the 21st Century*. Northampton, MA: Edward Elgar.

Yin, R. (2003). Case study research: Design and methods. Thousand Oaks, CA: Sage.

Zohlnhöfer, R. et al. 2015. "Bringing Formal Political Institutions into the Multiple Streams Framework. An Analytical Proposal for Comparative Policy Analysis." Paper prepared for delivery at T01P10 "Advances in the Multiple Streams

Framework of the policy process" at the International Conference on Public Policy . Milan, July 1~4, 2015

Zysman, J. and Breznitz, D. 2012. "Double Blind: Governing the Economy in and ICT Era." *Governamce: An International Journal of Policy, Administration, and Institutions*, 25(1), pp. 129~150.

Zysman, John and Newman, Abraham. 2006. *How Revolutionary Was the Digitial Revolution?: National Responses, Market Transitions, and Global Technology*. Stanform Business Books.

www.globalinnovationindex.org(The Global Innovation Index 2015)

엮은이

김신동

한림대학교 미디어커뮤니케이션학부 교수로 재직하고 있으며 정보기술과 문화연구소 소장을 맡고 있다. 고려대학교 신문방송학과 학사 및 석사, 인디애나대학교 매스커뮤니케이션 박사를 마쳤다. 다트머스대학교, 파리정치대학교, 북경대학교 등에서 초빙 교수를 역임했다. 주요 연구 분야는 미디어 정치경제학, 글로벌 커뮤니케이션, 정보통신 및 미디어 정책 등이며, *Contemporary Television*, *Perpetual Contact*, *Mobile Democracy*, *Asian Popular Culture*, *East Asian Cinema and Cultural Heritage* 등을 함께 썼다. 2015-2020 토대연구사업 '한국 정보통신산업의 발전 모형과 세계적 확산 연구'를 이끌고 있다.

박준식

현재 한림대학교 사회학과 교수로 재직 중이다. 연세대학교 사회학과에서 사회학 박사학위를 취득했다. 연구 분야는 산업 발전, 지역사회, 공동체, 노동체제이다. 주요 저서로 『글로벌 시대의 체제 전환』, 『자동차산업의 구조조정과 고용관계 변화의 국제비교』, 『생산의 정치와 작업장 민주주의』 등 다수의 책과 논문이 있다. 최근에는 4차 산업혁명과 노동 및 고용문제, 노동체제의 전환 등과 관련해 활발한 공동 연구를 수행하고 있다.

지은이

김원동

현재 강원대학교 사회학과 교수로 재직 중이다. 고려대학교 사회학과를 졸업하고 동대학원에서 석사, 박사학위를 취득했다. 주요 연구 분야는 정치사회학, 사회계급론, 정보사회학, 먹거리의 사회학 등이며, 주요 저·역서로는 『정보사회와 지역정보화』, 『한국사회의 불평등과 정치변동』, 『한국사회 어디로 가나?』(공저), 『혁신 클러스터와 지역발전』(공저), 『탈산업사회의 도래』(공역) 등이 있다.

신기욱

현재 스탠퍼드대학교 사회학과 교수이다. 또한 아태연구소장과 한국학 프로그램의 소장을 맡고 있다. 연세대학교 사회학과 졸업 하고 워싱턴대학교에서 사회학 석사와 박사학위를 받았다. 한국의 민주화, 한국의 국가주의, 한미 관계, 북한 정치 등에 대해 연구하고 있다. 저서로는 *Criminality, Collaboration, and Reconciliation: Europe and Asia Confronts the Memory of World War II*, *Divergent Memories: Opinion Leaders and the Asia-Pacific War*, 『하나의 동맹 두 개의 렌즈:새 시대의 한미 관계』, 『한국민족주의의 계보와 정치』, 『글로벌 탤런트』 등 20여 권의 책과 다수의 논문이 있다.

최준락

현재 홍콩과학기술대학교 경영학과 교수이다. 브라운대학교에서 경제학·외교학과를 졸업했고, 스탠퍼드대학교에서 사회학 석·박사 학위를 받았다. 조직 이론, 사회 관계망, 국제 관계, 세계화, 금융 시장 등의 분야를 주된 연구 관심사로 두고 있다. 저서로는 *Global Talent:Towards a New Model of Engaging Skilled Foreigners in Korea* 등 다수의 논문이 있다.

정동일

한림대학교 사회학과를 거쳐 현재 숙명여자대학교 경영학부에서 재직하고 있다. 서울대학교 사회학과를 졸업하고, 동 대학원에서 석사 학위를 취득했고, 코넬대학교에서 사회학으로 박사 학위를 취득했다. 주요 관심 분야는 조직이론, 지역사회학, 산업생태계 등이다. 『지역창조의 사회학』, 『현대문명의 위기』, 『포용국가』등의 책을 함께 썼다. 주요 논문으로는 "Crossing the Management Fashion Border", "Participatory Improvement at a Global Bank" 등이 있다.

이종선

현재 고려대학교 노동문제연구소 부소장이다. 고려대학교 사회학과를 졸업하고 동 대학원에서 사회학 박사 학위를 받았다. 통일연구원 책임연구원, 한국직업능력개발원 부연구위원, 사회정책비서관실에서 일했으며, 이후 켄트주립대학교에서 정책분석 및 행정, 비교정치를 세부 전공으로 정치학 석·박사과정을 수료했다. 주요 관심 분야로는 노동·정보사회, 노사관계, 일자리 정책, 혁신클러스터와 창업생태계 등이며, 주요 저서로서는 『DJ 정부의 구조개혁과 노동시장 변화』, 『세계의 지역혁신체계』(공저), 『노동시장 내 청년창업 생태계 구축방안』(공저) 등이 있다.

김영범

현재 한림대학교 고령사회연구소에 재직 중이다. 연세대학교 사회학과에서 박사학위를 취득했다. 연구 분야는 비교복지국가, 노동시장정책, 사회노년학이며 주요 연구 성과로는 「경제위기 이후 사회정책의 변화」, 「적극적 노동시장정책의 다양성」, 「한국 노인의 사회활동과 주관적 안녕감」 외 다수의 논문이 있다. 최근에는 노년기 정신건강에 영향을 주는 사회적 요인을 탐색하며 복지국가와 정보기술 발전 사이의 상호작용이 고용에 미치는 효과에 관심을 가지고 있다.

신경아

현재 한림대학교 사회학과 교수로 재직 중이다. 서울대학교 대학원 사회학과를 졸업하고 서강대학교에서 사회학 박사학위를 취득했다. 연구 분야는 여성학, 여성노동, 가족 등이며, 노동과 돌봄, 일 삶 균형(work-life balance), 여성의 노동시장 조건, 감정노동 등을 주제로 질적 연구를 수행하고 있다. 주요 저서로는 『젠더와 사회』(공저), 『여성과 일』(공저), 『감정노동의 시대, 누구를 위한 감정노동인가?』(공저) 등이 있으며, 논문으로 「시간선택제 여성노동자의 조직 내 주변화에 관한 연구」, 「노인돌봄의 탈가족화와 노인의 경험」 등이 있다.

정무권

현재 연세대학교 원주캠퍼스 글로벌행정학과 교수로 재직 중이며 연세대학교 빈곤문제국제개발 연구원 원장직을 맡고 있다. 연세대 행정학과에서 학사 및 석사를 취득하고 미국 인디애나대학교에서 정치학박사를 취득하였다. 연구 분야는 복지국가, 사회정책, 비교정치경제, 행정이론, 사회적 경제이다. 연구 분야와 관련된 주요 연구 성과로는 『한국의 공공부분』(공저), 『한국복지국가성격논쟁 II』(편저) 등 다수의 책과 논문들이 있다. 최근에는 자본주의 다양성과 복지국가, 국제개발, 사회적 경제와 사회혁신, 디지털자본주의와 복지국가의 주제로 연구를 진행 중이다.

한울아카데미 2028

ICT 사회 연구 총서 1

한국의 경제사회 발전과 ICT 산업의 진화

엮은이 | 김신동·박준식
지은이 | 김원동·신기욱·최준락·정동일·이종선·김영범·신경아·정무권
펴낸이 | 김종수
펴낸곳 | 한울엠플러스(주)

편집책임 | 김경희
편집 | 최은미

초판 1쇄 인쇄 | 2017년 8월 17일
초판 1쇄 발행 | 2017년 8월 31일

주소 | 10881 경기도 파주시 광인사길 153 한울시소빌딩 3층
전화 | 031-955-0655
팩스 | 031-955-0656
홈페이지 | www.hanulmplus.kr
등록번호 | 제406-2015-000143호

Printed in Korea.
ISBN 978-89-460-7028-8 93300
978-89-460-6372-3 93300

※ 책값은 겉표지에 표시되어 있습니다.
※ 이 책은 강의를 위한 학생용 교재를 따로 준비했습니다.
강의 교재로 사용하실 때는 본사로 연락해주시기 바랍니다.

이 책은 2015년 정부(교육부)의 재원으로 한국연구재단의 지원을 받아 수행된 연구임 (NRF-2015S1A5B4A01037022).

제4차 산업혁명과 과학기술 경쟁력

한국의 위기 극복과 포용적 혁신성장을 위하여

한국사회에서 과학기술 경쟁력을 저해하는 것은 무엇인가?
과학기술 공공성 제고를 통한 포용적 혁신성장을 기대하다

오늘날 우리는 소위 제4차 산업혁명으로 일컬어지는 거대한 기술진보의 파고 속에 살고 있다. 현재의 기술적 급변을 무엇이라고 지칭하든 기술변화 그리고 이로 인한 인간의 삶과 사회의 양식이 크게 변하고 있는 것이 사실이다.

최근 한국노동연구원의 발표에 의하면 한국에 있는 직업 중 52%가 20년 내로 사라질 확률이 90% 이상이라고 한다. 그만큼 로봇이나 인공지능으로 대체될 직업이 많고, 제2차 산업혁명의 상징인 컨베이어 조립라인으로 이루어진 대량생산체제는 3D 프린팅 제조 방법의 도입으로 많이 사라지게 될 것이다. IoT 분야에서 가장 빠르게 변화하는 분야는 제조업, 건강의료, 공공서비스, 에너지 분야 등으로 예측된다. 급변하는 기술진보에 맞는 새로운 성장전략을 논의해야 할 때이다.

과학기술정책 전문가인 저자는 이 책에서 기술진보의 내용을 고찰하고, 한국사회에서 성장동력과 과학기술 경쟁력의 제고를 가로막는 적이 무엇인지를 짚으며, 성장 및 과학기술정책 관련한 역대 대통령 공약의 흐름을 비교하고 지금 우리가 나아갈 바를 모색한다.

지은이
박기영

2017년 5월 10일 발행
신국판
320면

사물인터넷이 바꾸는 세상

유토피아 혹은 디스토피아?
사물인터넷은 미래를 어떻게 바꾸는가

세상에는 1조 5000억 개가 넘는 '사물'들이 이미 존재한다. 시스코 시스템스에 따르면 미래에는 그 가운데 99%가 네트워크의 일부분이 될 것이다. 컴퓨터, 태블릿, 스마트폰은 물론이고 책, 우유팩, 비행기 엔진, 신발이나 미식축구 헬멧까지 포함된다. 각각의 사물들은 단독 신원 번호(UID)나 IP 주소를 부여받고 인공위성, 와이파이 등 무선 기술을 통해 연결될 것이다.

이 책은 모든 사물이 네트워크로 연결되는 사물인터넷 시대에 일어날 패러다임의 변화를 그렸다. 이 책에 따르면 사물인터넷은 "지구의 물리법칙을 고쳐 쓰는 것 같은 파급력을 가졌다". 사물인터넷은 사물과 사물을 물리적으로 연결하는 수준을 넘어서 실시간으로 데이터를 주고받는다. "너무 복잡해 인간의 정신과 감각으로는 파악이 불가능한 데이터를 파악"할 수 있으며, 인간의 개입 없이 스스로 작동할 수 있다.

많은 전문가들은 사물인터넷을 제4차 산업혁명을 이끄는 핵심 산업으로 보고 있다. 사물인터넷은 정부, 교육, 비즈니스의 기능을 재구성하고, 인간의 행동과 사회규범을 완전히 바꾸어놓을 것이다.

지은이
새뮤얼 그린가드

옮긴이
최은창

2017년 1월 20일 발행
46판
224면